ヴィクトリアン・アメリカのミソジニー

タブーに挑んだ新しい女性たち

大井浩二
著

小鳥遊書房

目次

＊文献からの引用にあたっては、煩瑣を避けるために原則として一次資料は書名のみを示し、二次資料は著者名と頁数のみを括弧内に記した。

プロローグ――ヴィクトリアン・アメリカのミソジニー

何かにつけてミソジニーという言葉を耳にすることが多い昨今だ。二〇一六年のアメリカ大統領選挙で女性候補のヒラリー・クリントンが大方の予想を裏切って敗北し、女性の社会進出を阻む硬いガラスの天井の存在が改めてクローズアップされたことは記憶に新しい。二〇二〇年九月に死去した連邦最高裁判所判事ルース・ベイダー・ギンズバーグは、大学院を優秀な成績で修了して弁護士の資格を取ったにもかかわらず、女性であるという理由で大手の法律事務所に就職できなかったことも話題になっていた。いずれもアメリカ社会におけるミソジニーの根深さを浮き彫りにするエピソードとされているのだが、辞書的には「女ぎらい」あるいは「女性嫌悪」を意味するミソジニーとは正確には一体何だろうか。

ヒラリー・クリントンに対するドナルド・トランプの勝利のメカニズムをミソジニーという視点から分析しているのは、二〇一八年に出版された『ひれふせ、女たち――ミソジニーの論理』と題する大著だが、「ミソジニーとは何か」という問いは「哲学的に豊かで、心理学的に複雑で、政治的に重要な問い」(Manne 32 引用は小川芳範訳による)である、と語るコーネル大学准教授(哲学)の著者ケイト・マンは、ミソジニーを「家父長制秩序の内側で、女性の隷属を監視し、施行し、男性優位を支えるために働くシステム」(33)と定義し、家父長制イデオロギーから逸脱した女性が「さまざまな敵意に直面することになるのは、彼女が男性の世界(家父長制社会)で女性であるからなのであり、つまり、彼女は家父長制的標準に応えていないと見なされるからなのである」(33 強調原文)と述べている。

さらに、「それらの敵意は、家父長制の敵であり、脅威であると認識される女性たちを監視し、処罰し、支配し、糾弾するシステムに組み込まれている」（34）と論じるマンは、この「ミソジニー的敵意」(misogynist hostility)について「侮辱的に成人を小児に、人を動物やたんなるモノに比する」といった「幼児化や卑小化」に加えて、「冷やかす、恥をかかせる、あざける、中傷する、あしざまに言う、悪者扱いする、さらには、性的な対象とするといった言動、あるいは反対に、性的属性を剝奪する、口を封じる、遠ざける、面目を失わせる、責める、庇護者のようにふるまう、見下すなど、特定の社会的文脈において、相手を否定し軽蔑するようなさまざまな形式の態度が存在する」（68 強調原文）と説明している。

とはいえ、この「相手を否定し軽蔑するようなさまざまな形式の態度」はミソジニーだけではなく、性差別主義《セクシズム》とも深く関わっているように思われるのだが、両者の相違を『ひれふせ、女たち』の著者はどのように説明しているのだろうか。「性差別主義とミソジニーは同じ目的、すなわち、家父長制的社会秩序を維持または回復するという目的を共有する」（80）と考えるケイト・マンは、ミソジニーが「家父長制の遵守を監視しパトロールすることによって、その社会規範を下支えする」のに対して、性差別主義は「そうした規範を正当化することに仕える」（88 強調原文）と主張する。性差別主義を「家父長制的秩序の『正当化』部門」、ミソジニーを「家父長制秩序の『法執行』部門」と定義する（78-79）彼女は、性差別主義が「男性にコード化されたプレステージの高い領域（知的事業、スポーツ、ビジネス、政治など）で、女性に対して男性が優位であること、さらには、そうした男性の優越が自然であり、不可避でさえあることへの信念をともなう」（88）のに対して、女性が家父長制社会秩序に従っているかどうかを監視するミソジニーは「典型的には良い女性と悪い女性を区別し、後者を罰する」（80）と具体的に説明している。

だが、「ミソジニーとは何か」といった「哲学的に豊かで、心理学的に複雑で、政治的に重要な問い」についてのこちたき議論や掘り下げた分析は、気鋭のフェミニスト哲学者ケイト・マンの著書に委ねることにして、本書では家父長制的システムが確立していたヴィクトリアン・アメリカの女性たちが身をもって体験したミソジニーのいくつかの具体例に焦点を当てることによって、二一世紀の現代にもなお暗い影を落としているミソジニー・アメリカ型の構造をいささかなりとも解明することを目指したい。

そのためのケーススタディの対象として、一九世紀アメリカで活躍した、世代も職業も異なる三人の女性たちに登場してもらうことにする。南北戦争の最中の一八六二年二月に『アトランティック・マンスリー』に発表されて、北軍兵士の行軍曲となった「リパブリック讃歌」を作詞した著名な詩人で熱烈な奴隷制度廃止運動家のジュリア・ウォード・ハウ、一八七六年にハーヴァード大学から権威あるボイルストン医学賞を受け、〈アメリカ医学界のゴッドマザー〉と呼ばれている医学研究者のメアリー・パットナム・ジャコービ、それに短編「黄色い壁紙」（一八九二年）や評論『女性と経済』（一八九八年）などの著作で知られる社会思想家のシャーロット・パーキンズ・ギルマンの三人だ。

だが、ヴィクトリアン・アメリカで優れた業績を残した輝かしい存在だったこの三人の女性たちは、

「女性嫌悪」などとはまったく無縁に思われるのだが、にもかかわらず、ケイト・マンのいわゆる「ミソジニー的敵意」が彼女たちに向けられ、「悪い女性」として罰されることになったのは一体どのような理由があったからなのか、と怪訝に思う読者も多いのではないだろうか。

周知のように、一九世紀アメリカには家父長制イデオロギーが深く根づいていたが、このイデオロギーの下では、用語辞典的に説明すると、性差に基づく二つの分離された領域、つまり男性のための公的で社会的な領域と女性のための私的で家庭的な領域が確立していた。前者の領域では男性が政治活動や経済活動といった社会的な仕事に従事し、後者の領域では男性に隷属させられた女性が育児や家事といった家庭的な仕事に専念することになっていた。さらにヴィクトリアン・アメリカにおいては「真の女性」という理想像が強い影響力をもっていて、女性の生活や意見を支配していたことも見落とすことができない。

この「真の女性」については、バーバラ・ウェルターが一九六六年に発表された「真の女性らしさの崇拝、一八二〇年―一八六〇年」と題する古典的な論文で詳細に分析しているが、一九世紀アメリカでは敬虔、純潔、従順、家庭性という四つの美徳を備えた女性が「真の女性」と見なされ、「この美徳を備えていれば女性は幸福と影響力を約束されていた」(Welter 152)とウェルターは論じている。この「真の女性」のあるべき場所は家庭だったので、家庭性という美徳がもっとも重要視されていたことは、「真の女性らしさの崇拝」(the cult of true womanhood)と「家庭性の崇拝」(the cult of domesticity)が同義語的だったことからも容易に理解することができるだろう。そうした「真の女性」

は家父長制社会アメリカが要求する理想的な女性像であって、「男であれ、女であれ、真の女性を作り上げている一連の美徳を弄ぶ者は、誰でも立ちどころに神の敵、文明の敵、アメリカ共和国の敵という烙印を押された」(152) とウェルターは指摘している。

この「真の女性」という理想は「台所と子ども部屋によって縛られ、敬虔と純潔によって覆われ、従属によって報いられた女性の役割を指図していた」と指摘するキャロル・スミス＝ローゼンバーグは、「このような制約を拒絶した女性たちは［中略］反自然的 (unnatural) と見なされた」(Smith-Rosenberg 13) と述べ、そのような「社会を混乱させ、文明を弱体化させる」女性たちは「半女性、精神的両性具有者 (semi-women, mental hermaphrodites)」と呼ばれたことをバーバラ・ウェルターも明らかにしている (Welter 173)。したがって、男性の社会的な公的領域に越境して、詩人や医学研究者や評論家として多方面で活躍するハウやジャコービやギルマンは「反自然的」な「半女性」あるいは「精神的両性具有者」にほかならず、彼女たちの仕事は、「真の女性」が閉じ込められるべき家庭的な私的領域の枠からはみ出た、女性には許されていない行為、身の程をわきまえない行為と認識された。彼女たちは女性には不向きと考えられていた知的職業に携わっているというだけの理由で、男性だけに認められた公的なマーケットプレイスへの歓迎されざる侵入者として非難された。

しかも、この三人の女性たちは、いずれも男性と平等な選挙権を要求する女性参政権運動に深くコミットしていたので、家父長制社会アメリカを構成し、そこで強大な権力を握っていた白人男性たちからヴィクトリアン・タブーに挑戦する女性たちとして、「ミソジニー的敵意」のこもった視線を投げかけられることになったのだ。ハウやジャコービやギルマンは「ヴィクトリアン・アメリカで優れた業績を残した輝かしい存在だった」がゆえに、「ミソジニー的敵意」にさらされることになった、と言い換えてもよい。

以上見てきたように、ヴィクトリアン・アメリカの家父長制社会においては、「男性にコード化されたプレステージの高い領域」に入り込もうとした女性たちは「悪い女性」で「家父長制の敵」と見なされ、「ミソジニー的敵意」を向けられることになった。「ミソジニーは、女性を引きずり下ろし、『分相応』の場所へ押し込もうとする欲求に由来することがよくある。だから、高く上がれば上がるほど、そのために落とされる高さも高くなる。出世を阻むガラスの天井は取り払われたかもしれないが、お仕置きが待っているかもしれない」(Manne 77)と『ひれふせ、女たち』の著者は論じている。絶対的な家父長制的価値観が確立し、白人男性至上主義が跋扈するヴィクトリアン・アメリカで、硬いガラスの天井を果敢に打ち破ろうとした三人の女性たちを待ち受けていたのは、一体どのような「お仕置き」だったのだろうか。彼女たちは「女性を引きずり下ろし、『分相応』の場所へ押し込もうとする欲求」に駆り立てられたミソジニストの男性たちとどのように闘ったのだろうか。

こうした疑問に答えるために、本書は彼女たちと何らかの接点があった何人かの典型的なミソジニストたちを登場させ、それぞれが彼女たちの人生において演じた役割を詳しく紹介するとともに、彼女たちの苦難に満ちた勇気ある生きざまをミソジニー・アメリカ型というコンテクストにおいて検証することを目指している。各章の内容を以下に簡単に要約しておこう。

第一章「翼を折られた詩人の嘆き」では南北戦争のときに北軍兵士に愛唱された「リパブリック讃歌」を作詞した詩人で、奴隷制度廃止論者、女性参政権論者だったジュリア・ウォード・ハウと、彼女が結婚した一八歳年上のサミュエル・グリドリー・ハウを取り上げる。サミュエルは三重苦の障碍者ローラ・ブリッジマンに言葉を教えた教育者として世界的に知られていた。しかし、妻のジュリアが創作活動をおこなうことを禁止し、家庭という牢獄のような私的領域に閉じ込めて、「真の女性」に育て上げようとする典型的なミソジニストだったサミュエルは、ジュリアにとっては看守のような存在だっただけでなく、彼がしばしば見せる価値判断のダブルスタンダードのために、彼女が満たされない結婚生活を送ることを余儀なくされていたことなどを紹介する。

第二章「終わりなき戦いの日々」は夫サミュエルが青年政治家チャールズ・サムナーと親しい関係にあることを知ったジュリアが、結婚後しばらくして密かに書き溜めていた未完の原稿（『両性具有者』と題して二〇〇四年に出版される）を、両性具有の問題を扱ったメアリー・パットナム・ジャコービの医学論文（一八九五年）との関連で取り上げ、両者がジェンダー平等を認めようとしないヴィクトリアン・アメリカの現実とどのように関わっていたかを考える。さらに一八五〇年、ローマの休日を楽しむ機会に恵まれたジュリアが、フィラデルフィア出身の弁護士でエドガー・アラン・ポーと同じ時期に、彼と同じ雑誌寄稿家《マガジニスト》として精力的に活躍したホーレス・ウォレスと再会し、この心を許すことのできる友人との交流において、サミュエルに奪われていた魂の自由を取り戻したことにも言及する。

第三章「詩人の内なる魔物」ではホーレス・ウォレスがパリで自殺を遂げたことを知って悲嘆に暮れるジュリアが出版した第一詩集『受難の花』(一八五四年)を取り上げ、ウォレスへの思慕とサミュエルへの報復を描いた作品のいくつかを分析すると同時に、彼女の創作活動を厳禁するサミュエルに無断で詩集を出版したために、離婚騒ぎまで持ち上がったことなどを紹介する。三年後の一八五七年に、ジュリアは『受難の花』と同じテーマを扱った第二詩集『時節のことば』を出版したことや、ニューヨークで上演した戯曲『レオノーラ』がヴィクトリアン・アメリカにおける女性蔑視を糾弾する内容だったために不評を買うが、やがて彼女が女性参政権運動にのめり込んでいくきっかけになったことなどにも触れ、サミュエルの死後、彼女が送ることになった「新しい人生」についても考える。

第四章「医者と患者と安静療法」では神経症患者のための安静療法を開発して〈アメリカ神経学の父〉と呼ばれているS・ウィア・ミッチェル博士を取り上げ、神経衰弱やヒステリーや貧血症で苦しむ女性患者を家庭という狭い空間に閉じ込めて、伝統的な価値観を押しつけている博士の治療法を医学的ミソジニーの典型と位置づける。その安静療法を患者として直接体験したシャーロット・パーキンズ・ギルマンが書いた短編「黄色い壁紙」(一八九二年)をミッチェル博士と彼女の夫で芸術家のウォルター・ステットソンという二人のミソジニストに対する抗議として読み解き、博士が男性患者のために考案した西部療法(キャンプ療法)もまた、一九一一年にギルマンが発表した中編小説『難問』において批判されていることを明らかにする。

第五章「〈アメリカ医学界のゴッドマザー〉」に本格的に登場するメアリー・パットナム・ジャコー

ビはパリ大学で博士号を取得した医学研究者で、長年にわたる優れた業績によって〈アメリカ医学界のゴッドマザー〉と呼ばれているが、彼女もまたミソジニストとしてのミッチェル博士に対する批判的な姿勢を鮮明にしていて、医学の世界から女性を排除しようとする博士の時代錯誤的な言説を厳しく非難している。また、神経学者としてのミッチェルに対しても批判的な彼女は、ヒステリーや貧血症の治療に安静療法を持ち込もうとする博士に対抗するために、彼女自身が考案した科学的で論理的な治療法を実践しているだけでなく、博士が治療に失敗した短編「黄色い壁紙」の作者ギルマンの治療を引き受けたときには、〈アメリカ神経学の父〉の権威主義とは対照的な、パートナーシップと呼ぶことができるような信頼関係を患者との間に築いていたことにも言及する。

第六章「クラーク博士のベストセラー」では一八七三年に発表されてベストセラーになった『教育における性別』の著者でハーヴァード大学医学部教授だったエドワード・H・クラークが、女性の生殖機能に悪影響を及ぼすという理由で男女共学制度を「神と人類に対する犯罪」と非難し、生理中の女子学生にとって心身両面の絶対的な安静が必要不可欠であると論じている事実を紹介し、クラーク博士もまた神経症の女性患者のために絶対的な安静の必要性を強調していたミッチェル博士に優るとも劣らぬミソジニストであったと断定する。このクラーク博士のミソジニスト的見解を批判するためにメアリー・パットナム・ジャコービが書いた論文「精神の活動と身体の健康」(一八七四年)と、一九四五年まで医学部に女子学生を受け入れなかったハーヴァード大学からボイルストン医学賞を授けられた彼女の著作『月経時の女性のための安静に関する問題』(一八七七年)を、クラーク博士に批判的な同時期のフェミニストたちの意見を交えながら詳しく分析する。

　第七章「アンチたちとの闘い」では女性参政権運動に深く関わっていた本書の主要登場人物であるハウとジャコービとギルマンが、女性参政権に反対するアンチと呼ばれた人々の「ミソジニー的敵意」のこもった批判にどのように答えたかを検討するために、①一八七九年一〇月に著名な歴史家フランシス・パークマンが『ノース・アメリカン・レヴュー』に寄稿したエッセイ「女性問題」に対するハウの反論、②女性参政権問題の重要性を一般市民に訴えるためにジャコービが一八九四年に刊行した『コモン・センス』を女性参政権に当てはめて考える』と題する著書、③『スタンダード石油会社の歴史』(一九〇四年)の著者として有名なジャーナリストのアイダ・ターベルとイギリスの細菌学者で腸チフスワクチンの開発者として知られるアルムロス・ライトの二人が公表した女性参政権に反対する意見を論破するためにギルマンが一九一二年に個人雑誌『フォアランナー』に掲載した一連の論考を取り上げる。

第一章　翼を折られた詩人の嘆き
——ジュリア・ウォード・ハウ①

1　もっとも男らしい男

南北戦争のときに北軍兵士たちの愛唱歌だった「リパブリック讃歌」（"The Battle Hymn of the Republic," 1862）のことは多くの人に知られている。原詩に接したことはなくても、そのさまざまな替え歌は耳にしたことがあるに違いない。だが、「リパブリック讃歌」を作詞したのは誰かと聞かれて、詩人ジュリア・ウォード・ハウ（Julia Ward Howe, 1819-1910）の名前を即座に挙げることのできる読者は意外に少ないのではないか。

生前のジュリアは「リパブリック讃歌」の作詞家としてだけでなく、奴隷制度廃止活動家や女性参政権論者としても知られ、ニューイングランド女性参政権協会を設立して、その会長を長年務めていた。何冊かの詩集、旅行記、回想記などのほかにマーガレット・フラーの伝記も書き残している。彼女はまたアメリカ芸術文学アカデミーに選出された最初の女性でもあった。その長い生涯において、さまざまな分野で積極的に活躍した彼女は、誕生日がヴィクトリア女王の五月二四日と三日違いの五月二七日だったということもあって、「アメリカの女王」の愛称で親しまれ、九一歳で他界したときには、追悼式に集った四千人の会衆が「リパブリック讃歌」を合唱した、と伝えられる。ついでながら、彼女の死後、娘のローラ・リチャーズとモード・エリオットが書いた彼女の伝記は一九一六年にピューリッツァー賞を受けている。なお、一九世紀アメリカ文学を代表する小説家メルヴィルと詩人ホイットマンがハウと同じ一八一九年生まれであることを付け加えておこう。

こう見てくると、詩人ジュリア・ウォード・ハウは一点の曇りもない、満ち足りた人生を送ったかに思われるが、彼女が「蜜蜂の歌」("The Bee's Song")と題する詩を残しているのは一体何を意味しているのだろうか。この詩がいつ、どのような状況で書かれたかは不明だが、第一連は「私の羽根を縛らないでと／蜜蜂は言う／私の羽根をくらないで／幸せで自由にしておいて」という四行で始まり、「野の花が咲くあたりを／私が羽音をたてながら一日中／外を飛び回り／遠くまで行ったきりなのは／夏の喜びのように豊かで／黄金と硝子のように透明な／甘い蜜をあなたに運んでくるためです」と続き、その後、三〇数行にわたって甘い蜜を集める作業について語った蜜蜂が、羽根を縛ろうとしている主人か飼い主に向かって「あなたには読めますか／哀願している蜜蜂の歌が？／それは自由を求める／詩人の魂なのです」と訴える四行で終わっている。

この詩の蜜蜂がかりにジュリアのペルソナだとするなら、彼女の「詩人の魂」から自由を奪おうとしているのは一体誰だろうか。「哀願している蜜蜂」の羽根を縛る目的は一体何だったのだろうか。あの「リパブリック讃歌」の詩人ジュリアがこのような「哀願している蜜蜂の歌」を書いたのは一体なぜだろうか。こうした疑問に答えるために、彼女の一見いかにも華やかな公的生活ではなく、彼女が家庭という狭い世界のなかで人知れず送っていたプライベートな生活を覗き見ることにしたい。

ニューヨーク社交界の花形だったジュリア・ウォードが生涯の伴侶として選んだ、彼女よりも一八歳年上のサミュエル・グリドリー・ハウ（Samuel Gridley Howe, 1801-76）とは一体いかなる人物だったのか（なお、以下の記述では混乱を避けるためにハウ氏はハウまたはサミュエル、ハウ夫人はジュリアあ

サミュエル・グリドリー・ハウ

るいは例外的にハウ夫人と呼ぶことにする）。

一九三五年に父サミュエルの伝記を出版したハウ夫妻の娘ローラ・リチャーズは、三一歳の「男盛り」の彼について、痩せ型で、しゃんと伸びた背筋、生涯を消えることのなかった軍人のような身のこなし、整った目鼻立ち、漆黒の髪、相手を刺し通すようにきらきら光る青い目などの特徴を挙げ、「彼にはすべての人の目を惹きつける力が、疲れも倦むことも知らない表情があった。彼のたたずまいは鋭い刀の一瞬のきらめきのようだった」と語り、女性参政権論者のアナ・ショーから「あなたのお父上ほどハンサムな男性にお目にかかったことがない。お父上が刺繍を施した深紅の鞍敷きの黒い馬に乗ってビーコン・ストリートを駆け抜けると、女の子たちは誰もかれも窓辺に走り寄って後姿を見送ったものだった」というエピソードを聞かされたことを紹介している。

一八四一年の夏、妹のルイーズやアンと一緒にボストンを訪ねたジュリアは、詩人のロングフェローやのちに上院議員となるチャールズ・サムナーに案内されて、サミュエル・ハウが理事長を務める視覚障碍者のためのパーキンズ・スクールを見学しているが、サミュエルが外出先から帰ってくるのを窓から見かけたサムナーが「おお！　黒い馬に乗ったハウがやって来る」と叫び、同じように窓の外を見やったジュリアが目にしたのは「気高い駿馬にまたがった高貴な乗り手」だったことを八〇歳のときに書いた『回想』（*Reminiscences*, 1899）に記している。馬から降り立った彼からジュリアが受けたのは「類い稀な力感と自制という印象」だったが、彼の言動に見られる「厳しさ、力感、自制、押し出し」は「ジュリアが尊敬し愛している父親の資質でもあった。彼女は心を奪われてしまった」（Showalter 2016: 20）と伝記『ジュリア・ウォード・ハウの内なる戦い』の著者エレイン・ショーウォーターは論じている。こうして二四歳のジュリア・ウォードは四二歳のサミュエル・グリドリー・ハウと一八四三年四月二三日に結婚することになるのだが、黒い駿馬に打ちまたがった新郎は、ショーウォーターの言葉を借りれば、「ジュリア・ウォードを魔法の城から救い出すためにやってきた、非の打ちどころのない騎士」（21）となり得たのだろうか。

だが、サミュエル・グリドリー・ハウという名前は現在のわれわれにはほとんど知られていない。ジェイムズ・W・トレントが書いた『もっとも男らしい男』と題するハウの伝記の裏表紙には「サミュエル・G・ハウは驚くべき生涯を送った。彼はギリシャ独立戦争で戦った経験者《ベテラン》、熱烈な奴隷制度廃止論者、視覚障碍者のためのパーキンズ・スクールと知的障碍者のためのマサチューセッツ・スクールの創設者だった。『リパブリック讃歌』の作者ジュリア・ウォード・ハウと結婚した彼の友人には、上院議員チャールズ・サムナー、公教育改革者のホーレス・マン、詩人のヘンリー・ワズワース・ロングフェローがいた」と紹介されている。なお、トレントの伝記の題名になっている「もっとも男らしい男」は、医師で奴隷制度廃止論者のヘンリー・バウディッチが友人ハウを形容するために使った言葉だった（Trent 4）。

ハウがギリシャ独立戦争で戦ったという裏表紙の記述に関して言えば、一八二一年にブラウン大学を卒業して、一八二四年にハーヴァード大学で医学博士号を取得した彼は、その直後の一八二五年にギリシャに赴いて、トルコからの独立戦争に軍医として参加しているだけでなく、その経験を基にして書いた『ギリシャ革命小史』を出版している。彼の参戦の動機には、やはりギリシャ独立戦争に身を投じたイギリス詩人バイロンへの共感があったらしいが、帰国に際して、バイロンがギリシャに出発する前に特注したヘルメットをオークションで落札していることを付け加えておこう。ハウはまたギリシャ独立戦争のヒーローの一人としてギリシャ国王から騎士《シェヴァリエ》の称号を授けられたことから、家族や友人たちから「シェヴ」と呼ばれるようになり、自分でも手紙などにシェヴと署名していた、と言われている。なお、ジョン・グリーンリーフ・ホイッティア（John Greenleaf Whittier, 1807-92）の「ヒーロー」（"The Hero"）と題する詩は「ハウのギリシャにおけるロマンチックな功績と障碍者のための人道主義的な仕事を記念する」（Trent 2）作品で、一八七六年二月八日に執りおこなわれたハウの告別式で朗読され、先に触れたローラ・リチャーズによる伝記に収められている。

すでに引用した惹句にもあったように、ハウはまた「熱烈な奴隷制度廃止論者」でもあって、一八三〇年代の初めごろから奴隷制度反対の文章を書いていた彼は、一八五一年から五三年にかけては廃止論を唱える新聞『デイリー・コモンウェルス』（*Daily Commonwealth*）を妻のジュリアとともに編集したり、逃亡奴隷をカナダに送り込む「地下鉄道」を積極的に支援する活動に携わったりしただけでなく、奴隷制度廃止論者のトマス・ウェントワース・ヒギンソン（Thomas Wentworth

Higginson, 1823-1911）やセオドア・パーカー（Theodore Parker, 1810-60）らと「秘密の六人」（“Secret Six”）あるいは「秘密の六人委員会」（“Secret Committee of Six”）と呼ばれるグループを結成し、一八五九年にハーパーズフェリーを襲うことになる急進的奴隷制廃止論者ジョン・ブラウン（John Brown, 1800-59）に資金援助したこともあった。なお、ハウの友人として名前が挙がっていたサムナーやマンはそれぞれ本書の別の箇所でも登場する。

たしかに、ハウは「驚くべき生涯を送った」人物だったが、彼が一躍脚光を浴びるようになったのは、視覚障碍者のためのパーキンズ・スクールの創設者／校長としてローラ・ブリッジマン（Laura Bridgman, 1829-89）の教育に情熱的に当たったからだった。一八二九年にニュー・ハンプシャー州ハノーヴァーに生まれたローラは、二歳のときに猩紅熱にかかって触覚以外のすべての感覚を失った全盲聾者となる。一八三七年一〇月にハウに見出だされてパーキンズ・スクールに入学した彼女は、ハウと有能な教師たちの指導の下で基礎的な言語教育を受け、ハウの考案した方法で英語のアルファベットを習得し、指文字で情報のやり取りができるようになり、文字を書く能力も身に着けるにいたる。その結果、二〇歳になるまでに、歴史、文学、数学、哲学などの知識を吸収したのだった。こうしたローラの教育のプロセスをハウはパーキン

ローラ・ブリッジマン

ズ・スクールの理事会に提出した『第九回年次報告書』（"The Ninth Annual Report of the Trustees of the Perkins Institution for the year 1840"）に詳しく記述しているが、この報告書を理事会が一八四一年に公表すると、新聞や雑誌が報告書からの抜粋を印刷し、ローラに対する関心は一気に高まった、と言われている。

ついでながら、パーキンズ・スクールには視覚障碍のあったアン・サリヴァン（Anne Sullivan, 1866-1936）が入学して、ローラ・ブリッジマンの友人となり、さらにヘレン・ケラー（Helen Keller, 1880-1968）もまたこの学校で教育を受けただけでなく、サリヴァンが彼女の家庭教師になったことなどは広く知られている。著名な哲学者で心理学者のウィリアム・ジェイムズ（William James, 1842-1910）は一九〇四年に『アトランティック・マンスリー』に発表した「ローラ・ブリッジマン」と題するエッセイのなかで、ヘレン・ケラーの影に隠れて、ローラが忘れられた存在になっている状況に触れて、ヘレンのめざましい活躍を派手に書き立てる記事とは対照的に、「ローフのイメージがいささか貧血気味に思われるとしても、ローラ・ブリッジマンがいなかったとしたら、ヘレン・ケラーもいなかっただろうということを、われわれは忘れることができない」と語っている。

この書評エッセイよりも半世紀以上以前の時点では、ローラ・ブリッジマンの人気はうなぎ登りで、彼女の姿をひと目でも見たいという人々の期待に応えるために、ハウは彼女の胸像を作って、各地に展示することを思い立ち、一八四一年晩夏、小説家ナサニエル・ホーソーン（Nathaniel Hawthorne, 1804-64）との結婚を間近に控えたソファイア・ピーボディ（Sophia Peabody, 18C9-71）にその制作を依頼している。ソファイアは彫刻家のショーバル・クレヴェンジャー（Shobal Clevenger, 1812-43）の下で短期間ながら彫刻を学んだことがあり、その年の九月にパーキンズ・スクールに通ってローラの胸像を完成したのだった（なお、クレヴェンジャーが作製した二二歳のジュリアの胸像は、彼女の娘のローラ・リチャーズとモード・エリオットが書いた彼女の伝記にイラストが載っている）。

このローラの胸像について、『ピーボディ姉妹』の著者メーガン・マーシャルは、「名声を得る寸前の、もの思わし気な風情のローラをとらえており、その見えない眼は、彼女がいつも着けていた帯状の布で覆われ、彼女の若さと傷つきやすさが、繊細なむき出しの肩と、ほどけた細く長い髪に痛切に表現されていた」（四四一頁）だけでなく、「ある意味、ソファイアの彫刻はその題材である少女に負けず劣らず驚異的なものであった。生きているモデルから彼女が粘土で制作した最初の三次元の作品であるこの像は、ハウがローラ・ブリッジマンの宣伝に広く成功したおかげで、将来アメリカ中の盲学校のために複製がつくられることとなる」（四四二頁）と解説している。

なお、驚くべきことに、ホーソーンの婚約者がローラの胸像を完成した一八四一年の三月、パーキンズ・スクールの補助教員の募集に『ウォールデン』（一八五四年）を書くずっと以前の、当時二四歳だったヘンリー・デイヴィッド・ソロー（Henry David Thoreau, 1817-62）が応募していたという記録が残っている。ハウに宛てた三月九日付の手紙（qtd. in Trent 299 note62）に、ソローは教員募集の広告を拝見したこと、一八三七年にハーヴァード大学を卒業したこと、教員の経験が豊富であることなどを書き記し、身元保証人の一人にコンコードの哲人エマソン（Ralph Waldo Emerson, 1803-82）の名前を挙げている。ソローが補助教員に採用されなかったことは言うまでもないが、まことに意外な形で若き日のホーソーンとその婚約者、さらにはソローまでもが、ハウとローラの師弟をめぐる物語に関わっていたことを示す興味深いエピソードとして紹介しておきたい。

翌一八四二年にはパーキンズ・スクールとローラ・ブリッジマンの知名度を高める決定的な事件が起こる。訪米中のイギリス作家チャールズ・ディケンズ（Charles Dickens, 1812-70）が一月二九日にパーキンズ・スクールを見学し、視覚障碍のある生徒たちの授業や生活ぶりを視察したときの印象を『アメリカ紀行』（*American Notes*, 1842）に書き残したのだ。そこでのディケンズは、すでに言及したハウの『第九回年次報告書』から長々と引用しながら（ペンギン版で八頁に及んでいる）、ローラの教育に悪戦苦闘したハウの様子を紹介する一方で、ローラにはじめて会ったときの印象をこのように書きとめている——

彼女は眼が見えず、耳が聞こえず、口がきけず、嗅覚もなく、そして味覚もほとんどなく、それでいて人間としてのあらゆる能力、希望、また美徳と愛情あふれる力をその華奢な体に秘め、肉体的感覚としては唯一の感覚、つまり触覚だけを持った、若くて美しい少女だった。そこに彼女はいた、私の目の前に。いかなる光も、またかすかな物音も通さない、いわば大理石の独房の中で育てられ、哀れな白い手で壁の中の隙間を覗き込み、不滅の魂を呼び覚ましてくれないかと、誰か善良な人に助けを求め、合図を送りながら。（引用は伊藤弘之ほか訳による）

この少女の「不滅の魂」を呼び覚ました「善良な人」こそ、やがてジュリアの結婚相手となるハウだったのだが、報告書のハウの記述から「彼女の知的な性格の中に、飽くことを知らない知識欲と物事の諸関係の素早い理解力を見るのは気持のいいものである。彼女の道徳的な性格の中に、絶えざる晴れやかさ、生に対する強い喜び、あふれるばかりの愛、躊躇することのない自信、苦しみに対する同情、誠実さ、真実に満ちた心、そしてあふれる希望を見るのはすばらしいものである」という文章を引用した後で、ディケンズは「それを書いたのは、彼女の恩人であり、また友であるハウ博士という人である。これらの文章を読んだあと、その名を聞いて無関心でいられる人は多くないであろうと、私は願い、また信じる」と述べている。別の箇所ではまた、「ローラ・ブリッジマン自身の暗く閉ざされた心に、現在のような状態になれるというかすかな希望が初めて閃いた瞬間」をハウが「喜ばしい瞬間」と呼んでいる点に触れたディケンズは、「彼の生涯を通じて、その瞬間の思い出は純粋で褪せることのない幸福の源となるだろうし、また、彼の『気高くも有益な』(〈原書ではNoble Usefulness〉) 人生の黄昏時になっても、その輝きが衰えることはないであろう」と書き記している。

『アメリカ紀行』は著者自身がC・C・フェルトンに宛てた一八四二年一二月三一日付の手紙で「もっとも完成された、文句なしの成功作」と豪語しているだけあって、広く世間から好評を博したので、「刊行後数ヵ月も経たないうちに、大西洋の両岸の何百何千ものディケンズの読者は、サミュエル・グリドリー・ハウがローラ・ブリッジマンという奇跡を起こした“Noble Usefulness”の典型であることを知った」(Gitter 125)と『幽閉されたゲスト』の著者エリザベス・ギターは指摘している。ハウが一躍有名人になったことは、新婚旅行中のジュリアが妹ルイーザに宛てた一八四三年六月一七日付の手紙で、英国国教会の聖職者で文学者のシドニー・スミス(Sydney Smith, 1771-1845)が「無生物体に魂を与えた」という理由でハウをプロメテウスと呼んだ、と書き送っていることからも想像できる(Gitter 176)。ハウが奇跡の人と呼ばれ、粘土で造った人型に生命を与えたとされるプロメテウスになぞらえられたという事実は、『アメリカ紀行』が読者に与えたインパクトの強さを物語っている。

だが、ディケンズのハウに関する記述が影響を及ぼしていたのはイギリスだけではなかった。『アメリカ紀行』から八〇年近くが経った一九一九年、フランス作家アンドレ・ジッド(Andre Gide, 1869-1951)が著した『田園交響楽』(*La Symphonie Pastorale*, 1919)でローラ・ブリッジマン(原著では Bridgeman と誤記されている)とハウ博士のことが詳しく紹介されている。この小説では語り手の牧師が盲目の孤児ジェルトリュードを養育しているが、ある日、彼の友人のマルタン医師がジェルトリュードよりももっとひどい障碍のある娘を、前世紀の中頃にイギリスの何とか言う伯爵のお抱えの医者が引き取ったという話を語って聞かせる。「娘の名はローラ・ブリッジマンといった」が、その医者は「娘を教え込むためのいろいろの努力」を重ねたにもかかわらず、「何週間たっても、なんの効果もなかった。娘の肉体には魂が宿っていないように見えた。それでもその医者は信念を失わなかった。[中略]ある日、ついに彼はローラの無感覚な顔に、一種の微笑の輝くのを見た。この瞬間、彼の眼には感謝と愛の涙が湧いて、彼は主に感謝するためにひざまずいたものと僕は思うね。ローラはとつぜん、その医者の意のあるところを理解するようになった。救われたのだ！」（引用は中村真一郎訳による）とマルタン医師は語っている。

このマルタンの話が『アメリカ紀行』で語られているハウとローラの物語に基づいていることは容易に想像できるが、「ローラ・ブリッジマンのことから直接ヒントを得たものに違いない」と考えるマルタンが送ってきたディケンズの中編小説『炉端のこおろぎ』(*The Cricket on the Hearth*, 1854)を「非常に面白く読んだ」語り手の牧師は、「これは盲目の少女の物語で、いくらか長すぎるけれども、ところどころ感動ぶかい個所がある。貧しい玩具作りの父親が、娘を安心と富と幸福の幻影のなかに住まわせておく話である」とコメントしている。『アメリカ紀行』とそのスピンオフとも言うべき『炉端のこおろぎ』から着想を得たジッドの『田園交響楽』のなかにハウ博士が生き続けているのは、彼が「ローラ・ブリッジマンという奇跡を起こした“Noble Usefulness”の典型である」ことの何よりの証しとなっている。

その『田園交響楽』から一〇数年後の一九三六年、ハーヴァード大学は創立三百年を記念して、栄誉の殿堂入りにふさわしい五〇人の偉大な卒業生を物故者のなかから選んでいるが、サミュエル・グリドリー・ハウはヘンリー・アダムズ（二四位）、R・W・エマソン（二五位）、フランシス・パークマン（二九位）、H・D・ソロー（三〇位）、セオドア・ローズヴェルト（四七位）らを抑えて、第二〇位にランクされている（Trent 4; “50 Greatest Sons Picked at Harvard,” *New York Times*）。ローラ・ブリッジマンの育ての親は死後六〇年を経ても、ギリシャ独立戦争に身を投じた青年時代と同じような「ヒーロー」として、選考委員会のメンバーの記憶に生き続けていたのだろう。

だが、近年になって、ハウの名声に翳りが見え始めている、と考える彼の伝記作者ジェイムズ・トレントは「異なった学問分野やさまざまな見方の批評家たちがハウの人格、彼の人道主義者としての動機、配偶者に対する彼の処遇、ローラ・ブリッジマンに対する彼の指導について疑問を抱いている。二一世紀の初めまでに、一九五〇年代の半ば以前にはしっかり定着していたハウのヒーロー的で、人道主義的で、男らしいペルソナさえも重大な疑惑にさらされた」（Trent 4）と指摘している。かつてはプロメテウスになぞらえられたこともある超人的なヒーローとしてのハウは、いまや四面楚歌の状態に陥っているというのだが、ここでは「配偶者に対する彼の処遇」という問題を考えるために、ハウと妻ジュリアとの関係に焦点を絞って、輝かしい美名に隠された彼の実像に迫ってみたい。

2 看守と牢獄

八〇歳のときに書いた『回想』第四章で、ピューリタン的な厳しい父親に育てられた少女時代を振り返ったジュリアは、「私は魔法の城に閉じ込められた、遠い昔の若い乙女のように自分自身には思われた。そして、私の愛する父は、その高貴な寛大さと過度な愛情にもかかわらず、私にはときどき私の看守（my jailer）のように思われた」と述べている。ジュリアの伝記を書いたエレイン・ショーウォーターが彼女の少女時代を扱った章に「城のなかの王女」という題名をつけ、すでに引用したように、サミュエル・グリドリー・ハウは「ジュリア・ウォードを魔法の城から救い出すためにやってきた、非の打ちどころのない騎士のように思われた」(Showalter 2016: 21) と指摘しているのは、このジュリアの記述を踏まえてのことだろう。ジュリアが一八歳も年上のハウとの結婚に踏み切ったのは「看守」としての父親から逃れるためだったのではあるまいか。

だが、「看守」のような父親の家父長的権威の及ばない自由な世界を求めるジュリアの期待は見事に裏切られてしまう。彼女が結婚相手に選んだハウという男性は、ヴィクトリア時代のミソジニスト的イデオロギーを一身に背負って立つ存在だった。彼はジュリアに宛てた求愛の手紙のなかで、「君はとても美しい姿で蛹の状態から脱皮すると思っているだろうし、僕も君の白い両肩から羽根が生え出てくるのを見るのを誇りに思うよ」と書きながら、「僕と一緒にこの地上の世界を歩んで行くことになる、僕の愛する地上の妻を僕の腕のなかに囚人として閉じ込めておくために、その羽根を切り取ってしまうからね」(qtd. in Ziegler 29) と言い切っている。

この手紙を引用しているヴァラリー・ジーグラーによると、ジュリアからの返事は残っていないとのことだが、本章の冒頭に紹介しておいた「蜜蜂の歌」("The Bee's Song") と題するジュリアの詩をここで思い出すべきではないのか。「私の羽根を縛らないでと／蜜蜂は言う／私の羽根をくらないで／幸せで自由にしておいて」(Do not tie my wings,/Says the honey-bee;/Do not bind my wings,/Leave them glad and free.) という第一連の四行で始まり、「あなたには読めますか／哀願している蜜蜂の歌が？／それは自由を求める／詩人の魂なのです」(Can you read the song/Of the suppliant bee?/'Tis a poet's soul,/Asking liberty.）という言葉で終わる「蜜蜂の歌」は、いきなり彼女の「羽根」を切り取り、彼女を囚人として自由を奪ってしまおうというハウの手紙に対する返事として読むことができると考えたい。最初の四行の後に続く「野の花が咲くあたりを／私が羽音をたてながら一日中／外を飛び回り／遠くまで行ったきりなのは／夏の喜びのように豊かで／黄金と硝子のように透明な／甘い蜜をあなたに持ってくるためです」（If I fly abroad,/ If I keep afar,/Humming all the day,/ Where wild blossoms are,/ 'Tis to bring you sweets,/Rich as summer joy,/ Clear——as gold and glass）という詩行は、主人か飼い主のために一生懸命働いている蜜蜂の姿を描いている。そこには男性のために尽くそうと決心しているにもかかわらず、一方的に男性の勝手な意志を押しつけられて苦悩するジュリアの「自由を求める／詩人の魂」の叫びを聞きつけることができるだろう。この詩はいつ、どのような機会に書かれたかも分かっていないが、ハウの手紙に対してジュリアが秘かに書いていた返事として読むことによって、「看守」に「哀願している蜜蜂」のようにちっぽけな存在としての「囚人」の姿が浮かび上がってくるのではないだろうか。

もちろん、愛する女性を支配するために、小鳥としての女性の翼を切り取るというメタファーは、一九世紀のアメリカ小説などではさほど珍しくはなかったかもしれない。たとえばE・D・E・N・サウスワース（E. D. E. N. Southworth,1819-99）の長編小説『棄てられた妻』（*The Deserted Wife*, 1850）においては、女主人公へイガーの夫レイモンドが「自由」を求めて鷲のように羽ばたこうとする彼女の「翼」を切り取らねばなるまいと語りかけ、さらに彼の父親のウィザーズ牧師がソフィーという女性の自由な意志を奪おうとする場面で、語り手は「こうして、彼女の弱い意志の翼は、強くて、執念深くて、鉄のような意志につかまれたまま、もがいていた」と説明している。この「強烈な意志をもった父と子が揃って若い女性の自由の翼を奪い取る」という設定は、「いつの時期にも、いつの世代にも、ヴィクトリアン・アメリカにおいては、女性を『生涯にわたって支配する権力』を付与された男性が家父長的な特権を心ゆくまで享受していたことを象徴的に物語っている」（一三一―一三二頁）と旧著『内と外からのアメリカ』で論じたことがあるので、興味のある読者は参照されたい。

それはさておき、ジュリア・ウォードの場合、「魔法の城」という「牢獄」から飛び立とうとしている彼女の「羽根」を結婚相手のハウは切り取ってしまうだけでなく、「囚人」として彼の腕のなかという「牢獄」に幽閉しようというのだ。「看守」としての父から「看守」としての夫へと譲り渡され、結婚前も結婚後も家庭という名の「牢獄」に閉じ込められるジュリアの運命は、ヴィクトリアン・アメリカの一般的な女性に共通する運命だったと言ってよいだろう。「ヴィクトリア時代の『家庭の天使』になろうと努める彼女は、フラストレーションと自我の喪失に堪えていた点で一人ではなかった」と指摘するヴァラリー・ジーグラーは、「一口に言えば、サミュエル・ハウとの生活もサミュエル・ウォードとの生活も似たり寄ったりであることにジュリアは気づくことになる。いずれの場合にも、孤立し、男性に支配されていた彼女は、真の女性という理想によって割り振られていた運命から彼女を救い上げてくれる知的達成を追い求めていた」（Ziegler 30 強調引用者）と結論している。

サミュエル・ハウが詩人の妻ジュリアの「羽根」をむしり取り、彼女を「牢獄」に閉じ込めようとしたのは、彼女を四つの美徳のすべてを完璧に備えた「真の女性」、ヴィクトリアン・アメリカが期待する良妻賢母に仕立て上げることを願っていたからだった。「彼の考え方は家庭性の崇拝の特徴を示していた。彼は彼の妻にヴィクトリア時代の人々が真の女性と認める女性になってもらいたかった」（Ziegler 37）とジーグラーは指摘しているが、ハウの伝記作者ジェイムズ・トレントもまた「女性、とりわけ彼の妻ジュリア・ウォード・ハウが、女性の自然な社会的役割と彼が見なすものの枠組みの外に出たとき、彼の進歩的な考え方の限界が露わになる。ハウの書いた文章は社会構造における女性の自然な役割と彼が見なしていたものをわれわれに垣間見させてくれる。彼の感情は彼の時代の特徴を示していた」（Trent 78）とジーグラーと同様の意見を述べ、「女性の純潔に関する彼の考えと、女性の場所は家庭の内と公共の集会場《パブリック・フォーラム》の外にあるという信念とにおいて、SGH［ハウの名前のイニシャル］は彼の時代の特徴を示していた」（Trent 289 note64）と付け加えている。「ミソジニー的敵意」にあふれたヴィクトリアン・アメリカで、非の打ちどころのない「真の女性」となるために、ジュリアは家庭という「牢獄」のような閉鎖的な空間に閉じ込められ、彼女の行動は「看守」のようなハウの監視下に置かれることになった、と言い換えてもいいだろう。

　一八四三年五月、ハウと結婚したジュリアは、ソファイア・ピーボディの姉メアリーと結婚したばかりのホーレス・マンと一緒にヨーロッパへの新婚旅行に出発する。この旅行中に第一子を妊娠したジュリアはローマで出産することになるが、その時期の彼女の様子をハウは親友チャールズ・サムナー（Charles Sumner, 1811-74）に逐一報告している。たとえば、一八四三年一一月八日付の手紙では、彼が歯の治療のためにパリに行って留守の間のジュリアについて、オペラにも行かず、ピアノも弾かず、歌も歌わず、詩を書いたりもせず、「ベビー服を縫うことにかかりきりだった」と書き送り、「彼女と彼女の赤ん坊に祝福あれ！　彼女こそは真の女性だ！」(qtd. in Trent 133 強調引用者) と興奮しているだけでなく、「真の女性は自分の体内に子どもを抱え、自分の血液から子どもに養分を与え、子どもの身体のすべての部分を自分自身の身体から作り上げることを重荷と考えるようなことは絶対にない」(qtd. in Trent 300 note43) と続けている。

さらに、翌一八四四年三月一六日と二〇日に書いた手紙でも、八時間もかかった分娩の直後のジュリアについて、ほんの一年前までは派手は「ニューヨーク令嬢《ベル》」だったかもしれないが、「今では彼女は夫のためにのみ生きる妻、子どもに栄養をもう一滴与えるために必要とあれば自分自身の美しさを犠牲にする母になっている」とハウは彼女の良妻賢母ぶりを手放しで褒めそやし、「彼女が真剣な眼差しで赤ん坊の一つ一つの動作を心配そうに見守っているのを眺め、彼女が完全に自分を忘れて、この新しい愛の対象に全身を集中しているのを目の当たりにする」ことによって、「人間をもっとも高貴にするもの——他者に対する愛」を感じ取ることができる (qtd. in Trent 135)、とサムナーに語り掛けている。

著名な心理学者G・スタンレー・ホール (G. Stanley Hall, 1844-1924) は「真の女性であることは妻である以上に母親であることを意味する」(Hall 627) と述べているが、この発言を裏づけるかのように、ジュリアは一八四四年に第一子を出産してから、一八五九年に四〇歳で最後の子どもを産むまで、六人の子宝に恵まれている。ハウが彼女につぎつぎと妊娠させたのは、出産を繰り返しては母性を発揮する「真の女性」としての妻の姿を見続け、ある種の自己満足を覚えるためではなかったか、という皮肉な見方をする読者がいるとしても不思議はあるまい。

だが、「真の女性」であることを強制され、家庭という「牢獄」に閉じ込められたジュリアの反応はどうだったのか。「蜜蜂の歌」にあったように、自由を求める詩人の魂の持ち主だった彼女にとって、良妻賢母としての仕事ほどに不得意なものはなかった。裕福な家に生まれて、何不自由なく育っただけでなく、五歳のときに母親と死別したこともあって、家事にはまったく疎い女性だった。伝記作者エレイン・ショーウォーターに言わせると、「料理は特別の試練だった」ので、「彼女はキャサリン・ビーチャーの『家庭料理のレシピ本』の助けを借りて悪戦苦闘しながら、多くの時間を台所で過ごした」(Showalter 2016: 71)のだった。ビーチャーの『レシピ本』というのは *Domestic Receipt Book*(1846)を指しているのだが、ヴァラリー・ジーグラーも同じ本に言及しながら、ハウが催す晩餐会の「料理はジュリアにとっては悪夢のようなものだった。このために彼女の手は作られたのではなかった」というジュリアの娘たちの証言を引用している(Ziegler 39)。

どうやら料理はいつまで経ってもジュリアの「悪夢」だったようで、一八八六年、女性参政権運動を支援するために出版された『女性参政権クックブック』(Burr, ed. *Woman Suffrage Cookbook*)に対する彼女の反応からも窺い知ることができる。このクックブックにはアメリカ女性参政権協会(NEWSA)を設立したルーシー・ストーン(Lucy Stone, 1818-93)のほかに、女性参政権の母と呼ばれるエリザベス・スタントン（Elizabeth Stanton, 1815-1902）、長編『死ぬまで鎖に繋がれて』（*Fettered for Life*, 1874）の小説家リリー・デヴェルー・ブレイク（Lillie Devereux Blake, 1833-1913）などがそれぞれの得意の料理のレシピを紹介しているが、ジュリア・ウォード・ハウは「価値や市場にどのような不確実性が認められようとも、余暇が持てるほどに裕福な女性が同じ女性の状況を改善することに興味を抱くのはつねに報われる」といった調子の、料理とはまったく関係のない一二行から成る一文を寄せている。六七歳になったジュリアがいかに料理に不得意だったか、あるいはいかに料理に無関心だったかを物語るエピソードと言えるのではないか。

こう見てくると、一八歳年下のジュリアを「真の女性」に育て上げることにミソジニストとしての夫ハウは生き甲斐を見いだしていたようだが、当のジュリアにとっては、ジーグラーの評言を借りて言えば、「家庭と赤ん坊たちの世界は牢獄のように感じられた」（Ziegler 48）のであり、家事と育児に追われる彼女が詩作に励むことなど到底不可能だった。一八四六年一月三一日に妹ルイーザに書き送った獄中便りのような手紙では「私の声は未だに凍りついたように沈黙し、私の詩は氷のように冷たい無関心の鎖に縛られたままなので、私は私自身の想像の世界ではともかく、詩人でもないし、詩人でもなかった」（qtd. in Ziegler 40）と嘆き、同年二月一五日付のルイーザ宛の手紙でも「他者に生命を与えることで私たちは自分自身の生命力を失い、薄闇、無、生ける死のなかに沈み込む」と訴え、「私の飢えた心を満たしてくれる愛情の残飯を物乞いするために、私は一体どこへ行けばいいのだろうか？　満たされなければ私の心は死んでしまう」（qtd. in Williams 1999: 77）と問いかけている（ちなみに、「飢えた心」"hungry heart"というフレーズはゲアリー・ウィリアムズのジュリア論の題名に用いられている)。

この妹にあてた手紙から二〇年近くが経った一八六五年四月二三日の結婚記念日に、夫サミュエルとの間でひと悶着あったジュリアは、その日の日記に「きょうで結婚して二二年になる。その間、私自身が大事に思っている私の何らかの行為を夫がよしとしてくれた覚えは一度もない。著書――詩――戯曲――すべてが夫の目には愚劣か禁制品《コントラバンド》だった。それは夫のやり方ではないという理由で。[中略]きょうから夫に対する私の気持ちに大きな変化が生じると思う。私はこれまで夫がこれほどまでに狭量で不条理であるとは知らなかった、その両方であることは知ってはいたけれども」(qtd. in Ziegler 105; Showalter 2016: 173) と書きつけている。彼女の「飢えた心」は二〇年経っても満たされないままだったのだ。翌日、この日記の記述を読んだサミュエルからすべてを抹消するように命令され、ジュリアはそれを断固として拒絶したというのだが、ハウ夫妻のいざこざは記念日の夜、彼女がチャールズタウンの女性刑務所で受刑者たちに説教をすることになっていたのを、既婚の女性は家にいるべきだといういつもながらの理由で、夫がそれに頑強に反対したのが原因だった。それにしても家庭と赤ん坊たちの世界を「牢獄」のように感じていた彼女が、女囚たちの慰安に出かけるというのは、何ともアイロニカルな状況だったに違いない。

3　ダブルスタンダードの問題

このようにジュリア・ウォード・ハウは夫サミュエル・グリドリー・ハウに「羽根」を切り取られただけでなく、その冷たい無関心な態度によって「声」までも奪われてしまって、歌を忘れた詩人になり果てたのだった。「もっとも男らしい男」ハウはもっともミソジニスト的な男だったのだが、その事実以上に彼女を苦しめたのは、彼がしばしば見せる価値判断のダブルスタンダードだった。

新婚旅行の際にイギリスを訪れたハウ夫妻は、エンブリー・パークのナイチンゲール家に招かれているが、ある日、ハウはこの家の二四歳になる次女フローレンス・ナイチンゲール（Florence Nightingale, 1820-1910）からイギリス女性がカトリック修道女のように病院かどこかで奉仕的な仕事をするのは不適切だろうかという相談を受ける。そのときの彼は「それは普通でないことで、普通でないことは何であれ、イギリスでは不適切に思われがちです。しかし、私は申し上げます、あなたがもしそのような生き方に使命感をお持ちなら、どんどんおやりなさい、と。あなたのインスピレーションのままに行動しなさい。ほかの人たちのために義務を果たすことに似つかわしくないことや淑女らしくないことは何もないことに気づくでしょう。あなたの歩むべき道を選んで、それがどこへあなたを導こうとも、その道を歩み続けなさい。神があなたと共にありますように！」と答えた、と二人の娘が書いたジュリアの伝記（第五章）は伝えている。ナイチンゲールが一九世紀イギリス社会の期待する「家庭の天使」から戦火の下で傷病兵のために日夜奉仕する「クリミアの天使」に変身するに当たって、彼女の背中を押したのはギリシャ独立戦争のヒーローだったのだ。

この印象的な逸話を『回想』第七章で語るジュリアの口調はいかにも素っ気なく、「私が看護師の勉強をして、その仕事に私の人生を捧げる決心をするとしたら、とんでもないことだと思われますか?」というナイチンゲールの問いかけに、ハウは「そんなことは思いませんよ。大変いいことだと思います」と答えたとしか書かれていない。その後、クリミア戦争での彼女の活躍ぶりを耳にしたときも、「彼女の名前を世界的に有名にした仕事のことを聞いて驚かなった人は私たちのほかにはあまりいなかった」と付け加えているだけだが、フローレンスとの関係はナイチンゲール家でのやり取りで終わったのではなかった。一八四五年八月二五日にハウ夫妻に二人目の娘が産まれたとき、男子の誕生を待ち望んでいたハウは「その子にフローレンス・ナイチンゲールという名前をつけるなら勘弁してやろう!」(第六章)と叫んだ、と伝記『ジュリア・ウォード・ハウ』の著者たちは伝えている。

こうしてナイチンゲールはハウ夫妻の新生児の名づけ親となり、ジュリアとの文通も途切れることなく続いたのだったが、ジュリアとしては、自分よりも一歳年下のナイチンゲールには看護師として働くことを積極的に後押ししながら、詩人としての彼女には徹底的に沈黙を強いようとするハウの態度に対して不満を募らせていた。この点に関して、ヴァラリー・ジーグラーは「フローレンス・ナイチンゲールに対する彼の応援と彼の妻を家庭に閉じ込めたいという彼の願望との間のコントラストに彼女[ジュリア]は気づいていた。[中略]フローレンス・ナイチンゲールは数えきれないほどの夫婦喧嘩の種となった」(Ziegler 37-38)と述べている。エレイン・ショーウォーターもまたジュリアは「女性の言動に対するシェヴのダブルスタンダードにますます反感を覚えるようになった。ナイチンゲールを励ます一方で、彼女自身の仕事に対する野心に反対する彼は偽善的であるように思われた」と説明し、この矛盾をジュリアに突きつけられたハウが「もし彼がフローレンス・ナイチンゲールと婚約していて、心から愛していたとしても、彼女が公的な職業に就くようなことがあれば、その途端に別れてしまうだろう」と答えたというエピソードを紹介している（Showalter 2016: 66-67）。しかし、この得意げに語るハウの言葉は、本人はまったく意識していなかったとしても、女性を「公的な職業」から遠ざけ、狭苦しい「家庭」に閉じ込めようとするミソジニスト、「真の女性らしさの崇拝」を支持してやまない男性至上主義者としてのハウの本質を浮き彫りにする結果になっている。

だが、まことに皮肉なことに、この話題のフローレンス・ナイチンゲールはイギリスに蔓延する「家庭性の崇拝」を激しく批判していた。彼女が一八五二年に書いた『カッサンドラ』（*Cassandra*, 1852）を「イギリスにおけるフェミニズムの重要なテクスト、「メアリー・」ウルストンクラフトと「ヴァージニア・」ウルフを結びつけるリンク」（Showalter 1981: 396）と位置づけたのは、またしてもエレイン・ショーウォーターだったが、そこでのナイチンゲールは無気力に日常生活を送ることを余儀なくされているイギリス女性について、「この女性たちがそのような仕事がないという理由で、一体何を――肉体的にさえ――悩んでいるか、誰にも分からない。昼間は何もすることがないために溜まっていた神経エネルギーのために、毎晩、寝床に入ったとき、彼女たちは気が狂ってしまうかのような気持ちになる」（第三章）と語り、「女性が『家庭の炉辺』以上の何かをしなければならない時が来ている。『家庭の炉辺』とは子どもを育てたり、家をきれいに掃除したり、おいしいディナーを食べたり、楽しいパーティを開いたりするという意味だ」（第五章）と訴えている。「女たちよ、目覚めよ！　眠っている女たちのすべてよ、目覚めよ！」（第五章）というナイチンゲールの言葉は、もしジュリアが読む機会があったとすれば、「牢獄」のような「家庭と赤ん坊たちの世界」で悶々と日々を送っている彼女の「詩人の魂」は強く揺さぶられることになったのではあるまいか。

当然のことながら、サミュエル・グリドリー・ハウにおける矛盾あるいはダブルスタンダードは、ジュリアとローラ・ブリッジマンに対する彼の態度に紛うことなき形で露呈している。すでに触れたように、ハウはローラの教育に、ディケンズの評言を借りれば「気高くも有益な人生」を捧げたのだったが、その彼の献身的な活動について、彼の長年の友人だったホーレス・マンは「この美しい子ども「ローラ」がほかの多くの子どもたちと共に暗く悲惨な人生から救い出されたのは、全面的にハウ博士の性格、判断力、知識、博愛心の賜物だった」（Mann 35）と論じている。

こうしたハウに捧げられた賛辞のいくつかを拾い出してみると、視力を失った有名人の生きざまを描いた『暗闇のヒーローたち』（*Heroes of Darkness*, 1911）の著者ジョン・バーナード・マニックス（John Bernard Mannix 生没年不詳）はローラ・ブリッジマンに関する章で「彼［ハウ］がただちに決心したことは、その不幸な子どもに力を貸し、幽閉された（imprisoned）人間の魂にもう一度手を差し伸べる努力をし、その魂を同じ人間仲間や世間一般と交流させてやろうということだった」（Mannix 172）と語り、ハウからパーキンズ・スクールの理事会に提出した『第九回年次報告書』を贈呈された「チェルシーの哲人」トマス・カーライル（Thomas Carlyle, 1795-1881）は、彼に宛てた一八四二年一〇月二三日付の手紙で、ローラを「比類なきほどに幽閉された（imprisoned）、真の天使の魂、天の息吹」と呼び、「目も耳も声も味も匂い」も奪われた少女のために力を尽くしたハウについては、「世界の中心ほどに深い迷路」に分け入って、「少女に翼を与え、奇跡の声で『立ち上がれ、おのれを救え』と言えば、その高貴な少女は救われ、自由の身になっている（disimprisoned）」（qtd. in Richards 104）と述べている。イギリス詩人メアリー・ハウイット（Mary Howitt, 1799-1888）は一八四七年一〇月九日の日記に「このように聖なる主の御足の跡を恭しく踏み従って、目の見えぬ者に視力を、耳の聞こえぬ者に聴力を、閉ざされた唇に言葉を、幽閉されて（imprisoned）悲嘆に暮れる魂に知識と浄め教化する信仰をもたらすべく、人智の限りを尽くしたハウ博士を褒め讃えよう」（Howitt 228）と記している。

こうした賛辞はいずれもローラが「幽閉された」魂の持ち主であり、その魂に「言葉」や「翼」を与えることによって、自由と幸福をもたらしたのがハウの偉業だったことを明らかにしている。だが、このヒーローとしてのハウが、同時にまた「看守」として妻のジュリアを家庭という「牢獄」に幽閉し、詩人としての彼女から「翼」と「言葉」を奪っていたのだから、彼の行為のダブルスタンダード性は非難されてしかるべきではないのか。ジュリアを「牢獄」に閉じ込めておきながら、ローラを三重苦という「牢獄」から救い出そうとするハウは、ローラにとっての「非の打ちどころのない騎士」だったのだ。ジュリアがローラに対して反感を抱いたのは、そのことに気づいたからだろうと思われるが、この点に関して、エリザベス・ギターーは「婚約期間中のジュリア・ウォードは指話法を覚える様子を見せていたが、結婚後はローラに対して愛情を抱いているふりをすることを一切やめてしまった」と指摘し、周囲の人間の性格や気分を敏感に読むことができたローラは彼女に対する「ハウ夫人の嫌悪」に気づいていたに違いない（Gitter 156）、と述べている。

ともあれ、詩人としての才能を発揮することを「看守」としてのハウに禁じられ、「家庭と赤ん坊たちの世界」という「牢獄」で「真の女性」としての毎日を送っているジュリアだったが、一八四八年、著名なアンソロジストのルーファス・W・グリズウォルド（Rufus Wilmot Griswold, 1815-57）が編集した『アメリカの女性詩人たち』（*The Female Poets of America*, 1848）に彼女の詩作品八編が収載されることになる。このグリズウォルドのプロジェクトがきっかけとなって、「看守」ハウと「真の女性」ジュリアとの間に緊張関係が生じることになった、と指摘するゲアリー・ウィリアムズは、「一八四八年一〇月までに彼女の夫が自分を憎んでいると［ジュリア・］ハウは確信していた」と説明し、「夫にとって嫌悪の対象よりももっといい何かになる気分を味わってみたい」という一文を妹アニー宛の彼女の手紙（一八四八年一〇月一二日付）から引用している（Williams 1999: 112）。かねてからジュリアが詩人として活躍することに反対していたハウにとって、彼女は「嫌悪の対象」以外の何物でもなかったということなのだ。

問題のグリズウォルドのアンソロジーに収められたジュリアの作品のなかから、彼女に「真の女性」のイメージを押しつけるハウの姿勢をうかがわせる「女性」（“Woman”）と題する詩を読んでみよう。この作品についてウィリアムズは「もっとも興味深い」（Williams 1999: 111）、ショーウォーターは「グリズウォルドに載った作品のなかでベスト」（Showater 2016: 88）というコメントをそれぞれ加えている。この詩が書かれたのは彼女がハウと結婚した一八四三年から一八四八年ごろまで、つまり彼女の二〇歳代後半の時期のことと想定されるが、女性とは何者か、女性はいかにあるべきかをジュリアは考えている。

その冒頭で詩人は女性を「誇り高きまでに純潔なウェスタの巫女／従順で穏やかな心根をした」（A vestal priestess, proudly pure,/But of a meek and quiet spirit）と規定した後で、女性に備わっているさまざまな特徴として「誰かをひいきにすることはほとんどなく／すべての者のために働き祈ることができる愛」（A love that hath few favored ones, /and for all can work and pray）や「すべての人が必要としている同情を／そこに読み取ることができる微笑み」（A smile wherein each mortal reads/The very sympathy he needs）、それに「詩人や予言者が歌う／神秘の書にも似た眼」（An eye like to a mystic book/Of lays that bard or prophet sings）などを挙げ、「炉辺のたいせつな装飾」（The fireside's dearest ornament）としての女性、「富者の玄関よりも／貧者の住む家でよく知られている」（Known in the dwellings of the poor/Better than at the rich man's door）女性、「絶えず前に進むが／内に深い安らぎを抱いた人生」（A life that ever onward goes, /Yet in itself has deep repose）を送る女性、「神に／聖なる人生の無垢を／捧げることを誓った」（vowed to offer up/The innocence of a holy life/To Him）「ウェスタの巫女」としての女性などの姿を描いている。

ここで強調されているのはハウが妻に求めてやまない「真の女性」に不可欠な敬虔（「神に捧げるこ

とを誓った人生」)、純潔(「ウェスタの巫女」)、従順(「従順で穏やかな心根」)、家庭性(「炉辺の装飾」)といった四つの美徳にほかならない。「女性」という詩作品におけるジュリアは男性が理想とする女性の特性を並べ立てているにすぎない、と考える読者がいるとしても不思議ではない。しかも、グリズウォルドのアンソロジーが出版された一八四八年には、ニューヨーク州セネカ・フォールズで女性の権利獲得のための最初の会議が開かれたことを思い出すならば、「真の女性」のあり方を肯定的に描いたかに見える「女性」という作品は、この上なく時代錯誤的に思われるのではないか。「看守」ハウによって家庭という「牢獄」に閉じ込められたままのジュリアには、時代の変化、女性の置かれた立場の変化が見えていなかった、と思い込む読者がいるとしてもおかしくないだろう。

だが、この詩の最後には「これが私の夢みた女性/私の子どもじみた考えでは彼女は/私がなるべき女性に思われた/ああ、残念! 私が彼女になれなかったということは」(This is the woman I have dreamed,/And to my childish thought she seemed/The woman I myself should be:/Alas! I would that I were she.)という四行が書きつけられている。この作品におけるジュリアは「従順で、穏やかで、自己犠牲的で、名声には無関心な『ウェスタの巫女』としての理想的な女性詩人の描写で書き始めながら、自分はそのような類いの女性では一切ないことをウイットに富んだ形で認めて書き終えている」(Showalter 2016: 88)とエレイン・ショーウォーターは解説しているが、この最終スタンザは夫ハウが要求するような「真の女性」にはなることはできないし、なりたくもないことを認めた詩人の自嘲的な発言と読むことができる。「この詩は『女性』とは何かを規定する家父長的社会構成概念に疑問を投げかけていると読むこともできる。最後のスタンザは、詩のほかの部分を『子どもじみた』ものと見なし、女性の語り手も彼女自身が『女性』でないことに注目しているからだ」(Noble 57)とマリアンヌ・ノーブルも指摘している。

この「子どもじみた」(childish)という形容詞は、「蜜蜂の歌」と題する詩の場合もそうであったように、「詩人の魂」の翼を切り取り、口を封じてしまったミソジニスト・ハウに対するジュリアのささやかな抵抗精神の露頭と見なすことができるだろうが、この詩とほぼ同じ時期の一八四六年から四七年にかけて彼女が人知れず書き綴っていた小説にもまた同じ抵抗精神を読み取ることができるのだ。

第二章　終わりなき戦いの日々

――ジュリア・ウォード・ハウ②

1　未完の小説原稿

ジュリア・ウォード・ハウが一八四六年から四七年ごろに書き溜めていたとされる未完の小説の三五〇頁に及ぶ断片的な原稿は、一九五一年に寄贈されたハーヴァード大学ホートン図書館で眠っていたのだが、ジュリアに関する博士論文を準備していた女性研究者によって一九七七年に発見され、二〇〇四年にようやく『両性具有者』（*The Hermaphrodite*, 2004）と題して出版されたのだった。元原稿には「両性具有者」という文字はなく、「挑発的な題名」はネブラスカ大学出版局の発案だったとされている（Williams and Bergland, "Introduction" 9）。

『両性具有者』はインターセックスとして生まれた主人公のロレンスが語る一種の遍歴小説で、将来を慮った両親に男性として育てられた彼／彼女は、大学時代に知り合った美貌の女性エマと親密になるが、ロレンスが「怪物《モンスター》」であることに気づいた彼女は絶望のあまり卒倒して息絶える。その後、流浪の旅に出たロレンスは一六歳の少年ロナルドの家庭教師となるが、ロレンスを女性と思い込んで恋い焦がれる彼の愛に応えることができない。物語の後半では、ローマの貴族ベルトやその妹たちと交流する女装したロレンスの姿が描かれているが、死の床に横たわる「美しい怪物」としてのロレンスがロナルドとの再会を果たす場面で、男性を愛することも女性を愛することもできない両性具有者の悲劇的な物語は終わっている。

この作品は結婚前にジュリアが読んだバルザック『セラフィタ』やゴーチエ『モーパン嬢』などの

フランス小説や新婚旅行の際にローマで見た「眠れるヘルマプロディートス」の彫像に触発されたことが明らかになっているが、「にもかかわらず、所もあろうに、マサチューセッツ州ボストンの若い既婚女性による一九世紀半ばの原稿のなかに、両性具有者が存在感をはっきり示しているのを発見するのは一驚に値する」(Williams 1999: 95) とゲアリー・ウィリアムズは指摘している。ウィリアムズによると、ヴィクトリアン・アメリカにおいては「両性具有者という現象」は「医学および法律の問題」として議論されるにすぎなかったので (95)、それを文学的主題として扱ったジュリアは同時代のアメリカ社会の性的タブーに挑戦していたことになるだろう。

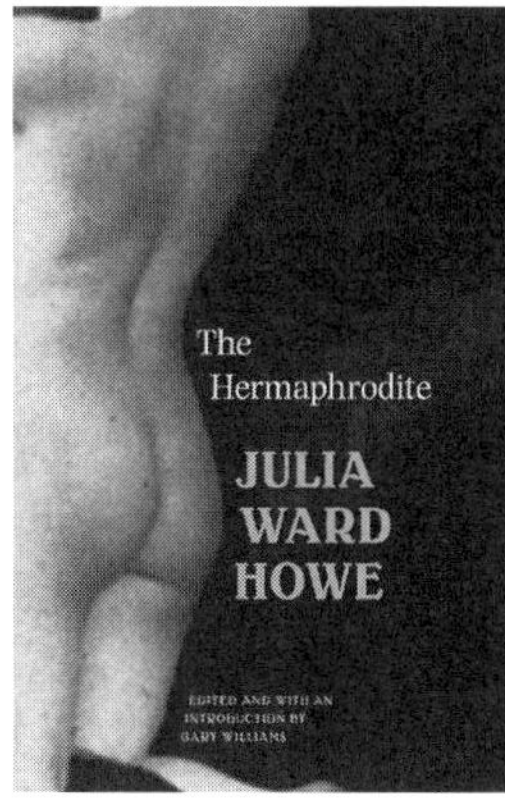

(右)『両性具有者』(ネブラスカ大学出版局)のカバー
(左)『両性具有者』の原稿を書いていたころのジュリア

この執筆から一三〇年後に発見された小説『両性具有者』を、やはり一八六六年に執筆されてから一三〇年後に出版されたルイザ・メイ・オールコット (Louisa May Alcott, 1832-88) の『愛の果ての物語』(*A Long Fatal Love Chase*, 1995) とともに分析した論文で、ジョイス・ウォレンは「ハウは彼女自身を見出した状況を描くために両性具有者のイメージを使っている」(Warren 110)

と主張しているが、ジュリアが「彼女自身を見出した状況」とは一体何を意味しているのだろうか。

ジュリアと夫ハウとの関係がぎくしゃくしていたことは、これまでに何回となく触れてきたが、ハウが熱烈な奴隷制廃止論者でマサチューセッツ州選出の上院議員チャールズ・サムナーと非常に親しい関係にあったために、彼女は結婚直後から思い悩んでいた。三五歳のハウが九歳年下の美青年サムナーと知り合ったのは一八三七年のことだったが、ハウの結婚前年の一八四二年春には、友人たちの噂に上るほどに親密な友情が二人の間に生まれていた。『飢えた心』の著者ゲアリー・ウィリアムズは「サムナーが二〇世紀末に理解されている意味での同性愛者だったと主張するつもりも、二人の男性の間に性的な意味での肉体的に親密な関係があったことを暗示するつもりもない」（Williams 1999: 44）と述べて、断定的な発言を差し控えている。

だが、親友が結婚したために落ち込んでしまっているサムナーに宛てて、ハウが新婚旅行先のリヴァプールから一八四三年五月一三日に「僕の新しい愛の対象［ジュリア］に向かって僕の胸から絶えず流れている愛情の奔流が、親愛なるサムナーのことを思い浮かべるたびに僕の胸に湧き上がる感情の大波を一滴なりとも減ぜしめることはない」と書き送り、六月一八日には友人たちに見捨てられた「孤独な運命」を嘆くサムナーを慰めるために、「僕の孤独と悲哀の日々においてさえも、僕の歓びと目くるめくようなロンドン生活のさなかにあるいま以上に、君に一緒にいてもらいたいと願ったことはなかった。君のことを考え、君にそばにいてもらいたいと思わずに過ぎる日は一日もない」（qtd. in Williams 1999: 53, 54）と告白しているのを読むと、ハウとサムナーの間に同性愛的な関係があったと思いたくなる読者が大半ではあるまいか。

さらに、一八四四年九月一一日付の手紙で、ハウはサムナーに「僕の心が喜びや悲しみでいっぱいのとき、僕の心は君に向かい、君のシンパシーを渇望する。事実、ジュリアはいつもこう言っている――サムナーは女性に生まれるべきだった、そして、あなたは彼女と結婚すべきだった、と」（qtd. in Williams 1999: 42）と書いているが、このジュリアの冗談めかした発言について、それは「彼女の夫の彼女に対するコミットメントはゆるぎないとしても、情緒的に不十分であるという事実を、［ジュリア・］ハウが徐々に理解していること」（Williams 1999: 42）を暗示している、と考えるゲアリー・ウィリアムズは、「三角関係の結婚（triangulated marriage）」において生きることを学んでいる」と題する彼の著書の第二章で、この時期のジュリアを詳しく論じている。

夫の愛情が自分だけでなく、別の男性にも向けられていることを知って、驚きと悲しみを覚えたと同時に、夫サミュエルが男性と女性の両方を愛することができるバイセクシャルかもしれないという不安に直面したジュリアは、主人公を両性具有者に仕立てた小説の原稿を秘かに書き溜め、彼女と同じ年齢に設定したエマにロレンスを「怪物」と呼ばせることによって、新婚旅行の最中においてさえもサムナーに一緒にいてもらいたいと願っていた夫に復讐を試みていたのではないか。「ロレンスは少なくとも部分的にはジュリア・ハウが結婚相手に選んだことに気づいた『美しい怪物』の具現化であると感じる十分な理由がある」（Williams 2004: xxvi-xxvii）と『両性具有者』の編者ウィリアムズは論じている。合衆国の「クイア・ヒストリー」を論じたマイケル・ブロンスキーもハウとサムナーとの関係において『両性具有者』を分析している（Bronski 55-56）ことを付記しておこう。小説『両性具有者』の執筆にジュリアを駆り立てたのが、サミュエル・ハウの同性愛疑惑だったという意味で、「ハウは彼女自身を見出した状況を描くために両性具有者のイメージを使っている」というジョイス・ウォレンの指摘は正しい。だが、この作品を論じるウォレン自身は「両性具有者のテーマにハウが興味を抱いた理由の一つは『彼女の夫と年下の友人チャールズ・サムナーとの熱烈な関係』を理解するための手段としてだったかもしれない、とゲアリー・ウィリアムズは示唆している」（Warren 119 note5）と簡単に註記しているにすぎない。「彼女の夫と年下の友人チャールズ・サムナーとの熱烈な関係」がジュリアの直面した最悪の状況だったと考える者としては、その点をもっと掘り下げて論じて欲しかったという思いを禁じ得ないのだ。

それはともかく、ハウとサムナーとジュリアの「三角関係」を扱っているという意味で、『両性具有者』をハウの自伝的小説として読むことができるのだが、この作品は本書のプロローグで触れたような「精神的両性具有者」としてのジュリアの置かれていた別の状況が語り手ロレンスによって明らかにされているという意味でも、彼女の自伝小説と呼ぶことができるのではないか。物語の後半で、女装することを余儀なくされて、女性が行動の自由を奪われた存在であることを実感したロレンスは、「すべての人に賛美され、誰にも信頼されない女性たち。簡単に失われたり盗まれたりするという理由で、しっかり錠をおろして閉じ込めておかねばならない女性たち。監視されることなしに家にいることもできず、街角を曲がるたびに世論という歩哨に尋問されることなしに外を出歩くこともできない女性たち」と呟いている。

このロレンスによる「コメントがハウ自身の経験を反映していることは伝記的な証拠から明らかである」(Warren 116) と主張するジョイス・ウォレンは、ラマルティーヌの『ジョスラン』の書評を匿名で発表したことでジュリアが叔父に説教されたというエピソードや、娘時代の彼女が夜間の外出を父親に禁じられていたという事実などを「伝記的な証拠」として挙げているが、「しっかり錠をおろして」(under lock and key) とか「監視されることなしに」(without surveillance) とか「世論という歩哨」(the sentinel of public opinion) とかいった表現は、そのままサミュエル・ハウと不幸な結婚をした直後のジュリアが彼女自身を見出した状況に当てはまるのではないか。「『ミソジニー的敵意』にあふれたヴィクトリアン・アメリカで、非の打ちどころのない『真の女性』となるために、ジュリアは家庭という『牢獄』のような閉鎖的な空間に閉じ込められ、彼女の行動は『看守』のようなハウの監視下に置かれることになった」という前章での説明を「伝記的な証拠」として、ここに書き写しておく。

女性一般の状況に関するコメントをさらに続けるロレンスは、「ペチコートと一緒に首飾りを時たま投げ捨てて、行きたい所へ行く権利や、したいことをする力を一時的に手に入れることができた女性が喜ぶのは至極当然のことだ、と言いたい」と語り、「行きたい所へ行く権利」や「したいことをする力」を手に入れた男装の女性は、初めて目にする「夢の世界に代わる現実の世界」や「サテンやレースではなく肉と血を扱う世界」で「いたずらっ子のような喜び」や「哲学的な満足」を味わうことができる、と説いている。もちろん、この「マスキュリン・マニア」とでも呼ぶべき状態は一過性であって、「解放された女性」も「いつかは反逆の旗をすごすご降ろし、女性のための衣装にいやいやもどる」ことにならざるを得ない、とロレンスは結論する。

ジュリアが「美しい怪物」の物語をハウの目を盗んで書いたのは、サムナーと親密な関係を保ち続ける夫サミュエルの生きざまを批判するためであったと同時に、誰にも読まれることのない秘密の原稿のなかで「解放された女性」のシンボルとしての「反逆の旗」をなびかせるためだった、と考えたい。あの「蜜蜂の歌」を書かせた「自由を求める詩人の魂」が、「真の女性」に対立する『精神的両性具有者』としてのジュリアに『両性具有者』と題されることになる未完の抗議小説を書かせることにもなったのだ。だが、一体なぜ女性は男装しなければ自由に生きることができないのか。なぜ一九世紀半ばのアメリカ女性は「行きたい所へ行く権利」や「したいことをする力」を手に入れることができないのか。この本質的な疑問に対する答えを探るために、ジュリア・ウォード・ハウは「美しい怪物」の物語を書いたと考えたいのだが、「美しい怪物」ロレンスは周囲からどのように見られていたのだろうか。

小説の終わり近くで、死の床に横たわるロレンスについてベルト兄妹と医者の三人で語り合ったとき、ロレンスが「両性具有者」であることを知らずに、彼を身近で観察してきたベルトは「私はロレントン［作品の途中から呼び名が変わっている］の知性に際立って女性的なものは一切認めない。彼はときどき詩的で熱狂的になることがあるが、男性としてさえも厳しく論理的に判断を下す」とロレント男性説を唱え、妹のブリセイダは「私はロレントのなかに際立って女性的なものをいくらも認める。

女性の名にかけて、彼女は私たちの仲間だと私は主張する。彼女の淑やかさ、彼女の純潔さ、彼女の優しい心根は女性だけのものだ」と兄の意見に反発している。

このようにロレントの性別をめぐって兄と妹の意見は正反対だが、結局、彼/彼女を診察した医者に「私はロレントを男性とも女性とも言い切ることができないが、彼は男性と女性のどちらでもないというよりもその両方である（he is rather both than neither）と言えば、もっとも正確に話したことになるだろう」と発言させることで、作者ハウは彼女の主人公が両性具有者であるという事実を医学的に明らかにしている。だが、その事実を知った直後のベルトに彼女はロレントを「この素晴らしい人間」（this *wonderful* creature 強調引用者）と呼ばせている。「怪物」だったはずのロレントを「素晴らしい人間」としてベルトにすんなり受け入れさせた作者の意図はどこにあったのだろうか。

ここで本書の主人公の一人でもある医学研究者のメアリー・パットナム・ジャコービに登場してもらおう。ジャコービの背景や業績については第五章で詳述することになるので、長年女人禁制も同然だったアメリカ医学界で活躍した女性という意味で、ジュリアと同じ「精神的両性具有者」だったということだけを紹介するにとどめ、小説『両性具有者』の原稿をハウが書いていた時点からほぼ五〇年後の一八九五年に、彼女が専門誌に発表した論文「子宮無形成の症例」（"Case of Absent Uterus," 1895）を取り上げたい。

この論文の対象となっているのはB・Mという頭文字だけで知られている一七歳の少女で、生理の始まる気配が一向に見られないために、心配になった姉に連れられて来院したのだったが、ジャコービによる診察の結果、子宮が完全に欠損していることが判明する（昨今、話題になっているロキタンスキー症候群の例だろうか）。このB・Mとの出会いをきっかけにして、彼女は両性具有現象とは何かという研究に取り掛かったのだが、生殖腺（卵巣か睾丸）の存在が性別を決定するもっとも重要な因子だった当時としては、それが失われたり両方が備わったりしている患者は両性具有者のカテゴリーに分類されたからだった。ジャコービの症例研究はきわめて専門的で、門外漢には難解を極めるので、そこでの彼女の見解のいくつかを以下に引用しておく——

（a）「男女両性の細胞の結合から生まれた個体がどちらか一方の性の属性を排他的に保ち続けることはあり得ない。個体は、個体自体の性が両親のどちらかの有力な性によって決定されたにすぎないので、個体の存続の条件として、両方の性の属性を包含せねばならないからだ」

（b）「受精の時点で胎児は両性具有者であるが、両性具有の時期は性器の正常な発達によって終止すると一般に考えられている。だが、「子どもの」全組織は性別に応じて異なった性格を示すので、両性具有という考えは全組織に及ぶ可能性がある。この意味ですべての個体は性器においてのみならず全組織において両性具有者である。さらに、この全組織の両性具有性のゆえに、すべての個体はつねに二つのファクターの組み合わせであり、その一つのファクターは実際に現実化したタイプを示し、もう一つのファクターは潜在的あるいは隠れたタイプを示す」（強調原文）これはフランスの病理学者ポール・ル・ジャンドル（Paul

Le Gendre, 1854-1936）の論文「遺伝と一般病理学」（“L’Hérédité et la Pathologie Générale,” 285）からの引用だが、「すべての個体は性器においてのみならず全組織において両性具有者である」というジャンドルの主張を本論における ジャコービは全面的に肯定している。

（c）「新しい個体はすべてが父親でもなければ、すべてが母親でもなくて、程度の差こそあれ、その両方である」この医学研究者ジャコービの発言（c）の原文 “The new individual is neither all father nor all mother, but only more or less of each.” は、ハウの小説における医者の “he is rather both than neither” という言葉のパラフレーズとして読むことができるのではないか。

この最後の引用に続けてジャコービは「いかなる個体も［中略］すべてが男性的になることも、すべてが女性的になることはあり得ず、より多く男性的であるか、より多く女性的であるかにすぎない」とも述べている。こうした彼女の言説について、彼女の伝記作家カーラ・ビッテルは「これはヴィクトリア時代にはラディカルな考え方だった。母親と父親の身体的・情緒的差異が実際に極小だとすれば、自然は男性と女性のための領域分離を命じてはいなかった」と指摘し、「結局のところ、ジャコービにとって、両性具有性は単に男性と女性の生物的・社会的関係を修正するための手段ではなかった。それはジェンダー平等（gender equality）が具体化した社会のメタファーだった」（Bittel 153）と述べている。小説『両性具有者』の原稿を書き残したハウが夢見ていたのは、そのような「ジェンダー平等が具体化した社会」の実現ではなかったのか。そこでは女性は男装しなくても自由に生きることができたし、「行きたい所へ行く権利」や「したいことをする力」を手に入れることができたのではないのか。その社会では公的領域で活躍する女性が「精神的両性具有者」と呼ばれたり、「ミソジニー的敵意」を意識したりすることもないのではないか。

論文「子宮無形成の症例」の最後で、ジャコービは「男性または女性になるために、個体は男性的構成要素《ユニティ》または女性的構成要素《ユニティ》を包含するが、それによって成立すると言うことはできない。高等脊椎動物においては、聖パウロが語っている領域におけると同様に、『男も女もない』のである」（強調原文）と述べて、新約聖書「ガラテヤ人への手紙」第三章第二九節の言葉（“there is neither male nor female”）を引用している。まことに興味深いことに、ジャコービの論文よりも一六年前の一八七九年一一月に、本書の第七章で取り上げることになる歴史家フランシス・パークマンの女性参政権反対論を批判するエッセイの最後で、ジュリア・ウォード・ハウもまた「ガラテヤ人への手紙」の聖パウロの言葉に言及しながら、「キリスト教のハーモニーにおいては男も女もなく、最善の知恵と最高の決意に従って、重荷を背負い、義務を遂行する男女両性の平等な自由がある、という聖パウロによって発せられた真理」に読者の注意を促している。

論文「子宮無形成の症例」を発表したジャコービも、『両性具有者』と題して出版されることになる未完の未発表原稿を書き溜めていたハウも、やがて言い合わせたように女性参政権運動に身を投じることになるのは、両性具有性が象徴する「男も女もない」世界、男性の公的領域と女性の私的領域を峻別する家父長制的イデオロギーが否定され、「ジェンダー平等が具体化した」世界を希求していたからにほかならないのだ。

2 ローマの休日

未完の原稿『両性具有者』から三、四年後の一八五〇年六月、ハウ夫妻はヨーロッパ旅行に出発する。妹アニーと彼女の夫アドルフ・マイヤード（ナポレオン・ボナパルトの末裔）、その年の二月に生まれたばかりのローラと二年前の三月に生まれたハリー、それに乳母のマーガレットも一緒で、七歳のジュリア・ロマーナと六歳のフロッシーは友人に預けられていた。一行は六月下旬に英国に到着するが、七月一九日にファイアー・アイランド沖の海難事故で水死するマーガレット・フラーの乗った船と大西洋のどこかですれ違っていたかもしれない、と言われている。その後、一行はフランスやドイツを訪ね、パーキンズ・スクールの休暇が終わったハウが一〇月一二日に単身帰国した後、同月にローマに到着して、ジュリアの上の妹ルイーザと彫刻家の夫トマス・クロフォード（小説家フランシス・マリオン・クロフォードの両親）が構える豪邸に身を寄せたのだった。

結婚後初めて夫ハウの監視の目を逃れたジュリアは、心からの解放感を味わったに違いない。ほぼ五〇年後の一八九九年三月六日に娘のモード（一八五四年生まれ）に宛てた手紙に「わたしは自由《フリーダム》の喜びに完全に酔いしれていて、『リバティ、リバティ！』と歌いながら、妹のマンションの立派なサロンで踊りまわったものだった」（qtd. in Showalter 2016: 97）と書き送っている。それは「自由を求める詩人の魂」が「自由」を取り戻した瞬間だったのだ。こうして手に入れたローマの自由な休日を満喫するために、やがて妹のマンションからトレビの泉の近くの手ごろなアパートに引っ越したジュリアは、グランドピアノを購入して練習に励んだり（結婚前の彼女は男性のファンから「歌姫《ディーヴァ》ジュリア」というニックネームを奉られていて、それがジーグラーの本の題名になっている）、老人のラビからヘブライ語のレッスンを受けたりする一方で、ローマの社交界に溶け込んでいった。

その年のクリスマスの夜、ルイーザが催した盛大なパーティで、ジュリアはホーレス・ビニー・ウォレス（Horace Binney Wallace, 1817-52）という「韻を踏んだ名前」（Showalter 2016: 98）のアメリカ人旅行者を紹介されるが、二人はじつは初対面ではなかった。以前にフィラデルフィアで会ったとき、彼はボストンの社交界を嘲るような発言をして、ジュリアを怒らせたことがあったらしいが、「いまの彼の態度には突っかかるようなところが以前ほどなかったので、この二回目の出会いがとても大切な友情の始まりとなった」と彼女は『回想』の第九章に書き記し、「ホーレス・ウォレスは気分を浮き立たせてくれる友人だった。わたしは彼のやや高い声の銀のような響きを決して忘れたことがない」（強調原文）と語っている。

ホーレス・ウォレスは一八一七年二月二六日にフィラデルフィアの裕福な家庭に生まれ育ち、父も兄も叔父もすべて法律家だった。彼は一八三〇年にペンシルヴェニア大学に一三歳で入学するが、三年次にプリンストン大学に編入学して、一八三五年に卒業。一八四〇年に弁護士の資格を取得して、兄ジョンとともにフィラデルフィアで法律事務所を開設している。一八四五年にウォレスと知り合って、一時期には結婚するかと思われていた詩人のエミリー・チュバック（筆名ファニー・フォレスター）は「彼は才能の豊かな人で、学者で、完璧な紳士で、洗練され、血筋がよくて、繊細で、男性的だ。彼はハンサムではない。つまり、外貌には印象的なところは何もないが、非常に知的な顔と奇妙なまでに甘い表情の持ち主だ」（Kendrick 136）と語り、プリンストン大学をウォレスの前年の一八三四年に卒業したジャーナリストのパーク・ゴドウィンは「ウォレス氏はほっそりしていたが背は高くなかった。顔立ちは鋭く、陰気な表情だった。態度は冷たかったが、互いに親しくなって、遠慮という外壁が崩れると、彼は率直で、暖かく、多弁になった。広範な知識によって例証された彼の会話は、最高度に面白くかつ有益だった」（Godwin 307）と評している。

再会後のジュリアとウォレスは急速に親密の度を深め、パンテオンやタルペーイアの岩などローマの歴史的な名所を一緒に訪ねたことや、二人とも赤毛だったので（彼女の娘のリチャーズとエリオットによる伝記には「ジュリアは美しい子どもだったが、当時は嘆かわしい欠点と考えられていた赤毛の持ち主だった」と書かれている）、「『自然の最高の努力は赤毛《ロッソ》を生み出すことだ』と彼に教えられて、わたしは大喜びをした」ことなどを『回想』第七章に書きとめている。さらに、『回想』よりも三〇年前に書いた旅行記『カシの木からオリーブの木へ』（*From the Oak to the Olive*, 1868）でも、「お金を使うために使うという愚かな快楽」に浸っていた当時の彼女が、二束三文の骨董品を買い漁っていたことに触れて、「わたしの赤いソファに座って、美術や詩を語るためにやってきたホーレス・ウォレスは、ときどき、わたしの一番新しい買い物を目にして引き起こされた笑いの発作をわたしに浴びせたのだった。その日々もいまはない」と往時を懐かしんでいる。

だが、ウォレスが彼女と一緒に市内見物をしたり、毎朝スミレの花を彼女に捧げたり（後で触れる彼女の「ヴィア・フェリーチェ」と題する詩を参照）、彼女の「赤いソファ」に座って美術や詩を論じたりしたことが、ローマのアメリカ人社会でゴシップの種になり、妹のルイーズなども「ジュリアのウォレスとの行動や彼女によるローマの社会的慣習《モーレス》の全般的な無視を非難した」（Showalter 2016: 100）とエレイン・ショーウォーターは指摘している。だが、当時ハウ夫妻の間で交わされた手紙の類いは焼き捨てられ、ヴァラリー・ジーグラーが指摘しているように、「その細部の多くは謎に包まれたまま」（Ziegler 72）なので、何が具体的に起こったかは第三者には知る由もないが、ジュリアが予定を変更して、一八五一年八月に急遽帰国することになった背景には、そうしたスキャンダルめいた事情が働いていたらしい。

ホーレス・ウォレスが弁護士で、才能豊かな紳士だったことはすでに紹介したが、博学多識な文学青年の彼にはもう一つの思いがけない顔があった。それはエドガー・アラン・ポーがそうであったようなマガジニストとしての顔で、『グレアムズ・マガジン』や『ゴーディーズ・レディーズ・ブック』や『ザ・ニッカーボッカー』などの雑誌に寄稿し、ポーと同時期に『バートンズ・ジェントルマンズ・マガジン』に発表したこともあったが、マガジニストとしての彼は“William S. Somner”“William Landor”“John H. Meredith”などのペンネームを用いていたので、彼の評伝を書いたジョージ・ハットヴァリーは彼を「仮面の男」（“a man of masks”）と呼んでいる（Hatvary 1977: 24）。彼が本名を明らかにしなかったのは、人目に立つのを嫌う性格だったからかもしれないし、何冊かの法律関係の編著を出版している弁護士という職業を意識していたからかもしれない。

当然のことながら、同業者としてのウォレスとポーの間に交渉があっただろうと思いたくなるが、『グレアムズ・マガジン』時代のポーがウィリアム・ランダーに宛てた一八四一年七月七日付の手紙が一通だけ残っているにすぎない。二人はともにフィラデルフィアで暮らしていただけでなく、ポーが一時期働いていた『グレアムズ・マガジン』の編集オフィスはウォレスと兄の共同法律事務所から三ブロックしか離れていなかったので、共通の友人もいたかもしれないのだが、ジョージ・ハットヴァリーは「常識的にはポーとウォレスがどこかの時点で出会ったに違いないと結論したい気持ちに駆り立てられる。しかし、そのような出会いを裏づける一片の証拠もない」(Hatvary 1977: 78)と言い切っている。

どうやらポーはウィリアム・ランダーというウォレスのペンネームを知っているだけで、その正体については何も知らなかったらしい。一八四一年一一月の『グレアムズ・マガジン』に発表した「署名に関する一章」(“A Chapter on Autography”)で、ポーは「ランダー氏は全国の新聞紙上で激賞された作品である『スタンリー』の著者として名声を博した。彼はまたいくつもの雑誌に数多くの優れた記事を書いている」と述べ、その作風については「彼は過剰なまでに注意深くて気難しくて衒学的な書き手で、才気と偉才に恵まれている。究極の目的として文筆業に専念すれば大成功を収めることは間違いない」とコメントしているだけで、ウォレスとランダーの関係には一切触れていない。

ポーはランダーの正体を知らなかったが、ランダーの名前を自身の作品に使っていて、彼が一八四九年に発表した短編「ランダーの別荘」（"Landor's Cottage," 1849）の題名について、トマス・マボットは「ポーは［イギリスの作家で詩人の］ウォルター・サヴェジ・ランダーよりも、彼がしばしば利用した小説『スタンリー』［一八三八年］の著者ホーレス・ビニー・ウォレスを知ることになったペンネームの〈ウィリアム・ランダー〉を頭に置いていた可能性が大きい」（Mabbott 3: 1340）と指摘している。短編「マリー・ロジェの謎」（"The Mystery of Marie Roget," 1842）の「対象の性質にもとづく理論は」で始まる原註に出典としてランダーと書かれているが、これがウォレスのペンネームを指していることは、マボットが「この脚註は『スタンリー』下巻七八頁からの引用。ポーが〈ウィリアム・ランダー〉のペンネームで知っていたホーレス・ウォレスが書いたこの匿名の小説を、ポーはしばしば引用していたが、出所を示すことも示さないこともあった」（Mabbott 3:782）と説明していることからも明らかだ。

このようにポーはホーレス・ビニー・ウォレスをウィリアム・ランダーとしてしか知らなかったが、当のウォレスはエドガー・アラン・ポーの仕事ぶりについて、「ポーのそれのように力強く読者の興味を引きつけ、その感情を支配する物語《ナラティヴ》は、遠く未来の生活にまで作品を送り届ける想像力の強烈さを示している。彼の短編の多くはアメリカのもっとも有力で、もっとも注目すべき作品として長く生き延びるに違いない」と『文芸批評その他』（*Literary Criticisms and Other Papers*, 1850）で述べ、ポーを「綿密で論理的な推理と辛辣で刺し通す風刺の能力を備えている人」と呼んでいる。さらに、批評家としてのポーが「この国では、そして恐らくは海の向こう側でも、まったく比類のない才能」の持ち主であることを認めるウォレス＝ランダーは、「他人の墓所の灯りの守り人となることは、夜と、嵐と、時間のすべての力に逆らって輝きを放ち続ける、おのれ自身のランプに火を灯すことができる人に相応しい職業ではない。詩人の才は天賦の才だ。『大鴉』のような作品を生み出すことができる人は、批評の模範《モデル》を示すことではなく、批評の題材《サブジェクト》を提供することが、おのれの職務であると心得るべきだ」と述べて、詩人ポーの才能を高く評価している。

他方、「署名に関する一章」「ランダーの別荘」「マリー・ロジェの謎」などでポーが言及していた『スタンリー』(*Stanley, or the Recollections of a Man of the World*, 1838）は、ウォレスが二一歳だった一八三八年秋に匿名で出版した長編小説で、「多くの点で、今世紀に出現したもっとも注目すべき小説」(『ニューヨーカー』)、「天才の仕事」(『ニューヨーク・レヴュー』)、「間違いなく当代のもっとも力強く独創的な作品」(『バートンズ・ジェントルマンズ・マガジン』)といった賛辞が捧げられている(Hatvary 1977: 40)。この小説の序文で「老境の平穏な湖のような静けさ」のなかで暮らす主人公スタンリーが「私の目撃してきた場面のいくつか、私のしてきた行為のいくつかの記録」を残すために筆を執ることにした、と説明していて、最終的には結婚することになるエミリーとの複雑な恋愛関係や、彼の一家の財産を奪った犯罪集団とその老練な首魁タイラーとの駆け引きなどがスタンリー自身の言葉で延々と語られることになる。

だが、この無垢で無知な若者の「教育または開眼の物語」（Hatvary 1977: 39）を読み進める読者を当惑させるのは、そこに物語の展開と直接関係のない人物たちが主人公と交わす、主としてイギリス浪漫派詩人をめぐる文学論あるいは哲学論の形を取った四つの対話《ダイアログ》が持ち込まれていて、物語の流れが完全に四回も中断されるからだ。この対話部分が上下巻合わせて五〇〇頁の小説のほぼ五分の一を占めている点に関して、ジョージ・ハットヴァリーは『スタンリー』を「思想小説、より正確には、事件《アクション》と一連の割り込まされた対話を通して表明される思想《アイデアズ》とが交互に起こる小説」(Hatvary 1977: 39)と規定している。

この現在では忘れ去られてしまったウォレスの匿名小説『スタンリー』を読破したエドガー・アラン・ポーが、すでに触れた「マリー・ロジェの謎」のほか、「盗まれた手紙」("The Purloined Letter," 1844)、「早まった埋葬」("The Premature Burial," 1844)などの短編はもちろん、その他のさまざまな作品の至るところに、ウォレスの着想や表現を頻繁に引用／借用しているという事実を、マボット、ポーリン、コプリー、ハットヴァリーらの研究者が明らかにしている。一例を挙げると「〈ランダー〉の筆名で文学者としても非常に多作だったフィラデルフィアの弁護士ホーレス・ビニー・ウォレスはポーの短いエッセイに三ダース以上の項目を提供している。［中略］ポーは彼の正体に気づかないままだった」(Pollin 5:79-80)と全集編集者のバートン・ポーリンは註記している。

ポーがウィリアム・ランダーの正体に気づかなかったのと対照的に、ポーの死後、彼の全集を編纂し、捏造だらけの「回顧録」を執筆することになるルーファス・W・グリズウォルドは、一八四二年から四五年にかけてのある時期にランダーがウォレスの筆名であることを発見(Hatvary 1977: 20)、準備中のアンソロジー『アメリカの散文作家たち』（*Prose Writers of America*, 1847）の編集に力を貸してもらったこともあって、ウォレスの作品を収載しようとしたが固辞されたため、同書を彼に献呈して謝意を表している。このアンソロジーの書評だけでなく、翌年に出版されたやはりグリズウォルド編の『アメリカの女性詩人たち』の書評（いずれも『文芸批評その他』所収）もウォレスは書いているが、本書の第一章で触れたように、後者のアンソロジーにはジュリアの作品が数編採られているので、ローマの休日を楽しむ二人の会話に格好の話題を提供したのではあるまいか。

3　喪服の似合うジュリア

ついウォレスの紹介に深入りしてしまったが、彼が一九世紀前半のアメリカ文壇の第一線で活躍していた文学者だったことは否定できないだろう。ジュリアが『回想』で「私の新しい友人は親切にも私の文学の研究に興味を示してくれた」と記しているとしても不思議はあるまい。そこにはまた「彼はオーギュスト・コントの著作の熱心な研究家で、この素晴らしい人物と最近会話を交わしたのだった。［中略］彼は私にコントのもっとも重要な著作を読むようにアドバイスしてくれた」（第九章）とも書かれているように、フランスの社会学者・哲学者オーギュスト・コント（Auguste Comte, 1798-1857）のアメリカにおける弟子をもって任じていたウォレスは、未完ながら「コントの哲学」（"Comte's Philosophy"）と題するエッセイを書き残している。彼がコントに最後に会ったのは一八五二年一二月一三日のことだったが、かねてから体調不良を訴えていた彼は、三日後の一二月一六日にパリのホテルで喉をかき切って自殺する。享年三五だった。

その訃報に接する前の一八五三年一月七日に、ジュリアはウォレスに宛てた手紙を書き終えていたが、この投函されることのなかった長い手紙を「あなたがパリで惨めになっていると聞いて、私は幸せになっています。私が願っている以上にあなたがそちらで惨めになるはずはないと言ってもいいでしょう。私の親友と大海原の同じ側にもう一度一緒にいることを心から切望している私なのですから」と書き始めた彼女は、「行っておしまいになるなんて、あなたは残酷な方です。あなたがいなくなって、私はとても寂しい思いをしています。人生はとても短く、友情はとても大切です——ああ、友情は人生に劣らず不確かだと思って、ため息をついています——とりわけ赤毛の人の熱烈だけれど儚い友情は」と恨み言を並べている。

それから、彼にホーレスと呼び掛けたジュリアは、最近書き上げた二編の詩に触れて、「これらの詩はあなたの批評がないせいで、私にとっては価値が半減しています。あなたの批評を頼りにしているのです——あなたの好みの厳しさは、それなしに書くことができるよりもずっといい作品を書く手助けをしてくださいました。この点に関しても、あなたは私にとって取り返しのつかない損失です——どうすれば取り返しがつくでしょうか?」と問いかけながら、それは所詮「純粋に利己的で身勝手」な事柄で、「それよりも遥かに重要なのは、私があなたを友人として必要としているということです。私はニューポートから帰って来てからずっと、とても孤独で同情されない生活を送っています。［中略］私はあなたに見捨てられて、とても孤独で、とても無力で、とても孤児のような状態です、兄さん」と訴えている。「この冬、私はひどく痩せて醜くなっていますーーこれがあなたに顔を見られないことの唯一の慰めです。さようなら、私の大事な、大事なお友達ーー神様のご加護がありますように。いつまたお目にかかれることを期待できるか、もし可能でしたらお教えください」とジュリアは結んでいる（qtd. in Hatvary 1964: 148-49）。

この手紙にジュリアがGLAUKOと署名しているのは、エレイン・ショーウォーターによると、『オデュッセイア』でホメーロスが女神をグラウコーピス・アテーネーと呼んでいるのにちなんで、グラウコーピス（輝く瞳を持った者）という愛称をウォレスにつけてもらった彼女は、"Sybil Glauko"を筆名にすることを考えていたからだった（Showalter 2016: 108）。さらに、夫のハウから愛称で呼ばれたことなどないジュリアにとって、「自分をグラウコと呼ぶことは二重の意味で重要だった。ウォレスは彼女の瞳を愛でてくれたが、その彼に見られることもなく、彼女は美貌と健康を失ってしまった、という意味で」（108-109）とショーウォーターは付け加えている。他方、ゲアリー・ウィリアムズは「全体として、この手紙はウォレスとの間に高いレベルの感情的掛かり合いがあったことを証言している。彼の訃報に接する以前にさえーー恐らくは彼の心の不安定さを感じ取っていたがゆえにーー彼女は彼との別れが永遠《とわ》の別れであるかのように書いている。手紙の底を流れる重苦しさは、あからさまな悲しみと紙一重の差しかない」（Williams 1999: 121）と評している。

ウォレスが自死したことを知って、ジュリアが「あからさまな悲しみ」のどん底に突き落とされていたことは、彼への手紙の一ヵ月半後の二月一五日に彼女が取ったとんでもない行動によって裏づけられている。ウォレスが師事していたというだけの理由で、見も知らぬ哲学者オーギュスト・コントに彼女はフランス語で長い手紙をしたためているのだ（なお、この手紙はエレインの夫でフランス文学者のイングリッシュ・ショーウォーターの英語訳で読むことができる［Showalter 2016: 110-111］）。そこでのジュリアはウォレスを「あなたのすばらしい著作のことを教えてくれた人」、「あなたの熱烈な弟子、恐らくアメリカ全体であなたをもっともよく理解していた人」、さらには「私の養い親、私の心の支え、私を励ましてくれる人」と呼び、一八五〇年から五一年にかけての冬、ローマで出会ったウォレスは、踊ったり歌ったりして気ままに暮らしていたジュリアに「私の生活は私の才能に値しないことをやっと私に理解させてくれた――彼は私が私の才能を育み、もっと深みのある、もっと満足できる研究を手掛けることを望んでいる、と言ってくれた。私はそうすることを約束した」と記している。

ジュリアはまた現在暮らしている「悲しい小さな片田舎」には「音楽はもはやない。魂と魂が通い合ったラポールの状態におけるあの痺れるようなスリルももはやない」と訴え、「私に腹を立て、私を好きでないほかの女性たちにショックを与えないために、私は目立たないようにしている」とか、「私の健康は衰えている――私は私を消耗させる憂鬱との闘いで疲れ果てている」とか、「悲しいことに、私は子どもたちとうまく関われない［「愛せない」を削除している］例外的な女性の一人である」とかいった言葉を書き連ねている。

この手紙についてエレイン・ショーウォーターは「もちろん、彼女は投函することはなかった。投函するために書いたのではなかった。にもかかわらず、彼女はそれを未発表の原稿と一緒に保管していた」（Showalter 2016: 111）と指摘している。このコントに宛てた手紙を「弟子に代わる恩師に向かって、ほかにははけ口のない哀しみを吐き出すことを可能にする、感情転移の古典的実例」と定義するゲアリー・ウィリアムズは「［ジュリア・］ハウはウォレスが彼女に示してくれたような関心――知覚力のある人間、芸術家、知性豊かな人物としての彼女を高く評価してくれた関心そのものに飢えていたので、その関心を可能な何らかの方法で再現しようとする自分を押しとどめることができなかったようだ」と説明し、「ウォレスにとって非常に重要な誰かと接触すれば、彼の死で彼女の心にぽっかり空いた穴を何らかの形で埋めてくれる」（Williams 1999: 122）と彼女は考えたのだ、と論じている。

ジュリア自身は、それから三日後の二月一八日（?）に出した妹アニー宛の手紙に「この前の日曜日にオーギュスト・コントにとっても長い手紙をフランス語で書きました。誰にも言っちゃ駄目です――おかげで目が弱ってしまいました。［中略］わたしは絶望のあまり、喉を切ったりはしないとしても、両手を胸でクロスさせたまま座っているでしょう」（qtd. in Williams 1999: 248 note33）と書き記している。

投函されることのなかったウォレスへの手紙を書いてから二週間後の一月二二日、新しいワードローブがパリのマダム・デュ・ワヴランからジュリアの元へ届く。その手紙に「ひどく痩せて醜くなっています」と書いていた彼女が、恐らくは彼と再会する日に美しく着飾るために注文してあったのは、ヴァイオレットシルクのガウンと、白色と金色のガウンと、サテンのリボンで縁取りした三列のひだ飾り《フラウンス》のついた緑色のガウンの三着だったが、そのどれにも袖を通すことなく、「彼女は喪服を身に着けることだけを望んだ」（Showalter 2016: 109）とショーウォーターは伝え、「帰国後ほどなくしてジュリアは彼女の夫がほとんど知らない男のために喪服をまとった」（Trent 192）とサミュエル・ハウの伝記作家ジェイムズ・トレントはコメントしている。

ここまでずっとローマでのジュリアとウォレスの再会から彼のパリでの自死、それに対するジュリアの反応を辿ってきた読者の誰しもが抱くのは、親密な交際がゴシップの種になったと言われる二人は一体どのような関係だったのだろうか、という素朴な疑問ではあるまいか。

この疑問に対する諸家の答えを探ってみると、伝記作家トレントは「肉体関係を示す証拠はないが、二人は親密だった」（Trent 192）とたった一行で片づけ、ジュリアはローマでウォレスと恋に落ち、それをサミュエル・ハウは知っていた、というある論者の主張に対して、ヴァラリー・ジーグラーは「そのようなシナリオはあり得ない」（Ziegler 74）と一笑に付している。これまで何度か引用してきたエレイン・ショーウォーターは「二人は恋人同士だったか」という問いかけに対して強く否定的で、「ジュリアは危険を冒すことはなかっただろうし、恋愛を体の絡みあいではなく心の触れあいと見なしていた」のに対して、ウォレスは「情事に興味がなかったし、彼女が彼に夢中だったほどには彼女に夢中でなかったことは間違いない」（Showalter 2016: 99）と断言している。

他方、ゲアリー・ウィリアムズは「彼女のローマの休日を理想的なものにするのに必要な唯一の最後の愉しみをウォレスが提供したことは明らかだ」（Williams 1999: 122）と述べる同時に、「ここであれ、ほかのどこであれ、［ジュリア・］ハウのウォレスとの関係が肉体関係だったと主張するつもりはない。そのような主張を裏づける証拠を発見していないないし、ローマでの彼女が配慮を欠くようなことがあったとしても、彼女がそのような行動を取ったということはあり得ないように思われる。しかしながら、二人の関係の濃密さは関係者すべてを悩ませるに十分だったということと、それが性的な関係に発展したかどうかに関わりなく、サミュエル・ハウがそれを深刻な脅威と受け止めていたということは主張しておく」（258 note40）と註記している。

たしかに、ジュリアとウォレスとの間に肉体関係があったことを示す証拠はないかもしれず、二人の関係はただ単に濃密だったというだけかもしれない。だが、詩人としてのジュリアがサミュエルに奪われていた「自由」をローマで取り戻し、彼が「ほとんど知らない男」のために喪に服することになったというのは、彼女を「真の女性」のための「牢獄」に閉じ込めていたミソジニストとしての彼にとっては手痛い打撃だったに違いない。しかも、ショーウォーターが示唆しているように、ジュリアがローマで体験したのがウォレスとの「心の触れあい」だったとすれば、それはサミュエルにとっては「体の絡みあい」に劣らず、いや、もしかしたらそれ以上に「深刻な脅威」だったかもしれない。だが、さらに一層「深刻な脅威」としてサミュエルに突きつけられたのは、ジュリアが彼の許しを得ないままに出版した詩集『受難の花』（*Passion-Flowers*, 1854）だった。

ウォレスの死からほぼ一年後の一八五三年一二月八日、『受難の花』の校正作業が大詰めを迎えていたジュリアは、妹アニーに宛てた手紙で「私は私の本の出版を耐えがたいほどに辛い哀しみに対する唯一の支えと思ってきた」と述べ、「この悲しみは昼も夜も私から消えることはない。私はあの人をずっと愛していたが、あの人がいなくなるまで、どんなに愛していたか知らなかった」(qtd. in Williams 1999: 132) と告白している。それからほぼ半世紀後の一九〇四年六月三〇日の日記に、彼女は「夜、その思い出が私の人生の奥深く入り込んでいる人の夢を見た。[中略] 何年もの間、うつし世で相まみえることのなかった方がこのように立ち現れることの不思議!」(qtd. in Showalter 2016: 237) と書きとめている。いずれの告白もウォレスとの「心の触れあい」がいかに濃密だったかを物語っているが、彼女の秘めたる情熱は、その出版が悲しみに沈む彼女の「唯一の支え」となっていた詩集『受難の花』に映し出されているに違いない。

この詩集の数年前、『両性具有者』の原稿を書き綴っていたジュリアは、「熱烈な思いを抱く心が、みずからを焼き尽くす内なる情炎を、外の世界に向けた形で表現する権利を獲得するためには、仮面の芸術を借りなければならない。魂のたった一つの大きな情熱は、露顕するようなことがあれば、偏狭で礼儀正しくてお上品な世間に不快感を抱かせずにはおかない」と主人公のロレンスに語らせている。第一詩集におけるジュリアは「偏狭で礼儀正しくてお上品な世間」を欺くために、『受難の花』という宗教色の濃い題名の「仮面」に隠れて、彼女がローマで燃やした「魂のたった一つの大きな情熱」(one great passion of the soul) をひそやかに歌いあげていると考える者としては、*Passion-Flowers* をあえて「情熱の花」と誤読することも許されるのではないか、と臆面もなく主張したいのだ。

第三章　詩人の内なる魔物

――ジュリア・ウォード・ハウ③

1　詩集『受難の花』

一八五五年一月一九日、出版社社長で友人のウィリアム・ティックナーに宛ててイギリスはリヴァプールから出した手紙で、小説家ナサニエル・ホーソーンが「今やアメリカは『いまいましい物書きの女たち』にいかれてしまっている。一般読者の好みが連中のつまらない作品に偏っている間は小生が成功するチャンスはない――かりに成功するようなことがあれば、かえって自分を恥じることになるだろう」と述べていたことはあまりにも有名なエピソードだ。だが、それからわずか二週間後に同じティックナーに書いた二月二日付の手紙で、先日の手紙で「女性作家たちに悪口雑言を浴びせたことを覚えている」と記したホーソーンは、ファニー・ファーンのベストセラー小説『ルース・ホール』(Fanny Fern, *Ruth Hall*, 1854)を読んでいることに触れて、「大いに楽しませてもらったと言わざるを得ない。この女性は自分のなかに魔物がいるかのように書いている。それこそが読むに値する何らかの作品を女性が書くための唯一の条件だ」(強調引用者)と述べている。

その一月一九日の手紙の一年ばかり前の(正確には一一ヵ月前の)一八五四年二月一七日に、ティックナーに宛ててホーソーンが書いた手紙は、彼からジュリア・ウォード・ハウの詩集『受難の花』を贈呈されたことに対する礼状だったが、「これらはハウ夫人の見事な詩編だが、それを出版するとは、この女性のなかに魔物がいるに違いない。それは家庭内の不幸の歴史のすべてをさらけ出しているように小生には思われる。自分の頭ばかりか心まで見世物にするこの物書きの女たちは、何と奇妙な性癖の持ち主であることか！［中略］彼女の夫はどう思っているのだろうか？」（強調引用者）とホーソーンは問いかけている。彼が愛用する「魔物」（"the devil"）という表現は女性作家の内なる業《ごう》を意味しているようだが、ファニーとジュリアとではニュアンスが若干異なっているように思われる。

それから三年後の一八五七年四月二四日には、やはりティックナーに宛てた手紙で、彼から送られてきたジュリアの新作戯曲『レオノーラ』について、ホーソーンは「彼女の天分は演劇向きではないようだ。いや、彼女には天分も才能も備わっていない。自分の胸に秘めておくべきものを——つまり、彼女の情熱や感情や女としての弱さを暴露する場合は別として。『受難の花』は楽しい作品だったが、あれを出版した彼女は厳しく鞭打たれてしかるべきだった」と書いて、またしてもジュリアの詩集を話題にしている。このホーソーンの手紙について、エレイン・ショーウォーターは「彼の言葉遣いのせいで、その詩集は男性を興奮させることを狙った、少しばかりポルノ的な一冊のように聞こえる」（Showalter 2016: 123）と評している。

（右）『受難の花』と扉
（左）『受難の花』を書いていたころのジュリア

ジュリアが鞭打たれなければならなかったのは、詩集『受難の花』の「少しばかりポルノ的な」内容のせいだったのか。それとも「家庭内の不幸の歴史のすべて」を暴露したためなのか。さらに彼女の「女としての弱さ」とは何を指しているのだろうか。ハウ夫人における「魔物」はミソジニストの夫サミュエル・グリドリー・ハウにどのような形で反逆しているのか。こういった問題をホーソーンの手紙を手掛かりにして考えてみたい。

すでに第二章で見たように、ジュリアが夫サミュエルの目を盗むようにして秘かに書き溜めていた小説『両性具有者』は、彼女の行動の自由を奪う「看守」としての彼を陰画の形で批判していたが、詩集『受難の花』について、「家庭内の不幸の歴史のすべてをさらけ出している』彼女は「厳しく鞭打たれてしかるべきだった」とホーソーンが語っていたのは、そこにウォレスに対する深い思慕の情が吐露されていると同時に、ミソジニストとしての夫サミュエルに対する批判も盛り込まれていたからではあるまいか。

たしかにジュリアの第一詩集『受難の花』に収められた四四編の詩作品には、ローマで親しくしていたホーレス・ウォレスとおぼしき男性が繰り返し登場しているが、直接名指しされることは一度もない。「子どもの言い訳」(“A Child's Excuse”)と題する詩を例にとってみよう。そこでの詩人は「友人」あるいは「兄」と呼ぶ人物に、「あなたは自由に生まれた人間――あなたからの光と風は/人生の地下牢のような闇を追い払う」(Thou art a free-born creature—light and air/From thee, the dungeon-gloom of Life dispel)と語りかけ、「わたしにとって/あなたは歓びと希望の使者/あなただけに感謝することにわたしは深い喜びを覚える」(to me /Thou art a herald of delight and light,/I feel deep joy in thanking only thee.）と告白している。

この作品には原稿の段階で「また来てくださいといつもお願いすることに対する××への言い訳」（Excuse to ―― for always asking him to come again.）という副題がついていたが、それをジュリアが抹消したのは「この詩と彼女の体験や特定の人物との直接的な結びつきを曖昧にしようという衝動」を暗示している、と考えるゲアリー・ウィリアムズは、「副題がなくても、この詩がその名前を伏せた男性との真剣で高尚なやり取りに対するハウの歓びの記録であることは明らかだ」（Williams 1999: 150）と論じている。

この「名前を伏せた男性」と同一人物と思われる「友人」は「賓客」（"The Royal Guest"）と題する作品にも登場していて、「愛する友人」（friend beloved）を「貧しい家」（poor mansion）に迎え入れた詩人は「この上ない喜びで／唇を震わせ」（in joy divine/My lip will falter）ながら、「わたしの囚われた心」（my imprison'd heart）が解き放たれるのを感じている。「わたしの海に面した窓」（"My Seaward Window"）でも、「わたしの孤独な窓辺」（my lone window）に座って、「わたしからわたしの友人を連れ去った船」（The ship that bore my friend from me）のことを考え、「わたしたちの二つの魂が出会った」（our two souls met）あたりに目を凝らしている詩人は、何を見つめているのかと尋ねる我が子たちに「わたしの遠ざかっていく友人を祝福するために跪き、あなたたちのことさえ忘れてしまっている」（'I kneel to bless my parting friend,/And even ye forgotten are.'）と答えている。

さらに「巡礼の道連れ」（"The Fellow Pilgrim"）と題する詩の第一連で、「あなたとわたしが一緒だったときに／わたしが書いた詩行を読み返す」（When I read o'er the lines I traced/When thou and I together were）と、「あなたの精神の力」（the power of thy mind）が今さらのように実感される、と「あなた」に語りかけた詩人は、第二連で「わたしをしっかり掴んだその精神は／好意的だったが有無を言わせぬ強い力で／まずわたしをわたしの過ちから解き放ち／つぎに兄のようにわたしを導いてくださった」（The mind that laid its grasp on me,/A friendly grasp, but firm and strong,/First from my errors shook me free,/Then led me, brotherlike, along.）と感謝し、第四連では「あなたの微笑には栄光が／あなたの一言半句には教訓が宿っているように思われた」（There seemed a glory in thy smile,/A lesson in thy lightest word）と回想している。「わたしのか弱い魂が翼を広げるたびごとに／あなたのもっと男らしい考えが救いの手を差し伸べてくださった」（Oft as my faint soul spread its wings/Thy manlier thought did give it aid.）という第六連の二行から、詩人ジュリアの羽根を切り取ることを宣言した彼女の夫ハウ、さらには蜜蜂の羽根を縛ろうとした主人を連想する読者がいるとしても不思議はあるまい。

「巡礼の道連れ」についてゲアリー・ウィリアムズは「この詩は全体としてウォレスに語りかけられている（恐らく彼の死後に書かれて）」（Williams 1999: 156）と述べているが、いくつかの詩に登場していたジュリアの「名前を伏せた男性」の正体がホーレス・ウォレスだったとすれば、彼とは対照的な存在だったミソジニストとしてのサミュエル・グリドリー・ハウは、『受難の花』において一体どのように描かれて、どのような扱いを受けているのだろうか。

この詩集の冒頭近くに置かれた「ローマ」（"Rome"）と題する、四三九行もの長い作品を、いきなり「わたしはローマで楽しい驚きの一日を知った／自由に歩きまわる子どものような喜びを自由に手に入れて」（I knew a day of glad surprise in Rome,/Free to the childish joy of wandering）と書き始めた詩人は、「不満げな声が問い質す『なぜ？』とか『何のために？』」（a 'wherefore' or 'to what good end?'/By querulous voice propounded）という言葉を耳にしたり、「時間厳守の義務」（punctual Duty）を考えたりすることもなく、と続け、そういった言葉はいつもなら「喜びが敷居を跨がないうちから、その喜びを／抹殺するための武器を構えて家の／玄関で待ち構えている」（waiting at the door/Of home, with weapon duly poised to slay/Delight, ere it across the threshold bound）と説明している。

　サミュエルをアメリカに残したままローマでの滞在を続けたジュリアが妹のマンションで「リバティ、リバティ！」と叫びながら踊り狂ったというエピソードはすでに紹介したが、それは彼女を監視する看守のようなサミュエルの「不満げな声」や「時間厳守の義務」からの解放感を味わっていたことを物語っている。こうしてジュリアは「ローマの休日」（彼女自身、この表現を『回想』第九章で使っている）を心ゆくまで楽しみ、「愛する友人」ウォレスにも出会うことになるのだが、「楽しい驚き」の日々を送る長詩「ローマ」の詩人もまた「微風になだめられ、心地よい芳香に誘われ／すべてを征服する太陽についに征服されて／わたしの心は悲しく守っていた沈黙を破り／その長く塞き止められていた時の流れは歌となって溢れ出し／弾む両足はとても陽気なリズムで動いた」（Coaxed by soft airs, by gentlest odors flattered,/Conquered at last by the all-conquering sun,/My heart its sadly cherished silence brake,/And its long sealed tides flowed forth in song,/While bounding feet in gladdest rhythm moved.）

とヴィクトリアン・イデオロギーから解放された歓びを歌い上げている。それは「蜜蜂の歌」の「自由を求める／詩人の魂」が永遠の都ローマでようやっと「自由」を手に入れた瞬間だったのだ。

だが、この「自由」は束の間しか享受することができない。ローマでの幸福な日々はあっという間に過ぎ去り、「絶対に終わることはないと夢見ていたのに／その日々はわたしに見える所ですでに終わっていた」（while I dreamed that they［these days］should never end,/They were already ended in my view.）と嘆く詩人は、アメリカに帰らなければならなくなったときのショックを「わたしは死にたいという突然の熱烈な願いが／知らぬ間に効いてくる毒のようにわたしの血管を駆け抜けるのを感じた。／おお、いまなのか！　とわたしは叫んだ。この満ち足りた黄金のときに／わたしに船を出させ、針路を天国に変更させてください。／おお、神よ！　わたしはとても幸せなのでそこに入ることを／許されないはずがない――あなたのなかで終わるしかないわたしなのです」（I felt the sudden, earnest wish for death/Shoot like a subtle poison through my veins./Oh now! I cried; in these full golden hours,/Let me set sail, and bend my course for heaven./Oh God! I am too happy not to be /Admitted there—I can but end in thee）と神に訴えている。

詩人がアメリカに帰りたくないのは、そこで「真の女性」としての彼女を女性のための私的領域に閉じ込めることを願っているサミュエルが待ち構えていたからだが、一八六八年出版の旅行記『カシの木からオリーブの木へ』の「ローマ」と題する章で、この一六年前の出来事を回想したジュリアは「わたしはいやでいやでたまらなかったが固い決意を抱いてローマを離れた。アメリカは流刑の地

（the place of exile）に、ローマは思いやりと安らぎに満ちたホーム（the home of sympathy and comfort）に思われた」と述べていた。『受難の花』に収められている「わたしの愛する町」（"The City of My Love"）と題する詩でも「夜と死の暗闇」（gloom of night and death）のなかにいた詩人がローマを「親愛なる母」（dear mother）と呼び、「あなたの温かくもてなしてくれる心に／憩いとやすらぎを、健康とホームを見いだした」(And in thy hospitable heart,/Found rest and comfort, health and home)と語っている。

だが、「ホーム」のようなローマに別れを告げて、「流刑の地」アメリカに帰る日は否応なしにやってくる。それから五〇年近くが経った一八九九年に出版された『回想』第九章で、その日のことを振り返ったジュリアは「わたしの出発のときが近づくにつれて、わたしはローマの生活の静かに潜行する魅力がわたしの全身に深く入り込んでいるのを感じた。この古代の記念碑たち、この荘重な教会たちを二度と見ることはあるまいと思うと、ほとんど苦悶に近い苦痛にわたしは襲われた」と語っているが、ここでの「静かに潜行する魅力」（subtle fascination）を一八五四年の詩作品「ローマ」での「知らぬ間に効いてくる毒」（subtle poison）と関連づけて考えたくなる読者がいるのではないだろうか。

「扉は閉じられる――外の空気はわびしい。／振り返れ！　ドーム！　夕日を浴びてなお壮麗な――／それを見るわたし――魂を目に集中させて――／ドームは消える――天空もともに消えたかのよう。／夜はわたしの悲しみをわたしから隠してくれる。おお、わたしのローマよ／わたしはあなたを愛したがゆえに、神の愛があなたと共にあらんことを祈る！」（The gate is closed—the air without is drear./Look back! The dome! gorgeous in sunset still—/I see it—soul is concentrate in sight—/The dome is gone—gone seems the heaven with it./Night hides my sorrow from me. Oh, my Rome,/As I have loved thee, rest God's love with thee!）という詩行で「ローマ」は終わっている。「この最後の数行は楽園を追われた者のヴィジョンである」（James D. Wallace 219）と解説する論者がいることを紹介しておこう。たしかに「ローマの休日」を楽しむジュリアとホーレスは「楽園」ローマの新しいアダムとイヴだったのかもしれない。

この詩作品「ローマ」の最後に姿を見せているドームがサン・ピエトロ大聖堂のドームであることは、「サン・ピエトロ大聖堂のドームを最初に見たときにジュリアが覚えたぞくぞくするような感動は、生涯消えることのない印象の一つだった。ローマは彼女の意中の都市の一つになるべく運命づけられた。その最初の瞬間に彼女は魔法にかけられたのだ」というジュリアの伝記を書いた娘たちの証言（第五章）からも明らかだ。そのドームとローマに魅せられたジュリアがホーレス・ウォレスもまた大聖堂への「巡礼の道連れ」であることに直感的に気づいたとしても不思議はない。

遺稿集『ヨーロッパの美術と風景と哲学』（*Art, Scenery and Philosophy in Europe*, 1855）に収められた「ヨーロッパの大聖堂たち」（"The Cathedrals of the Continent"）と題するエッセイで、「ローマのサン・ピエトロ大聖堂」について語ったウォレスは「周囲の土地のどの場所からローマを見るにせよ、まず第一に人の目と心を射るのはサン・ピエトロ大聖堂だ」と書き、「眼下の暗い平野の中心部から、サン・ピエトロ大聖堂のドーム全体が明るい地平線を背景に浮かび上がる——黒くて、神秘的で、不吉に。ローマ平野は暗く波立つ大海原、サン・ピエトロ大聖堂はその荒野を孤独に乗り切る巨大な船のように見える」と述べている。この「黒くて、神秘的で、不吉」な大聖堂の印象は、一八四三年にローマを初めて見たジュリアが「深い憂鬱と沈黙がそこに垂れこめていた」と語っていたという娘たちの証言を思い出させる。

この印象の奇妙な一致は、ローマのピエトロ大聖堂の影の下で「巡礼の道連れ」として「二つの魂が出会った」男女が意気投合して、ショーウォーターのいわゆる「心の触れあい」を感じるようになることを予告している。ローマが「思いやりとやすらぎに満ちたホーム」であるかようにジュリアが感じたのは、「兄のように」彼女を導いてくれるウォレスがそこに住んでいたからなのだ。ジュリアの詩「ローマ」が愛する街ローマに対する惜別の歌であることは否定できないが、それは同時にまたパリに客死した「愛する友人」ウォレスの死を悼む哀歌でもあったことを見逃してはなるまい。この詩の最後の二行を "Oh, my *friend*, / As I have loved thee, rest God's love with thee!" と読み替えれば、ジュリアの秘めたる真意が伝わってくるのではないだろうか。

その詩人の真意を知られてならないのは「なぜ?」「何のために?」と問い質す彼女の夫サミュエル・ハウだったが、彼とおぼしき人物は『受難の花』のほかの作品にも登場している。「理性 vs 水車用水路」("Mind versus Mill-Stream") と題する詩は水車を回すための「穏やかで効率のいい小川」(a mild, efficient brook) を探している粉屋の男と、一見「穏やかな表情」(a quiet lock) をしているが、力づくで流れを変えようとする人間の努力に逆らってきた小川との対立を描いている。この小川を一目見て、「これほど美しくておとなしい流れは見たことがない」(I never met a stream/More beautiful and bland）と思った男は早速、岸辺に水車小屋を建てて、その小川に水車を回すように命じるが、「生意気な妖精《ニンフ》」（the Naughty nymph）は彼の言いなりにはならない。

さらに、このつむじ曲がりな小川を抑え込むために男は頑丈なダムを建設するが、それもあっけなく壊されてしまう、といった調子で、粉屋の男と小川の戦いは延々と続くが、粉屋の男がサミュエル・ハウ、頑固な小川がジュリアを指していることに気づかぬ読者に配慮してか、詩人は三連から成る「教訓」を最後に用意していて、その第一連には「人生の盛りを過ぎてから／幸福な結婚をしたければ／誰かおとなしくて／落ち着いた気質の妻を娶りたまえ」（If you would marry happily/On the shady side of life,/Choose out some quietly-disposed/And placid tempered wife）と記されている。

この作品をエレイン・ショーウォーターは「シェヴ［サミュエル］がジュリアの創造力を抑え込み、孤立した家に彼女を閉じ込めようとした、求婚とハネムーンと結婚を薄いベールで隠した要約」（Showalter 2016: 119）と呼んでいる。詩人が小川を「深紅の水草の花冠で髪を飾って」（Coiffed with long wreaths of crimson weed）と形容しているのは、ジュリアが赤毛だったことを意識していたからだった、とゲアリー・ウィリアムズその他の批評家たち（Williams 1999: 157; Ziegler 146; Showalter 2016: 119）が指摘しているのは正しい。だが、この一行を書いたとき、詩人は「ローマで「自然の最高の努力は赤毛《ロッソ》を生み出すことだ」と教えてくれた、自身も赤毛だったホーレス・ウォレスの面影を心に思い浮かべていた、と考えたい。そう考えることによって、「『受難の花』は粉屋の男に対する小川の報復だった」（Showalter 2016: 119）というショーウォーターの大胆な発言を、「ローマ」や「巡礼の道連れ」や「子どもの言い訳」などの作品でホーレスとジュリアの「心の触れあい」を目の当たりにしてきた読者は何の抵抗もなく素直に受け入れることができるのだ。

だが、『受難の花』を素直に受け入れられなかったのは、「小川の報復」を受けた「粉屋の男」サミュエル・ハウだった。かねてから「真の女性」としての生き方を要求してきたジュリアが彼の許しを得ることなしに詩集を出版したばかりか、無様な自分がそこに描かれていることを知った彼は激怒する。一八五四年二月に妹アニーに宛てた手紙にジュリアは「詩集《ザ・ブック》はあの人にとって精神的な打撃でした。愚かで差し出がましい何人かの人たちが粉屋の男はあの人自身だと教えたのです――そのせいであの人は狂ったようになったのです。それに、皆があの人のことを軽蔑したり無視したりするようになったと思い込んでいます」(qtd. in Williams 1999: 156)と打ち明けている。

こうして家長としての権威とプライドを傷つけられたサミュエルは、一八五四年の上旬に出た『受難の花』の第二版と第三版で「理性 vs 水車用水路」の題名を「水車用水路」に変え、末尾につけた「教訓」を完全に削除することをジュリアに強要する。この事実からだけでもサミュエルの不快感は明らかだが、『受難の花』の第三版が出た同年三月、ジュリアに宛てた手紙に「この本には赤面のあまり当方の頬がひりひり痛むような箇所がいくつかある」と書き記した彼は、「娘たちがもう少し大きくなって、母親が書いたものを読み、読んだときに顔を赤らめるかと思うと当方の心が痛む――だが、顔を赤らめることなく読むかと思うとさらに一層心が痛むのだ」とも述べて、「君と娘たちのために、エロティックに近いすべての表現――すべての言及を削除し、かつ忘れ去ってもらいたい」と強い口調で要求している（Ziegler 83）。

その後、ハウ夫妻の関係は険悪を極め、離婚話まで持ち上がっていたようだが、それまでの一八ヵ月間ずっと途絶えていた肉体関係を取り戻すことをサミュエルが持ち掛けて、何とか解決の運びになったのだった。この顛末を「一月段階での夫婦の対立よりもさらに衝撃的な結果」と呼ぶエレイン・ショーウォーターは「セックスは彼女［ジュリア］にとって決して楽しむことができるものではなかったが、それが一種の罰則、刑の宣告、黙々と遂行する義務となった。二月までに彼女はまた妊娠していた」（Showalter 2016: 127-28）と解説している。やがて生まれたのが娘のモードで、彼女は後年、姉のローラと共著で書いた母親の伝記でピューリッツァー賞を受け、ローラはハウ夫妻について語った『二つの高貴な人生』（Laura Richards, *Two Noble Lives*, 1911）と題する単著で「この二人以上に優しくて愛し合った両親はいなかったと思う」と言い切っている。娘たちの将来を憂える父親の発言にもかかわらず、母親の詩集を読んだ姉妹が顔を赤らめた形跡は彼女たちが書き残した書物のどこにも残っていない。

2　驚異の年

ジュリアの第二詩集『時節のことば』（*Words for the Hour*, 1857）は一八五七年に出版されるが、『受難の花』でひと悶着あった後だけに、ジュリアの大胆な態度には驚かされる。ショーウォーターも「彼女はシェヴの怒りに勇敢に立ち向かった」(Showalter 2016: 145)と説明している。だが、さらに驚くべきことに、そこに収められた四五篇のなかに明らかにウォレスとの友情を扱っていると思われる作品が含まれている。

たとえば「著者の死後に出版された書物を受け取って」(“On Receiving a Volume Published After the Death of the Author”)と題する作品は、一八五五年に刊行されたウォレスの『ヨーロッパの美術と風景と哲学』を弟のジョンから献呈されたときに書いたとされるが、この詩を「二年目を迎えた墓に雪が降る/懐かしいあなたの遺骨が名声に無頓着なまま眠る墓に」(the snow falls upon the two-years' grave/Where thy dear ashes careless lie of Fame)と書き始めた詩人は「この悲しい数々のページの何があなたを喪った切なさを償うというのだろうか?」(What for thy bitter loss shall make amends/In these sad pages?)と訴え、「ここに書き残されたあなたの瞑想がふたたび目覚めさすのは/失われた音楽に対する心からの深い憧れ/あなたの力強い声、その澄んだ穏やかな口調は/苦痛にあえぐ殉教者の歓喜の叫びのようだった」(These, thy recorded musings, wake again/The heart's deep longing for a music gone;/Thy vibrant voice, whose clear attempered tone/Was like the martyr's rapture-cry in pain.)と生前のウォレスを偲んでいるが、「わたしは彼のやや高い声の銀のような響きを決して忘れたことがない」とジュリアが『回想』で語っていたことが思い出される。

さらに詩人は雪の降りしきる彼の墓を訪ねることを切望するが、「だが、いずこであれ激しく泣きじゃくる悲嘆の翼に乗って/わたしが飛び立つのを阻むしがらみにまといつかれて/わたしにはわたしの巡礼の祈りをそちらにお送りすることしかできない／懐かしいあなたの物言わぬ御本を胸に抱きしめたまま」（But, held by ties that let me not depart /On Grief's wild weeping pinions any whither,/I can but send my pilgrim wishes thither,/Folding thy dear, dumb volume to my heart.）と嘆きつつ、詩人は『受難の花』で「巡礼の道連れ」と呼んでいたウォレスに語りかけている。

この詩のつぎに置かれている「ヴィア・フェリーチェ」（"Via Felice"）と題する詩の場合、「それはヴィア・フェリーチェだった／わたしの友人が居を構えていたのは」（'T was in the Via Felice/My friend his dwelling made）という冒頭の二行の「わたしの友人」がウォレスを指していることは「ホーレスが住むことを愛した／ヴィア・フェリーチェ」（the Via Felice/Where Horace loved to live）という別の一行が明らかにしている。この「わたしの友人」と共に過ごした「ローマの休日」を懐かしむ詩人は「わたしは窓から彼の姿を見る／わたしの心が決して忘れることのない窓から／彼はかなたの花売り娘から買っている／わたしのための朝のスミレの花を」（I see him from the window/That ne'er my heart forgets,/He buys from yonder maiden /My morning violets）と歌っている。

だが、楽しかったローマの日々はあっけなく終わり、「そして、苦悩と邪悪を隠し／華美で豪華であっても酷く冷たく／踊りや唄があっても酷く無口な／あのパリの真ん中で」（And, in that heart of Paris/That hides distress and wrong/So cold, with show and splendor,/So dumb, with dance and song）「わたしたちのホーレスは力尽きて絶命した」（Our Horace sank to die）と読者に告げた後、彼と再会して一緒に過ごす日々を想像する詩人は、「古い都の／鄙びた古い扉から／わたしはわたしの窓辺で見守っている／彼がやってくるのを、いついつまでも」（But in the Ancient City/And from the quaint old door,/I'm watching, at my window/His coming, evermore.）と語っている。「死の永遠の都にも／まだどこかに幸福な通りがあるのだから／それはヴィア・フェリーチェだ／わたしの友人とわたしが出会うことになるのは」（For Death's Eternal city/Has yet some happy street,/'T is in the Via Felice/My friend and I shall meet.）という詩句で「ヴィア・フェリーチェ」つまり「幸福な通り」と題するジュリアの詩は終わる。

この詩の簡略版（一二連の原詩を一〇連に縮めている）を『回想』に掲載したジュリアは、それは「彼［ウォレス］に対するわたしの感謝を込めた優しい思い出を証言している」（第九章）と説明しているが、ジュリアの伝記を書いた二人の娘たちは「数年後、彼の死の知らせを聞いて、彼女はその交友の日々を『ヴィア・フェリーチェ』と題する詩のなかで回想し、それを彼女自身が作った曲に合わせて歌っていた」（第六章）と伝えている。恐らくはホーレスとの「心の触れあい」をいとおしみながら、「ヴィア・フェリーチェ」を口ずさんでいるジュリアは、「理性vs水車用水路」を書いたときと同じように、サミュエルに対して報復する快楽を密かに味わっていたかもしれないが、『時節のことば』には「粉屋の男」に匹敵する人物は登場しているのだろうか。

「粗描」（"The Rough Sketch"）と題する詩は「偉大な悩める心、鉄のごとき意志／先例がないほどの恐れを知らぬ血／気力と強靭な体力を／付与された身体――すべてが男性」（A great grieved heart, an iron will,/As fearless blood as ever ran;/A form elate with nervous strength/And fibrous vigour,—all a man.）という四行で始まっているが、この詩をジュリアの伝記の第六章冒頭にエピグラムとして引用した著者たちは「彼女の結婚生活の初めごろを歌った詩のなかで、これほどにハウ博士の肖像を浮き彫りにしている作品はない」と語り、それを父親の伝記の第八章冒頭に載せたローラも「わたしの父のもっとも優れたポートレート」と呼んでいる。

この第一連の後には「世間は彼が成し遂げた奉仕に対して感謝し／彼は礼金や賛辞のために立ち止まることはできない」（The world would thank the service done,/He cannot stay for gold or praise.）とか、「彼が鋭い目の視線を周囲に／惜しげもなく投げかけることもない」（Not lavishly he casts abroad/The glances of an eye intense）とかいった表現が続くが、「彼が一年に一回だけ微笑むことがあるとすれば／それはクリスマスの返礼だろう」（And, did he smile but once a year,/It were a Christmas recompense.）という二行には詩人の皮肉なユーモアが感じ取れる。「わたしは彼の名前のことである詩人に感謝する／その名前は『闇の和毛《にこげ》』でなければならない／危険を冒していることを知らない子どもは／その硬い毛を撫でても怪我一つしない」（I thank a poet for his name,/The "Down of Darkness," this should be;/A child, who knows no risk it runs,/Might stroke its roughness harmlessly.）という詩行は、戯れに「闇の和毛」と綽名されている父親サミュエルのぼさぼさ頭の剛毛に子どもたちが触っても、叱られることがないということを意味しているが、そこで言及されている「ある詩人」とはイギリス詩人ジョン・ミルトンのことで、「闇の和毛」は『仮面劇コーマス』（John Milton, *Comus*, ll. 251-52）の "the raven down of darkness" から取られている（Williams 1999: 193）。

この詩の最終連で「神々は一つの役に立つ贈り物を忘れられた／この流行児のような男性が受け

取って然るべき贈り物を／気高い決意と不屈の精神において／彼の魂に引けを取らない女性の魂を」(One helpful gift the Gods forgot,/Due to the man of lion-mood;/A woman's soul, to match with his/In high resolve and hardihood.) と述べることによって、サミュエルのような男性的な男性にふさわしい「女性の魂」が自分には備わっていないことを詩人は告白しているのだが、この点に関してゲアリー・ウィリアムズは「恨みがましくてアイロニックな最終連は、彼ら［ハウ夫妻］のさまざまな問題のいくつかは彼女のせいであることを認めようとする証拠として注目に値する（がしかし、当然のことながら、彼女の短所をこのように公けに認めたことは必ずしも遺憾の意の表明ではないだけでなく、それはこの詩集のほかの個所にも見られる両者の間の感情的な距離の徴候を強調している）」（Williams 1999: 193-94 強調原文）と論じている。

要するに、ジュリアとサミュエルの間には、彼女とウォレスとの間に育まれていたような「心の触れあい」が生まれていなかったということだろうが、ウィリアムズの指摘する「感情的な距離」は「愛の流刑」（"Love in Exile"）と題する詩に露骨に描出されているように思われる。この詩を詩人は「あなたが美をわたしの魂から追放してから／わたしはおぼろげな暗い昏睡状態で彷徨っている／昔からの慣れ親しんだ生き方は消え去り／黙許と支配の細い鎖は引き締められる」（Since ye have banished Beauty from my soul,/I wander in a faint and drear amaze;/Gone are the ancient, the familiar ways,/Strained the fine bonds of sufferance and control.）と書き始めているが、サミュエルがジュリアに詩を書くことを禁じ、彼女が「蜜蜂の歌」で「自由を求める／詩人の魂」を歌っていたことを知っている読者には「あなた」が誰を指しているかを想像することは困難でない。この詩は「サミュエル・ハウに宛てた手紙のように読める」(Williams 1999: 185)とゲアリー・ウィリアムズが指摘していることも容易に理解できる。

この後も詩人は「至福に満ちた光景と物音が消え去ってから／ありとあらゆる恐ろしい姿の悪がわたしの心に襲い掛かる／わたしは背後に悪魔のささやき声を聞き／現世の無神論者の世界を目の当たりにする」(Since they are gone, the blissful sights and sounds,/All hideous forms of ill assail my mind;/I hear the Demon's subtle speech behind,/I see the Present's atheistic bounds.)と呟き(ここでも使われている"subtle"は詩人の愛用語だろうか)、「この美からの離別には悪が潜んでいる――／わたしは美を拒否せねばならない、美に対する信念を／心に深く、死ぬまで熱烈に抱いているというのに／美がわたしの目と歌から追放されていても」(In this divorce from Beauty lies a wrong—/I must deny her, I who hold her faith/Deep in my heart, and fervent unto death,/While she is outlawed from my sight and song.)と嘆いている。「蜜蜂の歌」の場合と同じように、ここでも「ミソジニー的敵意」に満ちたサミュエルに魂の自由を奪われた詩人の叫びを聞きつけることができるのだ。

このジュリアの「愛の流刑」について、ゲアリー・ウィリアムズは「『黙許と支配の細い鎖』が厳しいままだとしても、この詩における悲しみの生き生きとした描写と、その悲しみの原因が彼女を叱責する夫にあることを明らかにする姿勢は、そのような扱いを唯々諾々として受け入れることを拒絶する彼女の決意を示している」(Williams 1999: 186)と論じ、ヴァラリー・ジーグラーもまた「ヴィア・フェリーチェ」に登場するホーレス・ウォレスが詩人のために立ち上げた「美の塔」(A tower of

Beauty）に言及しながら、「結局、シェヴはジュリアの人生から美を追放した人物だったのに対して、ホーレス・ウォレスはそれを彼女のために取り戻したのだった」（Ziegler 88）と解説している。いずれの発言も『時節のことば』に見られるハウ夫妻の「感情的な距離」に注目しているだけでなく、この詩集が『受難の花』と同じようにサミュエルに対するジュリアの報復の意図が秘められていることを示唆していると考えられる。

この第二詩集『時節のことば』を発表した一八五七年に、ジュリアは『レオノーラ』（*Leonora or The World's Own*）と『ヒッポリュトス』（*Hippolytus*）と題する二編の戯曲も書き上げている。その意味で一八五七年は彼女の驚異の年《アヌス・ミラビリス》だったが、エウリピデスの悲劇に材を取った『ヒッポリュトス』は、諸般の事情で彼女の死の翌年の一九一一年三月二四日まで上演されなかったのに対して、無韻詩《ブランクヴァース》で書かれた詩劇『レオノーラ』は一八五七年三月一六日にニューヨークのワラック劇場で幕を開けて一週間以上上演され、その後、ボストンでも再演されている。

『レオノーラ』は一八世紀初めのイタリアを舞台に展開する悲劇で（エレイン・ショーウォーターは「一六世紀イタリア」と誤記している［Showalter 2016: 147］）、物語の主人公レオノーラは素朴な田舎娘だが、馬車が故障したために村に滞在することになったロタール伯爵と恋に落ち、結婚の申し込みを受け入れる。だが、妻へレンとの間に一男をもうけている既婚者の伯爵の目的はレオノーラを誘惑することだった。誘惑されて捨てられたことを知った彼女は復讐を誓い、「ロタール伯爵よ、神は裁きをおこなう。裁きが戸口に近づいたとき、わたしを思い出せ」（第三幕第四場）という言葉を彼に投げつける。

やがて時を経て、伯爵が仕える君主の寵愛を一身に受ける愛人となったレオノーラは、ロタールを「偽誓した、不忠実で、無慈悲な悪党」（第四幕第四場）と呼んで、伯爵が謀反心を抱いていると讒言した結果、伯爵は極刑を宣告され、妻ヘレンは悲しみに打ちひしがれ、愛息はレオノーラによって拉致される。第五幕第二場で「復讐の高価な葡萄酒」を味わっているレオノーラの前に現われた仮面の男（じつはかつての彼女の求婚者）に「悪鬼同然の――嘘吐きで、残忍な」毒婦と罵られた彼女は、男が手にしていた短剣で我とわが身を突き刺し、その場で死に果てる。

何ともグロテスクなメロドラマに違いないが、しかし、そこにジュリアの自伝的要素を読み取ることは困難ではない。すでに結婚しているロタール伯爵がレオノーラと結婚の約束をするという『レオノーラ』の設定は、チャールズ・サムナーと「結婚」していたサミュエル・ハウがジュリアに結婚を申し込み、三者の間にゲアリー・ウィリアムズのいわゆる“triangulated marriage”が成立していたことを思い出させずにおかない。重婚者とでも呼ぶべきハウを批判するために、ジュリアが人知れず書き溜めていた小説『両性具有者』の延長線上に『レオノーラ』を置くことができると主張したいのだが、その未完の小説の主人公ロレンスの名前と同じ起源のロレンツォ（Lorenzo）と名乗る人物が作中で重要な役柄を演じ、ロレンスのメンター役を務めたベルト（Berto）と同じ名前の人物が伯爵の友人の一人として登場しているという事実も（この点を指摘している先行研究は見当たらないようだが）、『両性具有者』と『レオノーラ』が深く関わり合っていることを物語っていると考えたい。さらに、『レオノーラ』第三幕第三場に登場する花売り娘が「[恋する]殿方の一人は毎日、わたしのみずみずしいスミレの花をお買い上げになって／値段の三倍のお金を投げて寄越すと、後ろも見ずに／広場の向こうの通りへ駆けて行き／そこでは意中の女性が窓から身を乗り出している」と語る場面から、ホーレス・ウォレスの思い出に浸るジュリアの詩「ヴィア・フェリーチェ」でホーレスが詩人のためにスミレの花を買い求めるエピソードを連想する読者がいるに違いない。

こうしたジュリアの個人的な思い入れにもかかわらず、『レオノーラ』に対する劇評は芳しくはなかった。ジュリアの伝記を書いたローラ・リチャーズとモード・エリオットは「悪者によって無垢な女性が裏切られて棄てられる」といったテーマを選んだ点を批評家たちは厳しく非難し、「そのような事柄について女性が書くのは猥褻な（indelicate）とは言わないまでも女性らしくない（unfeminine）と考えた」（第七章）と指摘しているが、『レオノーラ』を「暗くて復讐的なトーンがもっとも淑女的でない（most unladylike）と思われる戯曲」と呼ぶヴァラリー・ジーグラーは、現実世界を「男性が女性を裏切り、女性を召使のように扱う場所」として描き、「受難と復讐のヴィジョン」を提示しているがゆえに、「この戯曲は要するに観客を不安にさせた」（Ziegler 89, 90）と論じている。ヴィクトリアン・アメリカの男性中心的な世界を批判的に描いたジュリアは、「もっとも淑女的でない」女性、「真の女性」というアメリカ的理想の対極にある女性、ケイト・マンのいわゆる「ミソジニー的敵意」を観客から向けられる、罰されて然るべき「悪い女性」になってしまった、と言い換えてもいいだろう。

だが、「ミソジニー的敵意」を向けられたのは作者のジュリアだけではなかった。『レオノーラ』の最終幕で仮面の男がレオノーラを「悪鬼同然の――嘘吐きで、残忍な」毒婦と呼んでいたが、この「天からの正義の使者」と名乗る男は、登場した直後に、「若くて」(young)「無垢で」(innocent)「生き生きしていて」(fresh)「純粋な」(pure) レオノーラが描かれた一枚の絵を彼女に見せている。このように無垢で純粋な女性、家父長制社会が求める「真の女性」そのものだった彼女が「女性の宿命に耐えることができないほど傲慢」になり、憎しみにあふれた「悪鬼」に変身したことを嘆く仮面の男は、レオノーラを地上から抹殺する使命を帯びた「正義の使者」だったのだが、同時にまた彼は劇作家の抱く「受難と復讐のヴィジョン」に不安を覚えた結果、主人公のレオノーラの生きざまに対して「ミソジニー的敵意」を抱いた観客が送り込んできた「正義の刺客」でもあったのだ。ヴィクトリアン・アメリカの男性社会に復讐を試みるレオノーラという勇気ある女性を生み出しておきながら、その復讐の鬼女と化した彼女を「悪い女性」として自殺に追いやる作者ジュリア・ハウの態度は著しくアンビヴァレントであると言わざるを得ない。

ここで思い出すのは、ジュリアと同じ時期に活躍したアメリカ女性作家リリー・デヴェルー・ブレイク (Lillie Devereux Blake, 1833-1913) が、『レオノーラ』の二年後に発表した長編第一作『サウスウォルド』(*Southwold*, 1859) で、「女性に対する束縛のすべて」を投げ捨てようという情熱に駆られた主人公メドーラを登場させながら、最後には彼女を狂気と自殺に追い込む形で小説世界から消し去ってしまっていたことだ。こうしたヴィクトリアン・アメリカの家父長制を攻撃するヒロインに対するブレイクのアンビヴァレントな態度について、「それは家父長制が支配する一九世紀のアメリカで『女性に対する束縛のすべて』に挑戦する女性を登場させることが作家にとっていかに困難な作業だったかを物語っている」（二〇五頁）と旧著『内と外からのアメリカ』で説明し、女性が男性と対等に生きる世界を一日でも早く実現するために、ブレイクはやがて女性解放運動にのめり込んでいくことになる、といった趣旨の発言をしたことがあったが、『レオノーラ』のヒロインを死に追いやったジュリア・ハウについても同じことが言えるのではないだろうか。

ジュリアの兄サミュエル・ウォード（Samuel Ward, 1814-84）は四年間に及ぶヨーロッパ留学から帰国して、妹にジョルジュ・サンドその他の作品を紹介した人物として知られているが、悪評高い『レオノーラ』を弁護するために立ち上がった彼は、ジュリアに宛てた手紙で「女性が批評家だったら論調は全然違っていただろう！　だが、怪しからん男どもときたら、君が連中の下劣な習わしの実態を描いていると知りながら、損害を償おうとするどころか、棍棒で威圧して報復させまいとしている」と憤慨し、「とても厳しくて恐れを知らない女性の権利の唱道者にして男性の不潔と不実の軽蔑者」（qtd. in Ziegler 89）としてのジュリアの口を封じようとしている、と語っているのは、彼が妹の戯曲を女性の権利のための議論として読んでいたことを物語っている。

ジュリアの伝記で『レオノーラ』を論じた著者のリチャーズとエリオットは、伯父のサミュエル・ウォードの言葉に触発されたのか、「その頃の彼女［ジュリア］は、当時出現した女性の権利の唱道者たちの仲間入りすることなど考えてもいなかった」が、にもかかわらず、『レオノーラ』には「すでに彼女が後年、声を上げて主張することになる女性の高邁な理想を心に抱いていたことを示す箇所がある」（第七章）と述べて、「弱い心や強い心を天使の表情で／支える人たちをわたしたちは女性と呼ぶと思う」（"I think we call them Women, who uphold/Faint hearts and strong, with angel countenance;"）とか、「乱暴な足が踏みにじり、押し潰す車が行きかうあたりに／宝石を投げ捨てても／地面から宝石の輝きを踏み消すことはできない／それと同じように、無残な残骸においてもなお／涙と汚れを通して、女性の誇りは光り輝く」（"You fling a jewel/Where wild feet tramp, and crushing wheels go by;/You cannot tread the splendor from its dust;/So, in the shattered relics, shimmers yet/Through tears and grime, the pride of womanhood."）とかいった台詞を第二幕第一〇場から引用している。

『レオノーラ』から一〇年余り経った一八六〇年代後半になると、小説家リリー・ブレイクと同じように、ジュリアは女性参政権運動にのめり込み、一八六八年一一月にはニューイングランド女性参政権協会（NEWSA）の創立に参画して、同年から九年間会長を務めたり、アメリカ女性参政権協会（AWSA）の一八七〇年に創刊された機関誌『ウーマンズ・ジャーナル』（*The Woman's Journal*）の編集に長年携わったりするようになるのだが、その活動の一端は本書の第七章で覗き見ることにしたい。

3 〈新しい大陸〉の発見

一八七六年一月九日にサミュエル・ハウは他界するが、その死の直後に出版された『サミュエル・

グリドリー・ハウ博士の思い出』（*Memoir of Dr. Samuel Gridley Howe*, 1876）で、「アメリカ人の性格においてもっとも立派なものすべてがハウ博士において具体的に表現されていたと言えるかもしれない」と語るジュリアが、「粗描」と題する詩の場合と同じように、彼の「特別で特異な天分」「偉大な勤勉と疲れを知らぬ忍耐力」「深く広い博愛」を列挙し、「私生活の関係において博士は誠実で愛情深かったし、博士の公的な奉仕は、人間同士との打ち解けた交流を特徴づけていた親切と助力の絶えざる行為と一致していた」と彼を褒めそやしているのを読むと、ここに姿を見せているサミュエルと彼女の自由を奪っていたミソジニストとしてのサミュエルのギャップに鼻白む思いをする読者もいるに違いない。

「二一世紀の初めまでに、一九五〇年代の半ば以前にはしっかり定着していたハウのヒーロー的で、人道主義的で、男らしいペルソナさえも重大な疑惑にさらされた」と彼の伝記作者が指摘していることはすでに触れたが、『サミュエル・グリドリー・ハウ博士の思い出』を書いたジュリアはそこに描かれていたような「ハウのヒーロー的で、人道主義的で、男らしいペルソナ」をいつまでも心に抱き続けていたのだろうか。サミュエルの死から五日後の一月一四日の日記に彼女が「きょう、私の新しい人生が始まった」（*The Walk with God*, 1919）と書いているのは何を意味しているのだろうか。

それから二三年後の一八九九年に書いた『回想』第一七章で、ジュリアは「私の人生の三分の二の間、私は男性が抱く理想的人間像を唯一の正しい人間像として頼りにしてきた」という一文に続けて、つぎのように記している――

ある思いがけない瞬間に、新しい光が射しこんで、私が安住してきた境界の遥かかなたの思考と人間像の世界を垣間見させてくれた。そのとき私に露わになった新しい領域は真の女性らしさの領域――もはや異性たる男性に従属的な関係にある女性ではなく、自主的行動者《フリー・エージェント》として、すべての人間的な権利とすべての人間的な責任を男性と完全に分かち合いながら、神の計画と目的と直接的な関係にある女性の領域だった。この発見は世界地図に新しい大陸が付け加えられたかのようだった。［中略］「おお、もっと早くに真の女性らしさの領域にひそむ力と気高さと知性を知っていたなら、もっと賢明に、もっと効果的に生きていたに違いない」というのが私の感慨だった。だが、すべてを見そなわす偉大な神は、世界の解放と進歩の驚くべき時代の花冠として、この新しい啓示を準備しておられたのだ、と考えねばなるまい。（強調はいずれも引用者）

一九一五年にジュリアの伝記を書いたローラ・リチャーズとモード・エリオットは「この新しい思考の世界、この新しい共感の世界が彼女の前に開けたとき、彼女はほぼ五〇歳だった」（第一七章）と述べている。『回想』における「新しい領域」としての〈新しい大陸〉を発見した喜びに浸っている五〇歳の女性と、彼女が二〇歳代の後半に書いたと思われる詩作品「女性」において、「女性の領域」としての家庭に閉じこもっていた女性が正反対の存在であることは明らかだ。『回想』でジュリアが用いている「真の女性」という表現が、家父長制的イデオロギーが支配するヴィクトリアン・アメリカを席巻していた「真の女性らしさの崇拝」における「真の女性」とは無関係であることは言うまでもない。

一八一九年生まれのジュリアが「ほぼ五〇歳だった」一八七一年に発表された「真の女性」（"The True Woman," 1871）と題する短いエッセイで、小説家エリザベス・スチュアート・フェルプス（Elizabeth Stuart Phelps, 1844-1911）は、政治などには一切興味を示さず、平穏無事な家庭生活を愛する女性、「愛児たちの頭の背後の甘く、安全な一隅」に自分の活動の場を求めて満足する女性、「自分の生活――社会的、政治的、商業的生活を夫のそれに直観的に一体化させる女性」を世間では「真の女性」と名づけて盛んに称揚しているが、そのような女性は「臆病な小鳥を追い払うために『真実』の豊かな畑に置かれている、この上なく不気味な案山子《スケアクロウ》」にすぎない、と激しい口調で非難し、「女性は男性の被保護者ではない。男性は女性の保護者ではない」と高らかに宣言していた。この発言はジュリアのそれと見事に共鳴している。ジュリアが「私は男性が抱く理想的人間像を唯一の正しい人間像として頼りにしてきた」と告白したのは、彼女がミソジニストの夫ハウによって理想的な「スケアクロウ」に仕立て上げられていたことにやっと気づいたからだったのだ。

ここで思い出すのは、一八五六年に出版されたローラ・カーティス・ブラードの長編小説『クリスティーン』（Laura Curtis Bullard, *Christine: Or, Woman's Trials & Triumphs*, 1856）の編者デニーズ・コーンが「ローラ・カーティス・ブラードによるクリスティーンの肖像は、女権運動の指導者を新しいタイプの『真の女性』として――この小説におけるクリスティーンや一九世紀半ばのアメリカの「ルクレティア・］モットや［ルーシー・］ストーンや［スーザン・］アンソニーや［エリザベス・］スタントンのような指導者によって代表される行動的で、自立的で、共感的で、政治活動に従事する個人として描いている」（Kohn xxxix）という解説だが（この点に関しては拙著『内と外からのアメリカ』一九二一九三頁を参照されたい）、ジュリアが五〇歳にしてようやく生まれ変わった「真の女性」もまた「新しいタイプの『真の女性』」にほかならない。いや、『クリスティーン』の解説者は「新しいタイプの『真の女性』」のリストにジュリア・ウォード・ハウの名前を加えてしかるべきだったのではあるまいか。

さらに興味深いことに、ジュリアが〈新しい大陸〉を発見したことを語る部分は、彼女の夫ハウ博士の告別式の模様を描いた『回想』第一六章の直後に置かれている。「私の人生の三分の二の間、私は男性が抱く理想的人間像を唯一の正しい人間像として頼りにしてきた」と記したとき、ジュリアは明らかに長年の伴侶ハウを意識していたのだが、ハウが他界した直後に導入されている、彼女が新しく発見した「真の女性」は、生前のハウがこだわり続けた「真の女性」とは別個の、それとは鮮やかなコントラストをなしている存在であることに、読者は気づかざるを得ない。そして、若き日のジュリアが、彼女の詩人としての魂の自由を奪い取った男性と「従属的な関係」にあったという事実を、読者は再確認することになるのだ。「もっと早くに真の女性らしさの領域にひそむ力と気高さと知性を知っていたなら、もっと賢明に、もっと効果的に生きていたに違いない」という彼女の発言は、男性の特権的な立場を利用したサミュエル・ハウが「看守」のように女性を「牢獄」に閉じ込め、女性の自由と幸福を奪う典型的なミソジニストだったことを見事に裏づけている。こう考えてきて初めてサミュエルの葬儀の翌日の一月一四日の日記に彼女が書いていた「新しい人生」の意味を正しく理解することができるのだ。

ジュリアは〈新しい大陸〉のメタファーがことのほか気に入っていたようで、彼女の伝記を書いた二人の娘によると、彼女は『回想』が出版されたと同じ一八九九年の四月二五日の日記にも「新しい女性の世界について、新しい大陸が海から立ち上がってくるようなものだとも話した」（第一一章　強調引用者）と書いている。この〈新しい大陸〉を発見したジュリアのような「新しいタイプの『真の女性』」こそ、ヴィクトリアン・ミソジニーに敢然と立ち向かう「新しい女性《ニュー・ウーマン》」にほかならなかったが、そのような「新しい女性」は内なる魔物に突き動かされていた詩人ジュリアだけではなかった。彼女がサミュエル・ハウとの長年にわたる「内なる戦い」（ショーウォーター）の果てに発見した〈新しい大陸〉をメアリー・パットナム・ジャコービとシャーロット・パーキンズ・ギルマンが模索する姿を本書の以下の各章でたどってみたい。

第四章　医者と患者と安静療法

――シャーロット・パーキンズ・ギルマン

1　安静療法とは何だったか

いささか唐突に思われるかもしれないが、ここで我が野口英世（一八七六―一九二八）の名前を持ち出すことをお許し願いたい。

北里柴三郎の伝染病研究所に勤めていた野口は一九〇〇年にアメリカに渡り、S・ウィア・ミッチェル博士の助手となる。南北戦争以前にヘビの毒の研究で知られていた博士の勧めで、博士の跡を継ぐことになった野口は、一九〇三年から一年間、コペンハーゲンの血清研究所に留学した後、一九〇九年に単著『ヘビの毒――毒ヘビに関する研究』（*Snake Venoms*, 1909）を出版している。その序文で野口は「S・ウィア・ミッチェル博士がヘビの毒の科学的研究を再開して、中毒と免疫に関する新しい生物学的概念に沿って進めてもらいたいという強い願いを口にされたのは、私がフィラデルフィアに到着してから間もなくのことだった」と述べ、研究に要した費用を初期の段階では個人的に負担してくれただけでなく、その後も研究助成を受けるために推薦の労を取ってくれた博士に対して謝意を表している。

この『ヘビの毒』出版の二年前に、野口はカナダ生まれの著名な医学研究者で、長年聖路加国際病院院長を務めた日野原重明（一九一一―二〇一七）に多大の影響を与えたとされるウィリアム・オスラー（William Osler, 1849-1919）が編集した全七巻の『医学のシステム』第一巻に「ヘビの毒」（"Snake Venoms," 1907）と題する一章を執筆していたが、旧知のオスラーに宛てた一九一〇年一二月二日付の手紙で、ミッチェルは「一二年ばかり前に腹をすかせた日本人の彼を拾ってやり、生活の手段としての仕事を確保してやった者として、ノグチのすばらしい発見を私は大変喜んでいる」(qtd. in Cervetti 230) と述べている。

その後、野口が黄熱病や梅毒の研究者として頭角を現わし、ノーベル生理学・医学賞の候補になったことは周知の事実だが、渡米直後の弱冠二四歳の野口青年を指導したミッチェル博士こそ、一時代を画す業績によって〈アメリカ神経学の父〉と呼ばれ、シャーロット・パーキンズ・ギルマンの短編「黄色い壁紙」で広く知られるようになった「安静療法」の開発者にほかならなかった。

安静療法 (Rest Cure) は一九世紀後半から二〇世紀初頭にかけて多くのアメリカ人を苦しめた神経衰弱 (Neurasthenia) に対処するために精神科医S・ウィア・ミッチェルが考案した治療法だった。神経衰弱は「不眠症、鬱状態、疲労、消化不良、筋肉痛、頭痛、集中不能、全般的不安」(Schuster 696) などの症状を示す神経障碍で、"neurasthenia" という造語はアメリカの神経学者ジョージ・ビアード (George Beard, 1839-83) が一八六九年四月に『ボストン・メディカル・アンド・サージカル・ジャーナル』に発表した論文 ("Neurasthenia, or Nervous Exhaustion," 1869) で最初に使われたとされているが、その少し前にミシガン州カラマズーのミシガン州立精神病院の院長E・H・ヴァン・ドゥーセン (E.H. Van Deusen 生没年不詳) が同病院の年次報告書 (一八六七―六八年) に発表し、その後、『アメリカン・ジャーナル・オブ・インサニティ』に転載された論文 ("Observations on a Form of Nervous Prostration, (Neurasthenia,) Culminating in Insanity," 1869) にすでに同じ造語が使われていた。この事実を一八八二年に明らかにしたある論者は「ビアード博士は大西洋のこちら側におけるこの分野のパイオニアという名誉を、少なくともこの精神病院の院長と共有すべきだろう」（Hughes 439）と述べていることを付記しておく。

だが、その後、一八八一年に『アメリカの神経症——その原因と結果』（*American Nervousness: Its Causes and Consequences*, 1881）を出版したジョージ・ビアードは、「アメリカの神経症はアメリカ文明の副産物だ」（Beard 1881: 176 強調原文）と喝破して、彼の名前は神経衰弱と同義語的になってしまったのだった。この広く読まれた著作の序文でビアードは「この神経症の発生と急速な増大の第一要因は近代文明だが、この近代文明は蒸気動力、定期刊行物、電信、諸科学、女性の知的活動という五つの特徴によって古代文明と一線を画している」と述べ、「このようなファクターを備えた文明がいずれかの国家を侵略するとき、それは神経症と神経系の疾患を持ち込まざるを得ない」（第三章）と指摘している。さらに彼は「アメリカの神経症の因果関係の原理」を示す「数学方程式」として「文明一般＋とりわけアメリカ文明（市民的、宗教的、社会的自由のある若くて急速に成長する国家）＋心身を疲労させる気候（寒暑の両極端および乾燥）＋神経性素因（これ自体すでに挙げた諸ファクターの結果）＋働き過ぎや心配のし過ぎ、あるいは食欲や欲望の過度の充足＝神経症あるいは神経衰弱の発症」（第三章）という式を立てている。

ついでながら、一九〇七年に私家版が印刷された古典的名著『ヘンリー・アダムズの教育』（*The Education of Henry Adams*, 1907）の「知識の極致（一九〇二年）」と題する第二八章の冒頭で、ヘンリー・

アダムズは「アメリカはつねに悲劇を軽視してきている。あまりにも多忙のために二千万馬力の社会の活動を停止させることができないまま、アメリカ人たちはヨーロッパ中世を顔色なからしめるほどの悲劇的動機を無視し、世間は暗殺をヒステリーの一種、死を神経症と見なして、いずれも安静療法によって治療すべきだと考えるようになっている」と述べている。この記述は二〇世紀初頭のアメリカでは「安静療法」とか「ヒステリー」とか「神経症」とかいった言葉が「世間」の誰の口にものぼる日常語になっていたことを示唆していると考えていい。

ビアードはアメリカの神経症の要因の一つに「女性の知的活動」を挙げていたが、その知的活動のせいで神経衰弱にかかってしまった女性たちのために開発されたのが、S・ウィア・ミッチェル博士の安静療法だった。この療法は安静、隔離、食餌、マッサージ、電気療法の五つの要素から構成されているが、とくに重要な要素が安静であったことは言うまでもない。

その安静に関して、ミッチェルは『脂肪と血液』（*Fat and Blood*, 1877）で「私の治療プランを実行するために、患者には六週間から二ヵ月間、ベッドに寝たままでいることをつねにお願いしている。最初のうちは、場合によっては四週間か五週間、ベッドで上体を起こしたり、縫物をしたり、読み書きをすることを許可しない。許可されている唯一の動作は歯を磨くのに必要な動作だけだ。助けを借りずに寝返りを打つことを許可しなかった場合もある」（第四章）と説明している。こうしたほとんど絶対的とも言える安静状態を確保するために、患者を「習慣的な環境の影響」から切り離すことを重要視するミッチェルは、「患者を古い習慣の網から解き放ち、患者の気まぐれに喜々として奴隷のように従う者たちとの接触から遠ざけることが必要である」と述べ、この隔離は「それ自体が効果的な変化をもたらし、その後の治療に大いに役立つことになる」（第四章）と語っている。

安静療法の目的は、ミッチェルの著書の題名が示しているように、脂肪と血液を造ることにあるので、食餌に関する説明は詳細をきわめていて、「四日から一週間で胃の調子が整うと、私は患者に軽い朝食を取ることを命ずる。一日か二日後には昼食にマトンチョップが提供され、さらに一日か二日後には一日三回バター付きのパンが追加される。一〇日以内には通常一日三回の十分な食事《フル・ミール》と水の代わりに食中食後に出される三パイントか四パイントのミルクを許可することができる。［中略］最初の一週間の終わりには、私の好みで一パウンドのビーフを生《ロー》スープの形で追加する。このスープは一パウンドの生のビーフを細かく切って、一パイントの水と五滴の強い塩化水素と一緒に瓶に入れて作る」（第七章）などと『脂肪と血液』には書かれている。

安静療法においては安静と隔離と食餌がコアな構成要素であって、マッサージと電気療法は、安静状態に置かれている患者の筋肉が衰えるのを防ぐための補助手段にすぎないが、この二つの手段によって得られる「受動運動」（第一章）について、ミッチェルは「何の害もなく安静を用いることを可能にするために、私が徐々に自信をもって導入するようになったのはマッサージと電気療法である」（第五章）と述べて、それぞれに『脂肪と血液』の独立した章を当てて詳しく説明している。

こうした安静療法は神経衰弱の治療だけでなく、ヒステリーや貧血症などの治療にも効果的であるとして、アメリカだけでなく、イギリスでも盛んに採用されたが、この圧倒的に女性患者を対象とした治療法については、安静を強要することによって女性から「知的活動」の可能性を奪い、究極的には女性を家庭という狭い空間に閉じ込めて、伝統的な価値観を押しつけようとしているという理由で、「歴史家たちは現在、ミッチェルの安静療法を一九世紀における医学的ミソジニーの顕著な実例として捉えている」(Stiles, January 2012: 32) という意見も聞かれる。この点については、あとで改めて取り上げるとして、このような治療法を開発したウィア・ミッチェルとはいかなる人物だったか、という問題をまず考えておきたい。

2 医学的ミソジニー

一八二九年にフィラデルフィアに生まれたS・ウィア・ミッチェル (S. Weir Mitchell, 1829-1914) は (ファーストネームのSilasを嫌って、頭文字のSで表記していた)、一五歳で入学した同地のペンシルヴェニア大学を四年生のときに病気で中途退学するが、医師だった父の跡を継ぐ形で、一八四八年にジェファソン・メディカル・カレッジに再入学して一八五〇年、二一歳でMDの学位を取得している。その後、母方の親類から経済的援助を受けてフランスに留学し、著名な生理学者で実験医学を唱えたクロード・ベルナール (Claude Bernard, 1813-78) の影響を受けたこともあって (Cervetti 34, 52)、帰国後の彼は毒物の研究に没頭し、一八六〇年、三一歳のときに『ガラガラヘビの毒に関する研究』(*Researches upon the Venom of the Rattle Snake*, 1860) を出版している。後年、野口英世にヘビ毒の研究を勧めたのはミッチェル自身が医学研究者としての出発点でヘビ毒と深く関わっていたからだった。

南北戦争に際して、ミッチェルはフィラデルフィアの陸軍病院で、戦争神経症と呼ばれる戦時下のストレスで生じる精神障碍を患った兵士の治療に当たったが、この経験が神経衰弱のための安静療法の開発に役立ったと言われている。他方、この戦争で負傷して四肢を切断した兵士の幻肢痛（phantom limb pain）をテーマにした短編「ジョージ・デドローの症例」（"The Case of George Dedlow," 1866）を一八六六年に『アトランティック・マンスリー』に発表して好評を博したのをきっかけに、創作活動にも携わることになり、数多くの長編小説をつぎつぎに発表した。ミッチェルの文学性を高く評価するある論者は、文壇の大御所ウィリアム・ディーン・ハウエルズが彼の愛読者だったことや、長年『アトランティック・マンスリー』の編集長を務めた作家のトマス・ベイリー・オールドリッチが二冊の偉大なアメリカ小説としてホーソーンの『緋文字』（*The Scarlet Letter*, 1850）と独立戦争時代のフィラデルフィアを舞台に展開するミッチェルの『ヒュー・ウィン』（*Hugh Wynne*, 1896）を挙げていることに触れ、「彼はシャーロット・パーキンズ・ギルマンの経歴の脚註になったりするよりももっといい運命に値している」（Drabelle 43）と主張している。

すでに述べたように、神経衰弱に対応するための安静療法を開発したことで、ミッチェルの名前

S・ウィア・ミッチェル

は広く知られるようになり、彼が著した『疲労と過労――働き過ぎの人たちのためのヒント』（*Wear and Tear; or, Hints for the Overworked*, 1871）やこれまでに何回か言及した『脂肪と血液』などの解説書も版を重ねた。やがて彼の治療を受けることになるギルマンの言葉を借りると、彼は「この国でもっとも偉大な神経の専門家」（Gilman 1990: 95）と見なされ、彼の名声のゆえに「フィラデルフィアは全世界からやってきた患者たちのメッカとなった」（Burr 183）と彼の伝記作家アナ・バーは語っている。さらに「病気の女の疲れた目が『センチュリー』の今月号の先生のお顔に止まりました――戦慄が私の身体を駆け抜けました――ついに本当のお医者様にお目にかかります！」とか、「今日、先生を拝顔しました。疑いもなく、アメリカは私たちの栄光ある国の統治者として［次期大統領の］タフト氏の代わりにウィア・ミッチェルを起用することができるでしょう。［中略］なぜかって？　賢明な経験のなかに威厳と人格と教養と知性とその他もろもろのすべて――それを先生は先生の何冊かの著作に表現しておられます」（Burr 290）とかいったファンレターがミッチェルのもとに舞い込むようになったことをアナ・バーは紹介し、「中年後期までに彼の虚栄心は、まったく罪のないものだったが、途方もなく巨大《コロッサル》になっていた。それは毎日、ほとんど一時間ごとに届く、絶え間ない、誇張された追従の奔流によって満たされた」（Burr 289）と、それ自体いささか誇張された口調でコメントしている。その結果、ギルマンが治療を受けた当時のミッチェルは「伝統的なジェンダーロールを順守しないような女性をほとんど相手にしない、尊大で自負心の強い男性」（Knight 265）だった、とデニーズ・ナイトは語り、アナ・バーも「彼の［女性に関する］基準は極度に因襲的だった。彼が理想とする女性は厚く庇護された女性だった」（Burr 373）と指摘している。

ミッチェル自身は、安静療法が成功するためには、医者の側で「すべての必要な手段に対する患者の信頼を獲得し、子どものような服従を押しつける精神的な方法」（『脂肪と血液』第七章）を習得しなければならない、と語り、そのような方法を駆使することができるミッチェルは、ある患者から「全面的な信頼」を取りつけた結果、「彼女は子どものように私の言うことに従ったというか、従おうと努力した」（同書第四章）というエピソードや、別のある患者を「大急ぎで離乳させなければならない子どもを扱うように扱った」（同書第七章）というエピソードを紹介している。論文「精神疾患の治療における安静」（"Rest in the Treatment of nervous diseases," 1875）でも、彼は「私はときどき私たちがそのような子どもみたいな服従をほかの人間から引き出し得るということに驚く」と語っているが（強調はすべて引用者）、いずれの場合にも "a child" "childlike" "like a child" といった語句を繰り返し用いている。安静療法において女性の患者が男性の医者の言葉に子どものように従うとすれば、この療法が、アン・スタイルズが指摘しているように、「伝統的なジェンダーロールを強化するための効果的な手段」（Stiles, October 2012: 4）になったとしても驚くに当たらない。ここでスタイルズがデニーズ・ナイトと同じように「伝統的なジェンダーロール」に言及しているのは注目に値するが、同時にまた、ケイト・マンが「ミソジニー的敵意」の特徴の一例として「幼児化や卑小化」を挙げていたことを思い出すべきだろう。

ミッチェルはまた『医者と患者』（*Doctor and Patient*, 1887）で「もっとも賢明な患者はもっとも少ない数の質問をする。厄介な患者は長々と思い出話をする神経症の女性だ」と語っているが、子どものように従順でない患者の治療に際して、現在であればパワハラで訴えられかねないような行動に出ることもあったらしい。たとえば、彼の伝記作家ナンシー・サーヴェッティによると、甘やかされて育った一七歳の女性患者が泣いてばかりで彼の言うことを聞こうとしなかったので、看護師に命じて患者のパジャマを脱がせ、その尻を引っ叩いた、というエピソードが残っている（Cervetti 112）。もう一人の伝記作家アナ・バーが語る「有名な話」では、ある患者がどうしてもベッドから起きようとしないので、何日も説得を繰り返したミッチェルは「きみが五分後にベッドから出ないなら、俺のほうから入っていくぞ！」と宣言するや否や、まず上着を脱ぎ、それでも患者が動こうとしないのを見て、チョッキを脱ぎ捨て、さらにズボンを脱ごうとすると、流石に頑固な患者も「怒り狂ってベッドから退散した！」（Burr 184）というのだ。

この「有名な話」をハウエルズの伝記（*William Dean Howells: A Writer's Life*, 2005）で持ち出した著者のスーザン・グッドマンとカール・ドーソンがミッチェルはレイプするぞと脅していたと語っている点に触れて、サーヴェッティは「私の知っている限りでは、この話を語り直すのに“rape”という単語を使ったのは、この二人が最初である」（Cervetti 266 note26）と註している。さらに、この同じエピソードをめぐって、『彼女自身のために』（*For Her Own Good*, 2005）の著者バーバラ・エーレンライクとディアドリー・イングリッシュは「もし患者がベッドサイドに立ちはだかっているミッチェルの言うとおりにしなかったら、彼は彼自身の性器《ファルス》を引っぱり出すと脅したものだった」（Ehrenreich and English 146-47）と述べている。

いずれにしても、こうしたエピソードは安静療法を施すミッチェルが絶対的な権力をもった医者として上から目線で患者に接していたことを物語っている。「安静療法は神経症の女性に対する男性の医者の支配を確立していた世紀末の治療法の一つの形態だった」（Showalter 1993: 300）というエレイン・ショーウォーターの発言が思い出される所以だが、この発言を敷衍する形で、先ほど引用したばかりの『彼女自身のために』の著者たちは「安静療法の秘密は柔らかい食べ物でもマッサージでも究極的には知的活動の剥奪でもなく、博士自身のなかにあった。［中略］支配権による治療の技術を完成させたのは、いつまでも尽きることのない女性患者と神経衰弱患者を抱えていたミッチェルだった」（Ehrenreich and English 145 強調原文）と論じているだけでなく、「彼自身の定義によると、ミッチェルは病室における『独裁者《デスポット》』だった。［中略］彼の態度はある瞬間には優しく同情的だったが、つぎの瞬間には不愛想で命令的になった」と述べて、彼の「自信にあふれた、命令的で、科学的」な「権威主義」を強調している（146）。この「独裁者」としてのミッチェルを「医学的ミソジニー」を象徴する人物と呼ぶことに異論はないのではあるまいか。

3　ギルマンという生き方

二〇〇五年に発表した「S・ウィア・ミッチェルと文学的女性と神経衰弱」という副題の論文

(“Personalizing Illness and Modernity: S. Weir Mitchell, Literary Women, and Neurasthenia,” 2005）で、デイヴィッド・シュースターは「過去三五年の間、ミッチェルは女性患者を幼児化しようとするミソジニストという汚名を買うことになったが、それはフェミニスト作家で知識人のシャーロット・パーキンズ・ギルマンの治療に失敗したことが大きな原因だった」（Schuster 718）と述べている。この発言を手がかりにしてミッチェルとギルマンの関係、さらにはギルマンが短編「黄色い壁紙」を書くにいたった経緯を考えてみたい。

一八八四年にチャールズ・ウォルター・ステットソン（Charles Walter Stetson, 1858-1911）と結婚したシャーロットは、翌年の三月にキャサリンが誕生してから体調の不良を訴えるようになる。それまで「休むことなく勤勉だった」彼女が「読むことも書くことも描くことも縫物をすることも話すことも話を聞くことも何も一切できなくなった」ばかりか、「ゼロ以下に引きずり込まれるような絶えざる疲労感。絶対的な無力感。絶対的な惨めさ。精神的には、腕も脚も目も声もない障碍者になったかのようだった」とギルマンは『シャーロット・パーキンズ・ギルマンという生き方』（*The Living of Charlotte Perkins Gilman*, 1935 以下『自伝』と略記）と題する『自伝』（第八章）で告白している。こうして彼女は

ギルマンの元夫チャールズ・ステットソンによるギルマンの肖像画

フィラデルフィアに出向いてミッチェルの診察を受け、彼が下した診断は単なるヒステリーということだったので、彼の診療所で安静療法を受けることになるが、彼女が家系や病状などを記した一六頁にも及ぶ手紙をあらかじめ送ってあったにもかかわらず、ミッチェルはそれを彼女の「うぬぼれ」の表れとしてあっさり切り捨てる一幕もあったらしい。そこに自己主張の強い女性を嫌悪するミッチェルのミソジニストぶりを見て取るのは深読みのしすぎだろうか。

ともあれ、こうしてミッチェルの安静療法を受けることになったギルマンは、入院中の様子を「私はベッドに寝かされ、そこに留め置かれた。私は食べ物を与えられ、入浴させられ、体を揉まれ、二六歳の丈夫な体でそれに応じた。彼［ミッチェル］が見た限りでは、何も問題はなかったので、この快適な治療を一ヵ月間受けた後で、彼は私を家に送り返した」と『自伝』に記録している。退院に際してミッチェルが彼女に与えた「指示」は「できるだけ家庭的な生活を送れ。いつも子どもと一緒にいてやれ。毎食後、一時間は横になれ。知的な生活は一日二時間だけにしろ。生きている限り、絶対にペンや絵筆や鉛筆に触ってはいけない」（『自伝』第八章）というものだった。これは要するに伝統的な女性の生活、良妻賢母としての生活を送れということであり、別の言い方をすれば、一九世紀アメリカが理想とした「真の女性」になれということだった。

すでに触れたように、ミッチェルの安静療法は、最終的には女性を家庭に閉じ込めることを目的としていたのだから、これはおそらく彼が治療に当たった女性患者のすべての退院時に与えた、何の新味もない、ごく一般的な「指示」だったのではないか。「できるだけ家庭的な生活を送れ」とアドバイスするドクター・ミッチェルの姿が、妻ジュリアを家庭という「牢獄」に閉じ込め、彼女の詩人としての魂の自由を奪い取ろうとしたドクター・ハウのそれと二重写しになるのを禁じ得ない。女性の「知的活動」を阻むために、女性に「家庭的な生活」を送る「真の女性」になることを強要したという点で、ミッチェルもハウも共に典型的なミソジニストだったのだ。

この「真の女性」については、これまでにもしばしば言及してきたので、改めて説明する必要はないだろうが、ギルマン自身はどのように定義していたか、ここで簡単に紹介しておこう。彼女が一九一四年に発表した短編「もしも私が男だったら」("If I Were a Man," 1914) の冒頭で、ギルマンは主人公モリーを「敬意をこめて『真の女性』と呼ばれている女性の美しい実例だった。もちろん、小柄だった——真の女性は大柄ではないかもしれない。もちろん、美人だった——真の女性が不器量のはずはなかった。気まぐれで、移り気で、魅力的で、変わりやすくて、素敵なドレスが大好きで、いつも『上手に着こなしていた』」と軽い口調で紹介した後、「彼女はまた『人づき合いの才能』と、それと切り離せない『付き合い好き』を備えもった、夫を愛する妻、子どもを愛する妻でもあり、それをすべて備えた彼女は家庭が好きで、家庭が自慢で、家事を上手に——たいていの女性と同じくらい上手に切り盛りしていた」と説明し、「真の女性というものがいるとすればモリー・マシューサンこそは真の女性だった」と言い切っている。その直後にモリーは念願かなって男性に変身するのだから、この短編は一種のファンタジーに違いないが、ギルマンの考える「真の女性」がどのような女性を意味しているか大体の見当はつくだろう。

だが、「家庭的な生活」を送る「真の女性」になることをギルマンに要求していたのは、ミッチェル博士だけではなかった。彼女が「絶えざる疲労感」や「絶対的な無力感」を覚えるようになったのは、娘のキャサリンが産まれてからのことだったのだから、直接の原因は、しばしば指摘されるように、産後鬱病だったと考えられるが、ウォルターとの結婚生活において、ギルマンは彼女に家庭性を求める彼の期待に応えようと努力することに疲れ果て、精神のバランスを失う危険にさらされていたことは否定できない。

結婚前のシャーロットとウォルターについて、ヘレン・ホロヴィッツは「彼女は快活で、美しくて、運動が得意で、知的で、大胆で、非因襲的だった。彼女の夫になる男性はその特性のすべてを楽しんだが、伝統的な妻を望んでいた。男は仕事に励み女は家庭を守るという文化に彼は支えられていた」(Horowitz 2) と説明している。さらに「女性と結婚に関するウォルターの理解は、一九世紀末アメリカの多くの男女が共有していた。女性は何よりもまず女性であり、男性に仕え、その子どもを産むために創られた、と彼は信じていた。独立に対する女性の欲求は単なるわがままにすぎなかった」(79) と主張するホロヴィッツは、「彼は多くの点で因襲的だった」(81)と結論している。結局のところ、ウォルターはシャーロットがヴィクトリアン・アメリカの理想としての「伝統的な妻」(「真の女性」と読み替えてもいい) になることを期待していたのだが、「非因襲的だった」女性と「多くの点で因襲的だった」男性との結婚がどのような結末を迎えるか、容易に想像がつくだろう。

二人が結婚して、キャサリンが産まれた後の一八八五年八月二四日の日記にウォルターは「彼女は未だに心のなかで僕らの甘い生活から飛び出して、外の世界に入って行き、その世界の悪や苦痛などのすべてを一気に取り除こうとしている。そのような考えが一人の人間の頭脳に取りつくことができるというのは不思議だし恐ろしいことだ。彼女はごく身近で、僕らの家庭でさえも役に立つということを忘れている」と書き記し、「彼女の『使命《ミッション》』の記憶や現時の状態に対する激しい反発」が「偏執狂《モノマニア》の形を取った」ことに触れながら、それは「僕の人生から喜びのすべてを、熱意と甘美のすべてを押しつぶす恐ろしいものだ。それがどれほど恐ろしいか、誰にも想像がつかない」（Stetson 279-80）と嘆いている。

ウォルターが「彼の時代の伝統的な期待」を完全に受け入れていたと主張するジェニファー・タトルは、このウォルターの日記の記述に言及しながら、「女性や人類や社会変化に対する彼女のコミットメントを『偏執狂』と呼ぶ彼は、ギルマンが家庭性を彼女の新しい『仕事』として受け入れることを期待していた」（Tuttle 2002: 24）と述べている。結婚直前のギルマンは、ジュリア・ウォード・ハウがそうであったように、ウォルターが望む「伝統的な妻」になるために、料理や家事全般に励むことになるのだが、それは「私の人生を統御する明確な意志」とは無縁の生活であり、「これまで以上に喜んで死ぬことになるだろう」と彼女は一八八三年の大晦日の日記に書きとめている。日記の編者デニーズ・ナイトは「彼女は大胆かつ反抗的な死の願望《デス・ウィシュ》に見舞われていた」（Gilman 1994: 244）と解説しているが、同時にまた、ギルマンは自らを鼓舞するかのように「不平不満を言わず、利己的にもならない方法を少なくとも学ばせてください。私の仕事を成し遂げさせてください。私の苦痛を他人に投げかけさせないでください。少なくともこの野心を――私がどんな気持ちでいようと、誰かに、何人かの他者に、幸福と喜びを与えるという野心を抱き続けさせてください」（強調原文）と書きつけている。このようなギルマンの「野心」あるいは「ミッション」を「偏執狂」と呼ぶばかりで理解しようとせず、彼女に「伝統的な妻」になることを要求するウォルターとの結婚生活が彼女に「死の願望」を抱かせるに至ったのだ。

4 「黄色い壁紙」の世界

ギルマンの「義務に縛られて」（"In Duty Bound"）と題する詩は一八八三年の暮れに書かれ、彼女がウォルターと結婚する四ヵ月前の翌年一月一二日に『ウーマンズ・ジャーナル』に掲載されているが、この詩には『屋根裏の狂女』（*The Madwoman in the Attic*, 1979）のギルバートとグーバーの言葉を借りれば、「ギルマンが『家庭の安楽』と皮肉まじりに呼ぶものの精神的圧迫に対する彼女の絶望」（Gilbert and Gubar 84）が描かれている。結婚を目前に控えた詩人は、第一連を「義務に縛られて閉じ込められた人生／精神がどの方角を見ようとしても」（In duty bound, a life hemmed in/Whichever way the spirit turns to look）と書き始め、「逃れる場所さえもなく――／ただ生きて働くだけ」（Not even room to shirk―/Simply to live, and work.）と嘆き、第二連では「求めてもいないのに予め課せられた義務／それなのに自然法の力で拘束する／敵対する思考の圧迫」（An obligation pre-imposed, unsought,/

Yet binding with the force of natural law;/The pressure of antagonistic thought;）に苦しむ。

結婚した詩人が住む家は、第三連で「とても暗くて低い屋根の狭い家／重い垂木が陽光を締め出す／頭を打ちつけずにまっすぐ立つことはできない／ついに内なる魂は／墓場を求めて悲鳴を上げる――より広い墓場を」（A narrow house with roof so darkly low/The heavy rafters shut the sunlight out;/One cannot stand erect without a blow;/Until the soul inside/Shrieks for a grave―more wide.）と形容されている。「墓場」よりも狭く、「墓場」よりも暗い場所は、家庭が牢獄以外の何物でもないことを暗示しているが、この牢獄のイメージは第一連の三行目に「閉じ込められた人生」から「脱出する機会は罪悪による以外にない」（No chance of breaking out, except by sin）という描写と深く関わっている。そして、「頭を打ちつけずにまっすぐ立つことはできない」場所は、まさに「屋根裏」そのものであり、この「屋根裏」としての家庭で「伝統的な妻」になることを余儀なくされたギルマンのような女性に「死の願望」が訪れるとしても不思議はない。

この詩の第四連では「このことがいつ迄も続くなら／人生のありふれた喜びが苦痛を鈍らせるという意識／気高く純粋な者たちの高邁な理想は／当然のごとく死に絶えねばならぬ／長く放置されたまま錆び果てて」（A consciousness that if this thing endure,/The common joys of life will dull the pain;/The high ideals of the grand and pure/Die, as of course they must,/Of long disuse and ruse.）と歌われている。ゲアリー・シャーンホーストの指摘（Scharnhorst 7）を俟つまでもなく、「このこと」（this thing）は「結婚制度」を意味しているが、人々が日常性に埋没してしまった結果、「ありふれた喜び」のために、結婚制度のもたらす「苦痛」は鈍化され、「高邁な理想」も霧散してしまう、と詩人は警告している。最終連における詩人は「それは最悪。超人的な力がなければ／苦痛をもたらす姿勢を保ち続けられない／そしてついに最良でない何かに／身を屈しない者はほんの一握り／身を屈することで安静を見つけるために」（This is the worst. It takes supernal strength/To hold the attitude that brings the pain;/And they are few indeed but stoop at length/To something less than best,/To find, in stooping, rest ）と語り、普通の人間は結婚生活における「苦痛をもたらす姿勢」に耐え切れなくなって、たまゆらの「安静」を味わうために、現実と妥協してしまい、「高邁な理想」にこだわり続けられる者は「ほんの一握り」しかいない、と結論している。

「二三歳だったにもかかわらず、シャーロット・パーキンズ・ステットソンは結婚と家庭をめぐる不安を見事に詩化していた」（Scharnhorst 7）とは、この「義務に縛られて」に対するシャーンホーストの評言だが、その「不安」を彼女は数ヵ月後に実生活で体験することになる。ウォルターと結婚したギルマンは、「世界の悪や苦痛などのすべてを一気に取り除こう」という彼女の「高邁な理想」を「偏執狂」呼ばわりする夫と暮らしながら、彼が望んでいる「伝統的な妻」になろうと努力していたのだが、娘のキャサリンの出産などを経験するうちに、神経に異常をきたすようになり、精神的、肉体的「苦痛」に耐えかねて、「安静を見つけるために」ミッチェルの安静療法を受けることを決意する。だが、「伝統的な妻」になることに疲れ果て、その挙句に入院していたギルマンの退院に際して、ミッチェルがいつも子どもと一緒に「家庭的な生活」を築く「伝統的な妻」になれ、とアドバイスするというのは、何ともアイロニカルな展開と呟かざるを得ない。ウォルターもミッチェルも女性に伝統的な生き方を要求するミソジニストという点で正確に一致しているのであり、「伝統的な妻」を絶対視する二人のミソジニストたちに振り回されるばかりのギルマンが、どうして精神のバランスを回復することができるというのだろうか。

ミッチェルによる治療を終えて、ウォルターとの生活に戻ったギルマンは、「私は家に帰って、数ヵ月間、その指示を忠実に守って、危うく発狂しそうになった」と『自伝』第八章に書きとめている。こうして発狂寸前の状態にまで追い込まれたギルマンが「この暗闇と衰弱と憂鬱」から逃れるためには、彼女を彼女の本来の生き方、彼女のいわゆる「使命」から遠ざけ、彼女を家庭という領域に強制的に閉じ込めようとする二人のミソジニストと決別する道しか残されていなかった。一八八七年の秋、ギルマンは「洞察的ひらめきの瞬間」にウォルターと別居する（やがては離婚する）ことを決断する一方で、その年の一一月には親しい友人（のちにウォルターと結婚することになるグレイス・チャニング）に宛てた手紙に「私はミッチェル博士を丸ごと投げ捨てて、私のしたいことだけをする決心をしました」（qtd. in Lane 123）としたためている。

この手紙を引用しながら、アン・レインは「愛し愛されていた夫とこの国の指導的な神経学者に対するシャーロット・ステットソンの決別は、彼女の全生涯における最初で最大の反逆行為——世界で遵守されている規範《ルール》、人はいかに振る舞い誰に従うかを決定する規範、彼女に強引に押しつけられたにもかかわらず、彼女が自らのものとして受け入れていた規範に対する反逆行為だった」（Lane

123）と説明している。その反逆行為は新しく生まれ変わろうとしている「悪い女性」としてのギルマンがウォルターとミッチェルによって象徴されるミソジニスト・アメリカに断固たる否！を叩きつけたことを証明している、と言い換えてもいい。そして、その反逆行為の延長線上に、三年後の一八九〇年六月六日から七日にかけての二日間でギルマンが書き上げた短編「黄色い壁紙」（“The Yellow Wallpaper,” 1892）を置くことができるのだ。

このフェミニズム文学の代表作とされ、さまざまな角度から論じられている短編そのものを分析するのは本書の目的ではないが、議論の必要上、簡にして要を得た梗概を借用させていただく――

医者である夫［ジョン］によって神経症と診断された妻が療養と称して別荘に隔離され、そのうちに本当に狂気に陥るという話である。隔離された妻は部屋の壁紙の中に女性が閉じ込められていて、そこから出ようと這い回っているという幻覚を見るようになる。その幻覚は夫によって閉じ込められた自分自身の姿にほかならず、妻は実際に部屋の中を這い回るようになり、最後には部屋の壁紙（檻の象徴）をすべて剥がしてしまう。壁紙が剥がされた部屋で這い回る妻の姿を見て夫は卒倒する。狂った妻は悠然と倒れた夫の上を這っていく。（森岡裕一・片淵悦久編『新世紀アメリカ文学史』七九頁）

この作品では名前すらもない女性主人公／語り手は保護者としての夫／医者の支配下に置かれ、精神病棟を連想させる狭い空間に閉じ込められている。そこでは家庭という「女性の領域」が自由のない牢獄以外の何物でもないことが、黄色い壁紙から抜け出すことのできない女性の孤独な姿（「看守」としての夫に監視されていたジュリア・ウォード・ハウを重ね合わせてもいい）によって象徴的に示されている。そこにはすでに述べたギルマンの個人的な体験が色濃く影を落としているが、同時にまた、渡辺利雄が指摘しているように、この作品は「男性中心の世界で自らの存在を抹殺された女性の悲劇、最終的には、そのような社会に対する抗議の文学と読む」（『講義アメリカ文学史・補遺版』一一一頁）ことができる。

短編「黄色い壁紙」の原稿をギルマンはウィリアム・ディーンズ・ハウエルズに送り、ハウエルズは長年関わっていた『アトランティック・マンスリー』に掲載を依頼するが、彼女の『自伝』第九章の記述によると、編集長のH・E・スカダーが「私が惨めになったと同じようにほかの人たちを惨めにすることがあったら、自分自身を許すことができないだろう」という理由で断ってきたというのだ。結局、「黄色い壁紙」は『ニューイングランド・マガジン』一八九二年一月号に発表され、ハウエルズ自身も彼が編集した一九二〇年出版のアメリカ短編アンソロジー（*The Great Modern American Stories*, 1920）に収録しているが、「それをこの選集に収めたいま再読しても、原稿で読んだときと同じように身震いがするが、あまりにも素晴らしいので印刷できないという当時の『アトランティック・マンスリー』の編集長の意見には賛成している」（Howells vii）というコメントを序文に記している。

だが、ハウエルズがギルマンの作品に対して興味を抱いたのには特別な理由があった。彼の愛娘

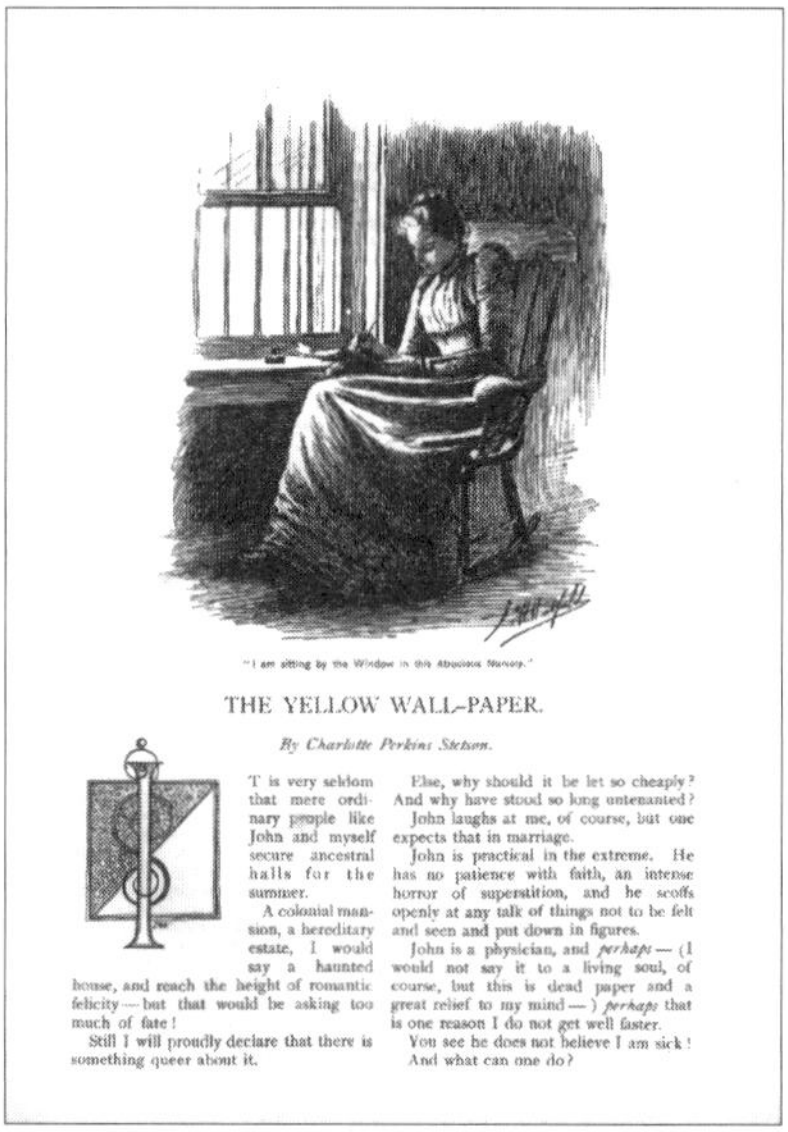
"I am sitting by the Window in this Atrocious Nursery."

THE YELLOW WALL-PAPER.

By Charlotte Perkins Stetson.

IT is very seldom that mere ordinary people like John and myself secure ancestral halls for the summer.

A colonial mansion, a hereditary estate, I would say a haunted house, and reach the height of romantic felicity — but that would be asking too much of fate!

Still I will proudly declare that there is something queer about it.

Else, why should it be let so cheaply? And why have stood so long untenanted?

John laughs at me, of course, but one expects that in marriage.

John is practical in the extreme. He has no patience with faith, an intense horror of superstition, and he scoffs openly at any talk of things not to be felt and seen and put down in figures.

John is a physician, and *perhaps* — (I would not say it to a living soul, of course, but this is dead paper and a great relief to my mind —) *perhaps* that is one reason I do not get well faster.

You see he does not believe I am sick! And what can one do?

『ニューイングランド・マガジン』に掲載された「黄色い壁紙」の最初のページ

ウィニフレッドは神経衰弱と診断されて、長年多くの医者の治療を受けてきたが、一向に効果があがらないため、一八八八年の暮れ近くにハウエルズは娘の治療を信頼する友人のミッチェルに直接依頼することを決断する（ミッチェルの伝記作家によると治療費は二千ドル、現在の価値でほぼ五万ドルだった［Cervetti 143］）。ウィニフレッドは二五歳で、体重は五七ポンド（二六キログラム弱）だったので、まず体力をつけることが必要と考えたミッチェルは強制摂食をさせることになるが、翌一八八九年三月二日に彼女は急性心不全のために他界する。ミッチェルによる病理解剖の結果、彼女の宿痾は神経性ではなく器質性だったことが判明する。

ミッチェルに宛てた三月七日付の手紙にハウエルズは「すべては終わりましたが、あなたの素晴らしい医学によって、丈夫で元気な娘を取り戻そうとして下さったあなたの献身的な努力を妻も私も有難く存じています。娘は亡くなりましたが、私たちのこの気持ちに変わりはありません」（qtd. in Cervetti 144）と述べている。だが、スザンヌ・ポアリエは「ウィニフレッドの死後もハウエルズとミッチェルの友情にひびが入ることはなかった、とハウエルズの伝記作家たちは伝えている。しかしながら、ハウエルズが友人の治療法や理論を全面的に受け入れてはいなかったことを示すヒントがいくつかある」と指摘し、「黄色い壁紙」に対する「彼の興味は純粋に文学的だっただろうが、そこに描かれた状況に対する彼自身の個人的な親近性によって、この短編を彼が支持し続けたことがさらなる重要性を帯びることになる」(Poirier 30-31)と論じている。

このハウエルズが「個人的な親近性」を覚えたとされるゴシック的短編をギルマンが書いた目的は何だったのか。一九一三年一〇月に『フォアランナー』第四巻に載せた「なぜ私は『黄色い壁紙』を書いたか?」("Why I Wrote *The Yellow Wallpaper*")と題する一文で、ミッチェルの安静療法を受けたときの体験を基にして創作したことに触れた後、彼女は「それは人々を狂気に追いやることではなく、人々を狂気に追いやられることから守ることを意図していた」と述べ、作品を送りつけたミッチェルからは何の返事もなかったが、「黄色い壁紙」を読んで神経衰弱の治療法を変えたということを人づてに聞いた、と書きとめている。他方、『自伝』での彼女は「この短編の真の目的は、S・ウィア・ミッチェル博士と連絡を取って、博士の治療法の誤りを悟らせることだった」ので、博士が治療法を変えたという話が「本当だったとしたら、私の人生は無駄ではなかった」(第九章)と喜んでいる。「この話を裏づけるものはミッチェルや彼を個人的に知る人々による著作には何一つとしてない」とスザンヌ・ポアリエと述べている(Poirier 26)が、それはともかく「黄色い壁紙」の「真の目的」は、彼女自身が主張しているように、ミッチェル博士と彼の安静療法を批判することだったのだ。

他方、この作者の「真の目的」を否定するかのように、ヘレン・ホロヴィッツは「物語の結末で想像される夫への復讐は、『黄色い壁紙』がもっぱらウォルターと彼が要求していた伝統的な結婚に対する激しい抗議《クリ・ド・クール》だったことを示唆している」(Horowitz 209) と断じている。ホロヴィッツは「シャーロットの内部でウォルターに対するどのような怒りが煮えたぎっていたとしても、それは外界から永久に隠蔽されねばならなかった」(210) と述べているが、その理由はウォルターと再婚したグレイス、さらに二人が養ってくれた娘キャサリンに対するシャーロットの配慮が働いたからだった。「キャサリンとグレイスはシャーロットの死後も長く生き続けるのであり、『黄色い壁紙』の医者で夫のジョンが何者で、どんな人間であったかを、この二人に絶対に知られてはならない」(210) と考えたシャーロットが、本来なら主役であるはずのウォルターのうってつけの代役として「威厳のある存在感を放つ」ミッチェルを登場させることになった、とホロヴィッツは論じている。こうして「黄色い壁紙」の目的はミッチェル博士と彼の安静療法を批判することだった、というメッセージを前景化することによって、シャーロットは真実を世間から隠蔽しようとしたというのだ。

だが、すでに述べたように、ウォルターもミッチェルも女性に伝統的な生き方を要求するミソジニストという点で正確に一致している、と考える者としては、二人はともに「黄色い壁紙」という心理ドラマにおいて、ダブル主役としての重要な役柄を演じている登場人物としか考えられない。作中に登場するジョンが医者で夫という設定は、医者としてのミッチェルと夫としてのウォルターが合体した存在であることを意味していると受け止めるべきではないのか。短編「黄色い壁紙」は、ギルマンが述べているように、ミッチェル博士と博士が彼女に施した安静療法を批判するだけの作品でもなければ、ホロヴィッツが論じているように、ウォルターと彼が要求していた伝統的な結婚を批判するだけの作品でもない。「家庭的な生活」を送る「真の女性」になることを医師のウィア・ミッチェルと夫のウォルター・ステットソンがともにギルマンに要求していたというこれまでの議論が正しいとするならば、短編「黄色い壁紙」はこの二人のミソジニストたちと彼らによって強制された「真の女性らしさの崇拝」に対するギルマンの激しい抗議《クリ・ド・クール》にほかならなかった。そこにはステットソンとミッチェルが象徴していたミソジニスト・アメリカに対するギルマンの断固たる否！　を聞きつけることができる、と繰り返し言っておきたい。

5　女性と西部療法

すでにたびたび触れたように、安静療法は女性の神経衰弱患者のために開発された治療法だったが、男性の患者に対してミッチェルはどのような治療法を用意していたのだろうか。ジョージ・ビアードと同じように、アメリカの神経症は「アメリカ文明の副産物」と考えるミッチェルは、一八七七年に発表したエッセイ「キャンプ療法」（"Camp Cure," 1877）で「文明生活のさまざまな病のもっとも確かな治療薬は、何らかの形での野生への回帰に見いだすことができる」と主張し、「静かな湖や流れの急な川のそばや、松の香りに満ちた北部の森のひっそりとした深奥部でのキャンプの戸外生活」

によってもたらされる「自然で、ゆるやかな治療」を「キャンプ療法」と名づけている。なお、昨今では「キャンプ療法」よりも「西部療法」（West Cure）という呼称が一般化しているように思われる。

同じ年の一二月に『メディカル・ニュース』に発表した論文「男性の神経症に関する臨床講義」（"Clinical Lectures on Nervousness in the Male," 1877）でも、ミッチェルは「女性の症例には、病癖を持続させる類いのトラブルから患者を一時的に隔絶させることで、しばしば手助けすることができるが、男性の場合には、旅行や転地の助けを借りて、患者を決まりきった日常生活から切り離すことで、同じ目的を達成できる。［中略］昨日、ある男性が筆者に『夏はコロラド、冬は乗馬――これが私の神経症を治してくれた』と語った」と述べている。その六年前に出版された『疲労と過労』にも「戸外生活をする男――頭上に見える星たちとともに眠る男――土と水からじかに食べ物を手に入れる男は、雨と太陽に反抗し、弾性力の奇妙な感覚を持ち、飲みたいときに飲み、一日中煙草を吸っても、少しも変わることのない人間だ」という記述があったことを付け加えておこう。

すでに見たように、ミッチェルは女性患者を「安静」のためにベッドに送り込んだのだが、彼が男性患者を送り込んだのは「西部」だった。この「頭上に見える星たちとともに眠る」ことができる「西部」で、神経衰弱に悩む男たちは投げ縄で牛を捕まえたり、狩猟をしたり、荒馬乗りをしたりして、健康を回復したのだが、ミッチェルの西部療法を受けた詩人ウォルト・ホイットマン（Walt Whitman, 1819-92）、画家トマス・エイキンズ（Thomas Eakins, 1844-1916）、小説家オーエン・ウィスター（Owen Wister, 1860-1938）、政治家セオドア・ローズヴェルト（Theodore Roosevelt, 1858-1919）について論じたアン・スタイルズによると、ホイットマンは西部の旅の記録を『自選日記』(*Specimen Days*, 1882)に書き残し、ウィスターはワイオミングでの体験に基づくアメリカ最初の西部小説『ヴァージニアン』(*The Virginian*, 1902)で人気を博し、あるスキャンダルのためにペンシルヴェニア美術アカデミーの職を追われた失意のエイキンズはダコタ州のバッドランズの牧場で一八八七年の夏を過ごして精神的に立ち直り、一八八〇年代にダコタで牧場主として暮らしたローズヴェルトもまた喘息や神経衰弱を癒したのだった(Stiles, October 2012: 6)。

もちろん、安静療法も西部療法も患者の神経衰弱を治療するという目的には変わりはないのだが、ジェニファー・タトルは前者が「ギルマンのような従順でない女性を女性らしい女性に作り変えるために、受動性と服従と家庭性を強制した」のに対して、後者は「女性化していると思われる男性を追い立てて、男らしさの西部的モデルに具体化されている『より男性的な』特徴や仕事を身に着けさせた」(Tuttle 2000: 105)と説明し、エレイン・ショーウォーターも女性患者のための安静療法が「女性患者の危険な精神活動を低速させ、伝統的に受動的な女性らしい役割に強制的に連れ戻す」ことを目指したのに対して、「神経衰弱の男性は、カリフォルニアやコロラドでの乗馬、狩猟、キャンピングといった、理想的には『西部療法』の激しい運動によって、神経を鍛え、男性的な自制心を回復することを奨励された」(Showalter 2013: n. p.)と語っている。

この二つの療法の「ドラマチックな相違」に触れて、アン・スタイルズは「両者が存在したのは、女性化した(もしかしたら同性愛的な)男性を男性化させたり、女性が専門職に就くのを阻止したりして、『正しい』性行動を強化するためだった。両者は男女両性の生物学的相違を強調する時代の科学の権威によって支持されていた」(Stiles, January 2012: 32)と主張している。だが、安静療法によって「女性らしい女性」に作り変えられようとした「従順でない女性」のギルマンが短編「黄色い壁紙」を書いたのは、この「男女両性の生物学的相違を強調する時代の科学の権威」の代名詞としてのウィア・ミッチェルとミッチェル的ミソジニーの実践者としてのウォルター・ステットソンを批判するためだった。にもかかわらず、そのミッチェルが男性の患者のために処方した西部療法を、ギルマンは何の疑問を抱くこともなく、すんなりと受け入れていたのだろうか。この問いに対する答えを彼女が一九一一年に発表した中編小説『難問』(*The Crux*, 1911) に探ってみたい。

娘のキャサリンを出産後、結婚生活に耐え切れなくなったギルマンは、一八八五年の冬、転地療養のために西部へと旅立つが、「車輪が回転して、列車が動き始めた瞬間から、私の気分はよくなった」と『自伝』第八章に書きとめている。ユタ州オグデンで兄トマス、サンフランシスコで父フレデリックと再会した彼女は、やがてパサデナの旧友グレイス・チャニングのもとに身を寄せるが、そこでの恵まれた環境で暮らすうちに(「この場所は地上ではなかった。パラダイスだった」)、彼女の健康は急速に回復し、「少なくとも外見上は、私は活発な若い女の子と見間違えられた。希望がよみがえった。愛がよみがえった。夫と子どものいる家へ帰りたかった。人生がまた明るくなった」と回想している。だが、翌年三月にカリフォルニアを発って自宅に帰りついてから一ヵ月も経たないうちに、病気がぶり返す。「これは以前よりもひどい恐怖だった」と書く彼女は「いまやっと私は明確な事実——家を離れると元気なのに、家にいると病気になるという事実に気づいた」と告白している。この後ほどなくしてギルマンはミッチェルの安静療法を経験し、数年後に女性患者のための安静療法を批判する短編「黄色い壁紙」を書くことになったのだが、男性患者のための西部療法というミッチェルのジェンダー化された治療法を批判した作品が、彼女の最初のカリフォルニア／西部体験から二〇数年後に発表された『難問』だった。

ニューイングランドの田舎町ベインヴィルで暮らす二五歳のヴィヴィアン・レインは、典型的なモールタウンの閉塞しきった日常生活に飽き飽きして、同居する両親に対しても「反抗心を煮えたぎらせ」、「変化を願い、切望していたが、未知を恐れていた」。これがヴィヴィアンだけの問題ではなかったことは、ベインヴィルの町全体が「魂の変形性関節症」に罹っていて、この町の女性たちは「寝たきりの知性」と「発育停止」といった精神状態に置かれている、という女性医師のジェイン・ベレアが下した診断からも明らかだ。やがて「私と一緒にコロラドへ行って成長しよう」というベレア医師の呼び掛けに応えて、ヴィヴィアンの祖母を含む数名の女性たちがフロンティアの炭鉱町へと旅立ち、そこで下宿屋を営むことを決意する。なお、すでに引用したミッチェルとショーウォーターの発言にもコロラドへの言及があったことが思い出される。

大陸横断鉄道の列車が目的地に近づくにつれて、ヴィヴィアンの心に「奇妙な新しい自由の感覚」が生まれ、プラットフォームに降り立ったとき、「ヴィヴィアンは顔を上げて、未知の世界としての新しい環境と向き合った」と書かれているように、やがて彼女は「新しい環境」で幼稚園教諭として働くことになる。一行が到着してから間もなく、ヴィヴィアンの前に長年音信不通だった恋人のモートン・エルダーが現われ、たちまちのうちに二人は結婚の約束をする。だが、放蕩の限りを尽くしたモートンが梅毒と淋病に感染していることをベレア医師から告げられたヴィヴィアンは、優生学的な理由で彼との結婚を断念することを余儀なくされる。その意味で『難問』は西山智則が指摘するように「優生学を推奨する小説」(『ゾンビの帝国』一一一頁)として読むべきかもしれないが、ここではフロンティアの大自然のなかでのヴィヴィアンの再生という話題に焦点を絞ることにしたい。

モートンと別れた後、傷心のヴィヴィアンはガールズキャンプの助手としてひと夏を過ごすことになる。ニューイングランドの「刈り込まれた、緑色の、ささやかな、きれいな絵のような山々」しか知らなかった彼女は、コロラドの「手つかずの荒野」のなかで夜明けとともに「薫り高いバルサムの枝の寝床」から起き出して、「あの鏡のように穏やかな湖水に裸で滑り込む」と、「地上のすべての繋がりから自由になったのを感じた」だけでなく、太陽が昇って空が黄金色に輝き始めると、「光のなかで湖が笑い、生きているという純粋な喜びを感じて、ヴィヴィアンも笑った」のだった。彼女はまた「原始的なやり方で料理をすることを学び、夕暮れから夜明けまで彼女の人生で眠ったことがないほどに眠り、浅黒く、空腹で、快活になった」とも書かれている。

夏が終わり、すっかり元気を取り戻した二七歳のヴィヴィアンが「穏やかな精神で二年目の教師生活を始めた」という記述は、ジェニファー・タトルの適切な評言を借りると、「西部の癒しの風景と象徴的な自由にどっぷり身を浸す」行為が「彼女が新たな活力と目的意識をもって幼稚園教諭の仕事に専念することを可能にする治療」（Tuttle 2004: 132-33）だったことを物語っている。「すべての人の人生にいつか降りかかってくるに違いない、あのおぞましくも破壊的な悲しみの後では、外の世界《オープン・エア》への逃避と、それがもたらす大自然とのコミュニケーションに、癒しの力が満ちている」とウィア・ミッチェルは西部療法（彼のいわゆる「キャンプ療法」）の効果について語っているが、この言葉はモートンとの決別という「破壊的な悲しみ」を経験した後でコロラドの「手つかずの荒野」に逃れたヴィヴィアンにそのまま当てはまるのだ。

だが、ミッチェルが語っているように、西部療法が悲しみに打ちのめされた「すべての人の人生」（every man's life）に慰めをもたらすのであれば、この療法を男性の患者だけに限定する理由はどこに求められるべきなのか。ギルマンは彼女自身がカリフォルニアの恵まれた環境で健康が回復し、「人生がまた明るくなった」と感じた経験を基にして、小説『難問』を書き上げたのだが、西部の荒野を体験することで生まれ変わった女性ヴィヴィアンの物語に、西部療法は男女の区別なく「すべての人」が受けることを認められるべきだというメッセージを込めているのだ。短編「黄色い壁紙」で女性を伝統的な家庭という閉鎖的な場所《プレース》に閉じ込めたミッチェルの安静療法を批判したギルマンは、中編『難問』では女性を西部という開放的な空間《スペース》から閉め出した彼の西部療法を批判している。いずれの場合にも、ミソジニスト・ミッチェルに対立するフェミニスト・ギルマンという図式を読み取ることは困難ではないだろう。

ところが、まことに意外なことに、男性患者のための西部療法という基本方針をミッチェルは突然変更している。一八八七年出版の『医者と患者』に収められた「女性のためのアウトドアとキャンプライフ」（"Out-door and Camp-life for Women"）と題するエッセイの冒頭で、「一般の注意を惹く目的で、何年も以前に『キャンプ療法』と題する短い論文を書いた。それが役に立ったと考える理由はあるけれども、それを書いた時点では、男性にとって望ましいとして推奨したものが多くの女性によってもある程度まで達成できるということに気づかなかったことを反省するようになった」と告白した彼は、「今ここで私の不作為の誤りを訂正したい」と述べて、西部治療で快癒した「重い神経症の女性」の症例を報告している。

そこでの説明によると、この裕福な女性は「聡明なコンパニオンの女性」と「二人の信頼できる有名なガイド」とともに都会の喧騒を遠く離れた西部の湖の畔にテントを張り、新聞や手紙などから隔離された生活を始める。最初のうちはガイドたちが魚や鳥などを捕まえて、彼女の食事を用意したのだが、やがて彼女自身も舟をこぎだして魚を釣ったり、狩猟をしたりするようになる。この「新しい生活」が始まったのは五月のことだったが、八月までには「彼女は軽い銃を持って何マイルも歩いたり、立ったままシカを待ち伏せしたりすることができた。［中略］一言で言えば、彼女は秋になって雪が降り始めるまで、男性的な生活を送ったのであり、報告するために帰ってきたときには完全に健康な女性になっていた」とミッチェルは述べている。

このミッチェルの記述に注目したヘレン・ホロヴィッツは「この自由な生活ほどに、家に籠りきりの女性が罹る数多くのささやかな神経症を退散させるものはない」というミッチェルの発言を引用しながら、「ミッチェルは女性のための治療のレパートリーを広げて、かつては男性だけに限定されていたキャンプ療法を取り入れている」（Horowitz 135）と述べている。ミッチェルの発言とホロヴィッツの発言を併せ読んだ読者のなかには、男女いずれにとってもキャンプ（西部）療法が効果的であるとすれば、ミッチェルにおいてジェンダー化という意識がついに解消してしまった、と思い込み、ミッチェルをもはやミソジニストと呼ぶことすらできないのではないか、と速断する向きもあるかもしれない。

だが、ここで見落としてはならないのは、「男性的な生活」によって「完全に健康な女性」に生まれ変わった女性とは別に、あるニューイングランドの女性の症例を「より注目に値するケース」としてミッチェルが挙げている事実だ。この女性は「少なくとも二人の有能な医師から結核で死ぬことを宣告されていた」のだが、ミッチェルのキャンプ療法を受けている間、全面的な協力を惜しまない医師の夫が「雪が降ると、温かい丸太小屋を建て、野外で暮らす方法や雪靴を履いて歩く方法を彼女に教えたりして、実際に森のなかで冬を過ごした」結果、余命いくばくもなかった彼女は死の淵から見事に生還したのだった。「彼女は掛かりつけの医師の少なくとも一人よりも長生きをして、妻としても母としても健康で元気になって今日に至っている」（強調引用者）とミッチェルは語っている。

このニューイングランド生まれの女性は、やはりニューイングランド生まれだった『難問』のヴィヴィアンと同じように、自然の世界で暮らすことによって生まれ変わることができたのだが、ヴィヴィアンが新しい自分を発見して、ドメスティックな生き方から解き放たれたのとは対照的に、ミッチェルの推奨するキャンプ生活から生還したのは「妻としても母としても健康で元気になって」いる女性だった。本来は男性のための治療法だった西部療法が女性患者に適用された場合でも、安静療法の場合と同じように、女性はヴィクトリアン・アメリカの期待される理想像としての妻や母、つまり「真の女性」に生まれ変わらざるを得ないのだ。この点に関して、「ミッチェルはキャンプ生活を『男性的な生活』と規定し続け、［中略］女性が『妻としても母としても元気になる』という生物学的な運命を果たすことを可能にしたという理由で、女性のキャンプ療法の成功を謳歌している」(Tuttle 2000: 120 note19) とジェニファー・タトルは註記している。

この「女性のためのアウトドアとキャンプライフ」と題するエッセイで、西部療法が伝統的な「真の女性」を作り上げるのに役立ったことを認めたミッチェルは、彼自身の言葉で自らがミソジニストであることを公表したことになるのではないか。安静療法であろうと西部療法であろうと、女性患者の治療に当たるミッチェルのミソジニスト的スタンスにはいささかの狂いも生じていないのだ。彼を直接あるいは間接に批判する短編「黄色い壁紙」や中編『難問』をギルマンが発表した後でさえも、ミッチェルは頑丈な壁のように女性の前に立ちはだかって、女性の「知的活動」を阻み続けていたと結論できるのだが、次章ではその越え難い壁を乗り越えようとしたもう一人の女性の生活と意見を取り上げたい。

第五章　〈アメリカ医学界のゴッドマザー〉
——メアリー・パットナム・ジャコービ

1　小説家ミッチェル批判

一八五三年一月に創刊された『パットナムズ・マンスリー』に、「エロイーズとアベラール」（"Eloise and Abelard"）と題する詩を投稿したジュリア・ウォード・ハウは、「詩想または表現の不適切さ」があるという理由で掲載拒絶の憂き目に遭って、大いに憤慨している（Showalter 2016: 111-12）。それとは対照的に、三年前の一八五〇年にパットナム社から刊行されてアメリカ最初のベストセラー小説になった『広い、広い世界』（*The Wide, Wide World*, 1850）の著者スーザン・ウォーナー（Susan Warner, 1819-85）は、その年の秋、スタッテン・アイランドのジョージ・パットナム社長のサマーハウスに招かれて、『広い、広い世界』の校正をするという幸運に恵まれている。

スーザン・ウォーナーはそこでの生活ぶりを妹アナ（Anna Warner, 1827-1915）に書き送った九月二六日付の手紙のなかで、この家の娘のメアリー（スーザンは一貫してミニーという愛称で呼んでいる）が『ロビンソン・クルーソーの農場』（*Robinson Crusoe's Farmyard*, 1846）から「子馬はとても独立心の強い若い動物です」という文章を暗唱したと記しているのは、このさまざまな動物の「物語や逸話」を紹介した本の著者がアナだったからだ。二日後の九月二八日付の手紙に「ミニーはとても頭がいい」と書いたスーザンは、一〇月三日付の手紙では「先日、ミニーは機会を見つけて、『ロビンソン・クルーソーの農場』は大好きと言っていたわよ。ミニーはとても頭がいい女の子。将来は作家になるだろうと周囲の人たちが話していると言っている」とも報告している。

この少女時代にミニーと呼ばれ、「とても頭がいい」と評判だったジョージ・パットナムの娘は、結婚してメアリー・パットナム・ジャコービ（Mary Putnam Jacobi, 1842-1906）と名乗るようになるのだが、作家になるだろうと言われていた彼女は、やがて医学を志すようになり、フランス留学を果たして帰国してから、新たな知見を駆使する医学研究者としてつぎつぎに優れた業績を挙げ、現在では〈アメリカ医学界のゴッドマザー〉と呼ばれている。〈アメリカ神経学の父〉ミッチェルは、かつての患者シャーロット・パーキンズ・ギルマンにミソジニストのレッテルを貼られていたが、彼と同じ医学研究者の道を歩む〈アメリカ医学界のゴッドマザー〉ジャコービは、ヴィクトリアン・アメリカの「医学的ミソジニー」を象徴する〈アメリカ神経学の父〉と一体どのような形で切り結んでいたのだろうか。

1866年頃のジャコービ

ウィア・ミッチェル博士が小説家を副業にしていたことは前章で触れたが、一八九一年一二月から翌九二年七月にかけて『センチュリー』誌に連載した長編小説『本領』（*Characteristics*, 1900）では、作者自身と思われる主人公ドクター・ノースと親しい友人たちをめぐる物語が展開している。小説の冒頭で三七歳になる一人称の語り手は「この本は僕自身の友人たちの生活の一部分と、医者である僕、オウエン・ノースが見聞したものとの断片的な記録だ」と語り、医学を志した彼がヨーロッパに三年間留学した後、生まれ故郷のフィラデルフィアで開業医となり、南北戦争に際しては外科医として軍務に就いたことなどを書き綴っている。その意味で『本領』は作者ミッチェルの自伝的要素が詰め込まれた作品であり、主人公ドクター・ノースの生活と意見は、作者ドクター・ミッチェルの生活と意見を色濃く反映していると考えていい。

物語の後半で、アリス・リーという二四歳の女性が新しく登場するが、医者になることを熱望している彼女は医者のノースのアドバイスを求める。この女性について、ノースの友人の妻ヴィンセント夫人は「財力と知力のある女性は（アリスは並外れた知性の持ち主なの）何かほかとは違ったキャリアに就くべきだという強い信念をもっている」と評し、アリスの母親は「あの子は医学の勉強をしたがっていて、おお、あなたはアリスをご存じない。あの子の決心はとても固いのです」と語って、結婚のことなど一切考えず、医者になることだけを夢みている娘に対する失望と戸惑いを隠そうとしない。

やがてドクター・ノースに会いにきたアリスは「医学の研究がしたいし、開業もしたいのです。それがすべてです。先生は私に力を貸してくださることができます。私の味方になってください」と訴える。これに対して、「男であれ女であれ、人間は誰でも就きたいと思う仕事に就く権利がある。これは人間の権利にほかならない」とノースは答えているが、それに続けて「女性は同様の教育を受けた男性と同じように立派な医者になる、と個人的に思っているかどうかと聞かれたら、僕は『ノー』と答えるね。社会全般にとって女性が男性と同じ仕事に就くことが望ましい、と思っているかどうかと聞かれたら、僕はやはり『ノー』と答えるね」と言い切っている。

なぜそのように否定的な態度を取るのかとアリスに問い詰められて、ノースは「医者になるための教育を受けたことで、女性的な何かを失ったことのない女性にお目にかかったことがない。とてもデリケートとは言えない言い方をすると、魅力が失われるんだよ」と説明しているだけでなく、この説明に納得しないアリスに向かって、医者になるための教育を受けたりすると、「自分が何かを失くしたということを知る能力が失われてしまう。それが一番の問題だ。ほかの人たちは知っている。少なくとも、男性たちは」と付け加えている。ノースはまたヴィンセント夫人とアリスの件について話し合ったときにも、「これまで男性が独占してきたあれこれのキャリアに没頭すると、女性は女性としての自然な魅力のいくばくかを失ってしまう」と語り、「女性たちは自分が失ったものが何か、気づくことができない。女性の女性らしさに敏感な男性はそれに気づく」とアリスに説明したときと同じ言葉を繰り返している。

このノースの一連の発言は、『医者と患者』において「男性と女性の知的な相違」に触れたミッチェル自身が「どのようなキャリアであれ、どのような生活様式であれ、それを女性に禁じるつもりはない。これは人間の権利だ。市民としてであれ、医者としてであれ、この問題をここで論じるつもりはない。しかし、一人の人間として、女性が求め、手に入れ、従事しているキャリアには、男性の目から見て女性の魅力を否応なく減じるキャリア、私の考えでは女性を“friendly lover”や“loving friend”になるのに相応しくない女性にするキャリアがあるということを同じ男性仲間のために言っておきたい」と主張し、「多くの男性にとって、リンゴをつかみ取る女性はバラを手放す」と断じていたことを思い出させずにはおかない。

このリンゴとバラに関するミッチェルの発言をめぐって、エレイン・ショーウォーターは「知識の追求は男性の愛情の唯一の源であるあの繊細かつ優美な女性的な魅力（subtle and tender feminine charm）を台無しにすると彼［ミッチェル］は感じていた」（Showalter 1993: 298）と解説し、ミッチェルの評伝を書いたナンシー・サーヴェッティもまた『医者と患者』の発言を引用しながら「ミッチェルにとって『優美で女性的なもの（the tender and feminine）』は本能的だった。それは真の女性らしさを規定するファクターであり、女性の魅力に不可欠な要素だった。キャリアは『女性の魅力を減じ、女性を"friendly lover"や"loving friend"になるのに相応しくない女性にする』と信じていた」（Cervetti 136）と説明している。読者としては『本領』の主人公／語り手であるドクター・ノースは作者ドクター・ミッチェルの忠実な代弁者だったことを再確認することになるのだ。

小説『本領』の結末では、医者になる夢を諦めたアリスがノースの求婚を受け入れることが暗示され、「僕とアリス・リーの結婚から五年後の初夏」という一文で始まる続編『ドクター・ノースと友人たち』（*Doctor North and his Friends*, 1900）では、主人公／語り手と妻との間に女の子が生まれていることも明らかにされている。こうした一連の展開は、『本領』において、かつてアリスと同じように「ほかとは違ったキャリアに対する野心」を抱いていたことを告白するヴィンセント夫人が「果たすべき義務に対する渇望」を「病気」と呼び、この「病気」を結婚という「荒療治」（a heroic remedy）によって治した過去に触れて、その「野心」は「夫の生活が広がり、ますます役に立つようになるのを見て、私が完璧な満足を覚えることで消え失せてしまっている」と語っていることと無関係ではあるまい。アリスとヴィンセント夫人が結婚という「荒療治」によって「ほかとは違ったキャリアに対する野心」を放棄するといった物語の背後に、女性を結婚によって家庭という女性の領域に閉じ込めようとする小説家ミッチェル、「安静療法」によって男性の支配下に女性を置くことを目論むミソジニストとしてのドクター・ミッチェルの存在を読者としては感じ取らざるを得ないのだ。

この小説『本領』の展開に敏感に反応したのが、本章の冒頭で紹介したパットナム家のかつての文学志望少女ミニー、アリスとは違って「医者」になるという「野心」を実現して第一線で活躍していたメアリー・パットナム・ジャコービだった。彼女はミッチェルに宛てて長い手紙を書き送り、「本来は『魅力的』だった女性が医学の影響を受けて悪くなるのを観察する機会がおありだったのですか？もしおありでなかったとしたら、あなたが会われた医学関係の魅力のない女性たちが——命がけで医学の世界に飛び込む以前でさえ、必ずしもそうではなかったということがどうしてお分かりになるのですか？」（qtd. in Cervetti 179）と激しい口調で問いかけている。

さらに彼女は「あなたの意見の表明がどんなに権威があるかをわたしは知っています。いくつかの特定の問題に関して、あなたの意見にそのような権威を与えている状況そのものが、公平な判断を下す資格をあなたから奪い取る傾向があることにわずかな人数の者たちしか気づいていないということもわたしは知っています。精神を病む女性たちの不適性や詭弁や本質的な弱さのすべてに関するあなたの長年にわたる深い研究のことを言っているのです」（qtd. in Cervetti 119）とも書き記して、精神を患う女性しか相手にしてこなかったミッチェルの女性理解が著しくいびつで偏っていることを批判している。

『医者と患者』におけるミッチェルが、「性格の研究者」としての医者にとって、患者の「遠い過去」は重要な意味をもっていることを指摘し、「病床《シック・ベッド》という精神世界は日常生活における不可思議な事柄のいくつかをある程度解き明かしてくれる。病気の女性を知らない男性は女性を知らない」と語っていたことを思い出すならば、ジャコービの指摘はミッチェルの医者としての基本的な姿勢を否定しているといえるだろう。「精神を病む女性たち」のことしか知らず、女性の「遠い過去」に思いを巡らそうともせずに、医学の影響によって女性が魅力を失うと主張し、『本領』のような小説を執筆するドクター・ミッチェルは「性格の研究者」としては完全に失格であることをドクター・ジャコービは暗示しているのではないか。アメリカを代表する精神医学者であることを自他ともに認めるミッチェルにとって、ジャコービの手紙は無礼極まりない手紙だったに違いないが、彼の伝記作者によると、彼はジャコービを「彼女の時代のもっとも重要な女性医師」と高く評価していただけでなく、この彼女からの手紙を大事に保管していたのだった（Cervetti 179）。

ミッチェルがフランスの生理学者クロード・ベルナールの影響を受けたことは前に触れたが、フランス留学中のジャコービもベルナールの『実験医学序説』（*An Introduction to the Study of Experimental Medicine*, 1865）の方法を吸収したことが知られている（Bittel 53, 83）。だが、そのような事実に惑わされることなく、〈アメリカ神経学の父〉と呼ばれるミッチェルを正面から批判しているメアリー・パットナム・ジャコービとは、いかなる医学研究者だったのか。彼女が〈アメリカ医学界のゴッドマザー〉と呼ばれるようになったのは一体なぜなのだろうか。

2　女性医学研究者の誕生

ジャコービの父ジョージ・パットナムは有力出版社の経営者で、その仕事の関係で両親が住んでいたロンドンでジャコービは生まれる。やがて帰国した彼女は、父の反対を押し切って一八六三年にニューヨーク薬科大学を卒業するが、彼女はアメリカの薬科大学を卒業した最初の女性と言われている。さらに彼女はペンシルヴェニア女子医科大学に進み、飛び級制度があったのか、特別待遇を受けることができたのか、一年後の一八六四年に医学博士の学位を取得している。医療助手として働いた南北戦争が終わった直後の一八六六年、二四歳の彼女はパリ大学で学ぶためにフランスに渡る。

二年後の一八六八年、ジャコービはやっと念願かなって、パリ大学医学部に最初の女子学生として入学を許可されるが、男子学生とは別のドアから講義室に入り、教授に一番近い席に座らねばならなかった。彼女は「一昨日、数世紀前の創立以来初めて、ペチコートが医学部の厳粛な臨床講堂で見られたかもしれません」と母親に書き送っている。一八七一年七月、彼女は「中性脂肪と脂肪酸について」("De La Graisse Neutre et Des Acides Gras [Of Neutral Fat and Fatty Acids]")と題する一二八頁の

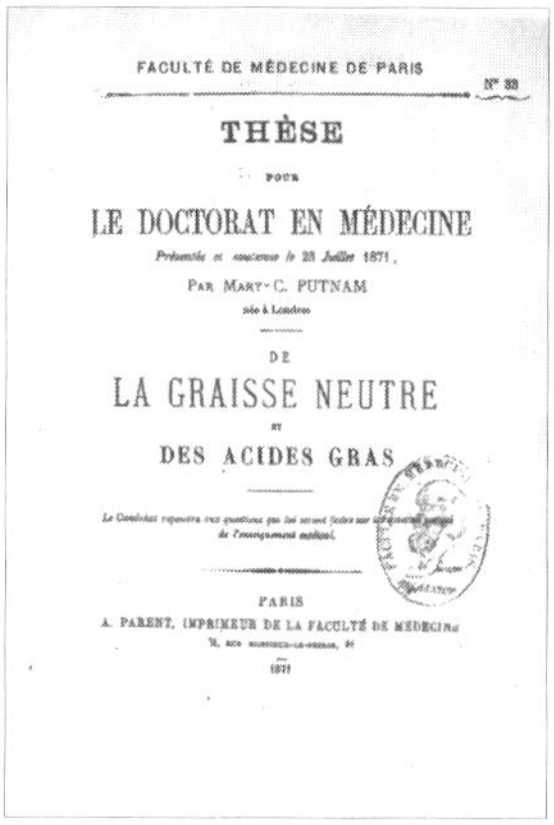
FACULTÉ DE MÉDECINE DE PARIS N° 33

THÈSE

POUR

LE DOCTORAT EN MÉDECINE

Présentée et soutenue le 28 Juillet 1871,

PAR MARY-C. PUTNAM

née à Londres

DE

LA GRAISSE NEUTRE

ET

DES ACIDES GRAS

PARIS

A. PARENT, IMPRIMEUR DE LA FACULTÉ DE MÉDECINE

1871

パリ大学医学部に提出したジャコービの博士論文「中性脂肪と脂肪酸について」

論文をパリ大学医学部に提出して博士号と銅賞を授与されている。この論文の献辞には「私の医学部入学許可に唯一の賛成票を投じて、高等教育から女性を排除する偏見に抗議してくださった、名前を存じ上げない教授に捧げる」と書かれているが、やがてジャコービ自身がアメリカにおける「高等教育から女性を排除する偏見」と闘うことになる（なお、彼女のために賛成票を投じたパリ大学教授は化学者のシャルル・アドルフ・ヴュルツ［Charles Adolphe Wurtz, 1817-84］だった）。

一八七一年秋に帰国したジャコービは、ニューヨークで開業するかたわら、新設の女子医科大学で薬理学と治療学の教授となり、翌七二年には女性のための医学教育推進協会の設立に尽力し、一八七四年から一九〇三年まで理事長を務めるなどして、積極的に社会活動に参加している。私生活では一八七三年に〈アメリカ小児科学の父〉と呼ばれている医学研究者のエイブラハム・ジャコービと結婚して、一男二女に恵まれるが、長女は出産時に、長男は七歳で他界したこともあって、母親のジャコービ自身が次女の教育に当たったと言われている。なお、この当時、〈神経学の父〉や〈小児科学の父〉などが続出しているのは、一九世紀アメリカが医学研究の揺籃期にあったからだろう。

他方、医学研究者としてのジャコービは精力的に仕事を続け、生涯に一二〇編を超える論文と九冊の著作を書き残している。とくにフランスから帰国して五年後の一八七六年に『月経時の女性のための安静に関する問題』(*The Question of Rest for Women during Menstruation*, 1876）と題する論文によってハーヴァード大学からボイルストン医学賞（Boylston Prize）を受賞したという事実は注目に値する。この研究はハーヴァード大学医学部教授だったエドワード・H・クラーク（Edward H. Clarke, 1820-77）のベストセラー『教育における性別あるいは女子のための公平な機会』(*Sex in Education; or, A Fair Chance for the Girls*, 1873）への反論だったが、女子学生の入学を認めようとしないハーヴァード大学医学部から、その大学の元教授が書いた著作に反駁する独創的な研究を発表した女性研究者に名誉ある賞が授けられたというのは、まことにアイロニカルな歴史的事件だったが、この事件に関しては本書の第六章で改めて詳しく論じることになる。

ジャコービの研究意欲は晩年に至るまで衰えを見せることなく、脳腫瘍と診断されたときでさえも、その徴候を詳細に記録した論文「小脳を圧迫する髄膜腫瘍の初期の徴候の記述」("Descriptions of the Early Symptoms of the Meningeal Tumor Compressing the Cerebellum. From Which the Writer Died. Written by Herself," 1903）を死の三年前の一九〇三年に書き残している。この絶筆となったと思われる論文について、レイチェル・スウェイビーが「ジャコービはいつでも最終的な意見を述べるのが好きだった」(Swaby 6）と述べていることを紹介しておく。こうした医学研究者としての彼女の姿勢が〈アメリカ医学界のゴッドマザー〉と呼ばれる理由の一つになったのかもしれない。

だが、生前のジャコービは、ヴィクトリア時代の閉鎖的なアメリカ社会の女性研究者として、さまざまの困難を乗り越えなければならなかった。一八八二年一月に『ニュー・アメリカン・レヴュー』に発表したエッセイ「女性に医者を開業させるべきか?」("Shall Women Practice Medicine?"1882)で女性医師が世間から軽視されていることに触れた彼女は、「この人たちは『彼女は有能か?』と聞くのではなく、『この恐ろしく有能な人はいい人なのか?』と聞く。彼女はわれわれの女性らしさや処女らしさの理念、さらには男と女の社会的関係を転覆させるのではないか? 女医は人を愛することができるのか? 結婚できるのか? 子どもを産むことができるのか? 子どもの世話ができるのか? できないとすれば、彼女は一体何者なのか? これに関連してフランス人のジャーナリストが『妻でもなく母でもない女性とは一体何なのか?』と聞いた。神のもろもろの思いに詳しいあるボストンの医師は『神は女性が医者を開業することを絶対に意図していなかった』と断言した。それゆえに少なくとも敬虔は女性のマサチューセッツ医師会からの排除を要求しているという結論が導き出されたのだった」と述べている。

このジャコービの発言からも、結婚もせず、子どもを育てることもしない女性医師は、ヴィクトリアン・アメリカが崇拝する「真の女性」という「理念」に反する存在であると考えられていたことが明らかになってくる。ボストンの男性医師が口にしている「敬虔」が家庭性、純潔、従順とともに「真の女性」に不可欠な美徳だったことを見逃してはならない。たしかに、結婚することができて、子どもを産むことができたという意味では、ジャコービはいわゆる「真の女性」の条件に適っているのだが、有能な開業医として「神は女性が医者を開業することを絶対に意図していなかった」という男性医師の発言を見事に否定し去っているという意味では、「敬虔」という美徳を欠いていると言わねばならない。

この同じエッセイの冒頭で、ジャコービは「女性の領域、能力、権利、機能、義務、許されるべき職業に関して、社会の側で絶えず蒸し返される議論は、ある見方からすると、きわめて馬鹿げている。なぜ女性は男性よりも遥かに多い議論と説教を必要としているかを問うのは間違っていない。そのような議論は大半が不必要であり、そのような説教はしばしば非礼であると結論することさえできる」と宣言している。さらに別の箇所で、ジャコービは「『女性は男性の仕事をすることができない』という断言を私たちは聞き飽きてはいないか?」と問いかけ、「すべての女性が彼女自身の夫に可能で便利な程度に劣っていることが望ましい。その目的のために女性は男性と結婚するし、そのような結婚をすべきである」という世間のミソジニスト的常識に疑義を呈している。ここでのジャコービの「見方」は、すでに論じたジュリア・ウォード・ハウがそうであったような「新しいタイプの『真の女性』」の見方にほかならない。エッセイ「女性に医者を開業させるべきか?」は「新しいタイプの『真の女性』」による独立宣言として読まれるべきだろう。

このエッセイの最後のパラグラフでジャコービは「医学部への女性の入学許可という問題がこれまで大きく取り扱われてきたときの不正や不公平やおぞましい主張や傲慢な議論が排除されたとき、そして多数の女子学生が男性と同じ教育を受け、女性医師が男性と同じ設備を利用できるようになったとき、そのときにこそ確実な理論的結論に(必要とあれば)達することができるだろう」と述べているが、この一文は一九世紀アメリカの医学界において女性がいかに不当な扱いを受けていたかを物語っている。彼女はまた、一八九一年出版のアニー・マイヤー編『アメリカにおける女性の仕事』(Annie Meyer, ed. *Women's Work in America*, 1891) に寄稿した「医学における女性」("Woman in Medicine") と題するエッセイでもアメリカ医学界において女性医師が置かれている苦しい状況を歴史的に詳しく丁寧にたどっていることを指摘しておこう (なお、この論集の序文はジュリア・ウォード・ハウが書いている)。

この「医学における女性」でとりわけ興味深いのは、一八七九年に医学部に女子学生を入学させることを認めるという条件で、メアリアン・ハヴィーというボストンの女性から一万ドルの寄付を受けたハーヴァード大学の理事会がその条件を承認したにもかかわらず、その決定を医学部教授会が一四票対四票で否決した結果、「大学理事会は医学部教授会の決定を左右することができないので、ミス・ハヴィーの申し出を断ることを余儀なくされた」というエピソードを紹介し、それを「ハーヴァードでの敗北」と呼んでいることだろう。じつはジャコービはエッセイ「女性に医者を開業させるべきか?」でも「その昔テーベに敷かれた包囲網と同じように記憶に残るに違いないハーヴァードの校門の包囲網は未だに続いている」と呟いていた (ハーヴァードの医学部が女子学生の入学を許可したのは二〇世紀も半ばの一九四五年のことだった)。

「医学における女性」の末尾につけた註釈《ノート》という形で、ジャコービは彼女の原稿が印刷されていた段階で「ジョンズ・ホプキンズ大学の評議員会は——医学部の寄付基金に対してなされた何人かの女性による一万ドルのギフトを考慮して——ジョンズ・ホプキンズ病院の医学部《メディカル・スクール》に女性を入学させることに同意した」という事実に言及し、「ジョンズ・ホプキンズ大学のように評価の高い大学で女性の医学教育のための何らかの規定がつくられたのはアメリカで最初のことである」と述べて、医学部における男女共学の実現という歴史的事件を諸手を挙げて歓迎している。「医学における女性の現状を『植民地時代的《コロニアル》』と形容したばかりなのに、突然の状況の変化によって、今後半世紀は続く運命にあると思われた障碍が取り払われた。まったく新しい地平が私たちの前に開かれた。Sic transit stultitia mundi.（カクノゴトク世界ノ愚行ハ過ギ去リヌ）」という言葉で、この註釈は終わっている。

　最後のラテン語の一文は“Sic transit gloria mundi”（カクノゴトク世界ノ栄光ハ過ギ去リヌ）という教皇就任式の礼拝に用いられた有名なフレーズを踏まえて、gloria（=glory）を stultitia（=stupidity）に置き換えたものだが、ミッチェルが露骨に示していたような医学界における女性蔑視を「愚行」と呼ぶジャコービの言葉に、アメリカ女性の前に広がった「新しい地平」に対する彼女の期待を読み取ることができる（ちなみに、ペンシルヴェニア女子医科大学での「脾臓の機能に関する理論」［“Theorae ad lienis officium”］と題する手書きで六〇頁の卒業論文をジャコービは全文ラテン語で書きあげている）。

　さらにジャコービは『センチュリー』誌が一八九一年二月に企画した「ジョンズ・ホプキンズ医学部の女性への開放について」（“On the Opening of the Johns Hopkins Medical School to Women”）と題する特集にオープンレターを寄稿して、「女性の知的向上のために活躍している女性たちのグループの惜しみないエネルギーが大学の評議員たちのリベラルな精神によって真摯に受け止められた」と述べる一方で、「自由な社会的風習」と「女性の品位と純潔に対する習慣的な信頼」を特徴とするアメリカにおいて「『男女共学』を非難攻撃する不自然な叫び声があがっている」のは嘆かわしい、と付け加えている。読者としては、このジャコービの発言の二年前の一八八九年に、医学情報誌『メディカル・ニュース』の「共学と女性の高等教育」("Co-education and the Higher Education of Women")と題する特集に寄稿したミッチェルが「私は数多くの理由で共学は忌まわしいと信じる者だが、生理学的な理由では共学は愚かで馬鹿げていると考えているし、そのほかの理由では共学は不必要だと考えている」と主張していたことを忘れることができない(この点については次章でもう一度触れることになる)。

このように男女共学に対して頑強に反対していたミッチェルにとって、ジョンズ・ホプキンズ大学医学部の決定はショッキングだったに違いないのだが、「新しい地平」が開けたことを歓迎するジャコービのエッセイが出版された一八九一年の一二月から『センチュリー』誌に連載され始めた小説『本領』において、医者になる夢を阻まれた女性の物語を書き続けたミッチェルのミソジニスト的ポーズは否定すべくもない。一八九一年発表の「医学における女性」でアメリカ女性の前に「新しい地平」が開けたことを喜ぶジャコービと、同じ年に書き始められた小説『本領』で女性に医者志望を断念させる物語を展開させたミッチェルとのコントラストを読者は見落としてはならない。ジョンズ・ホプキンズ大学の決定を耳にして「カクノゴトク世界ノ愚行ハ過ギ去リヌ」と叫んだジャコービが『本領』の著者に抗議の手紙を書き送ったとしても不思議はないだろう。シャーロット・パーキンズ・ギルマンの場合と同じように、ジャコービにとってのミッチェルもまた時計の針を逆戻りさせ、女性を「コロニアルな」状態に押しとどめようとする男性優位社会を象徴する権力者、女性の敵と呼ばれて然るべきミソジニスト以外の何者でもなかったのだ。

だが、ジャコービが批判していたのはミッチェルが具現するヴィクトリアン・イデオロギーだけではなかった。この安静療法を考案した〈アメリカ神経学の父〉と呼ばれる人物の医学研究者としての姿勢もまた、彼女の目にはきわめて時代錯誤的に映っていたのだった。

3　ヒステリーという病

『風紀紊乱行為』の著者キャロル・スミス＝ローゼンバーグは「ヒステリーは一九世紀の古典的な病気の一つだった。それは対麻痺《ついまひ》、失声症、片側感覚消失、激しい癲癇性発作のようなさまざまな兆候を特徴とする変幻自在な病気だった。ヒステリーという幅広いカテゴリーに一九世紀の医師たちは今日なら神経衰弱症、心気症、鬱病、転換性障碍、外来統合失調症と診断されるような症例を集めていた」（Smith-Rosenberg 197）と述べて、ヒステリーが非常にヌエ的な病気であることを明らかにしている。その一九世紀の医師の一人でヒステリー研究の第一人者と目されていたミッチェルもまた、ヒステリーを「女性特有の名前のない病気すべての疾病分類学的辺獄《リンボ》」あるいは「ミステリー」（『神経疾患の治療における安静』）と呼んでいるだけでなく、「ヒステリーの女性」を医者に絶望をもたらし、周囲の者たちすべての生活を破壊する「打ちのめされ、疲れ果てた女性、数多くの家庭の害虫《ペスト》」（『神経系疾患に関する講義』）と規定し、さらに『脂肪と血液』では「ヒステリーの女性は周りの健康な人々の血を吸うヴァンパイアである」というオリヴァー・ウェンデル・ホームズ・シニアの言葉を引用している。

こうした一九世紀の医療にとって難病奇病としか呼びようがなかったヒステリーの治療法として、ミッチェルが強力に推奨したのが、彼自身の考案した安静療法だったことは改めて指摘するまでもあるまい。本書の第四章で何回か言及した『脂肪と血液』でミッチェルは「以下の各章で、私が用いた手段を取り扱うのだが、私の失敗と成功からほかの人たちが学ぶことができるような詳細を躊躇なく示すことにする」と語っていた。だが、ミッチェルの遥か年下の同業者としてのメアリー・パットナム・ジャコービは、彼の「失敗と成功」から学ぶことを断固として拒絶している。彼女が一八八六年六月一一日の学会発表に基づく八〇頁もの論文「ヒステリーに関する若干の考察」("Some Considerations on Hysteria," 1888）を公刊したのは、安静療法だけがヒステリーに有効な治療手段ではないことを明らかにするためだった、と言っても過言ではない。

もちろん、ジャコービといえども、ミッチェルが挙げている電気治療とマッサージの有効性を否定してはいないが、彼の治療法の最重要ポイントとも言うべき「安静」に対して、ジャコービはほとんど何の注意も敬意も払っていない。この論文「ヒステリーに関する若干の考察」全体で「安静」を意味する単語"rest"が「ヒステリー患者は体力消耗の後の回復には正常者よりも絶対的安静を必要とする」という記述で一回だけ用いられているにすぎないのは、彼女がミッチェルの安静療法を全然信用していなかったことを物語っている。いや、彼女が何よりも重要視したのは「安静」とは正反対の

「運動」や「体操」であって、「スウェーデン式医療体操などにおいて、患者が自発的な努力によって受動的な運動に抵抗する気持ちをかき立てられると、より高度の刺激に大脳皮質中枢は影響される」とか、「積極的な体操においては、刺激はまったく自発的で、活動はまったくノーマルである」とかいった記述が散見される。なお、スウェーデン式医療体操（Swedish movement-cure）は“A health care regimen consisting of gymnastics, movement therapy, and massage”（*Segen's Medical Dictionary*）と定義されていることを付記しておこう。

このようにジャコービは「安静」からはほど遠い「体操」を強く推奨しているだけでなく、さらに驚くべきことに彼女は「バトラー式ヘルスリフト（Butler Health Lift）による筋肉トレーニング」にも読者の注意を促しているが、バトラー式ヘルスリフトはアメリカの発明家デイヴィッド・バトラー（David Butler 生没年不詳）が考案した木製の簡単なウェートリフティング装置だった。この健康器具を二人の患者に使用させたジャコービの記録によると、ヘルスリフトを規則正しく運動した二四歳の未婚の女性は「使用一ヵ月後には消化不良がずっとよくなり〔中略〕二ヵ月後には生理があった」と報告され、九月にヘルスリフトを始めた別の二五歳の女性の場合、「患者は一〇月に最後の生理から正確に一年後に生理があった。〔中略〕同時に、頭痛は頻度と強度が大幅に減った」と記されている。こうした良好な結果を踏まえて、ジャコービは「ヘルスリフトは、それを試行できる症例で効果的に利用した場合、非常に貴重な治療法となると信じたい気持ちになっている」と述べ、この器具の使用法について「一回のセッションにかける時間は一時間。リフトは完全に休息する一五分の間隔を置いて、四回おこなわねばならない。患者の体力に応じて、一日に一回か二回のセッションが指示されねばならない」と説明している。

　このヘルスリフトによる治療以外にも、ジャコービは乗馬が患者の健康回復に有効であること認め、「中断した生理を回復するのに乗馬がヘルスリフトと同程度に有効であることを私は知っている。［中略］ヘルスリフトは乗馬よりもずっと安上がりだ」と述べているが、こうした彼女の姿勢が「安静」を絶対視するミッチェルのそれの真逆であることは言うまでもない。

　さらにジャコービはヒステリー患者の治療に当たって「ヴァルデンブルク・マシーン」の助けを借りているが、これはミッチェルが夢にも思ったことのない治療手段だった。「血液の循環の力、ひいては身体の組織、とりわけ脳に運ばれる酸素の量を高めるためのヘルスリフトの効果は、また別の物理器械、圧縮空気用のヴァルデンブルク・マシーンでも確保することができる」とジャコービは述べ

ジャコービが使用した機器
（上から）バトラー式ヘルスリフトの男性版と女性版。脈波計

ているが、これは一体どのような「物理器械」なのだろうか。この「ヴァルデンブルク・マシーン」は元来肺疾患の治療のためにドイツの医学者L・ヴァンデンブルク（L. Wandenburg, 1837-81）が開発した医療器具で、この器具によって得られる圧縮空気または希薄空気が患者の病気の治療につながることになるのだが、これを肺疾患の症候のないヒステリー患者に応用した結果、「この治療法によって私はヒステリー性呼吸困難と肋間痛に対するもっとも迅速かつ明確な軽減を可能にした」とジャコービは誇らしげに語っている。この器具を一台購入したある患者は、一年間毎日利用することによって、「呼吸症状だけでなく、七年間か八年間苦しんできたほかの多くの症状」を緩和することができたし、また別の患者は圧縮空気を吸引した結果、「ヒステリーの症状の緩和があまりにも顕著だったので、完治への近道を歩み始めていると信じる気持ちになっている」と説明されている。

この医療機器を発明したヴァルデンブルクが「肺と心臓の病気の機器による治療のためのポータブル型空気圧装置について」（"On a Portable Pneumatic Apparatus for the Mechanical Treatment of Diseases of the Lungs and Heart," 1874）と題する論文を『ブリティッシュ・メディカル・ジャーナル』に発表したのは一八七四年のことだったので、それから一〇年余りしか経っていない時点でヴァルデンブルク・マシーンをヒステリー患者の治療に応用したジャコービは、やはり〈アメリカ医学界のゴッドマザー〉と呼ばれてしかるべき医学研究者だったと言えるだろう。

もちろん、絶対的な「安静」をヒステリー患者に強制しようとするミッチェルの目からすれば、「安静」とは縁遠い乗馬や体操、さらにはバトラー式ヘルスリフトやヴァルデンブルク・マシーンをヒステリーの治療に持ち込もうとするジャコービは医学界の異端児にしか映らなかっただろうが、彼女としては、そのような手段でしか女性の社会進出を阻み、女性医師や女性科学者の登場を妨害する権威主義的かつミソジニスト的な〈アメリカ神経学の父〉に対抗することができなかったのではないか。同時にまた、「ヒステリーに関する若干の考察」の読者は、彼女の主要な著作を集めたアンソロジーが『医学界の先駆者』（*A Pathfinder in Medicine*）と題されていたことに改めて思いを致すことになるのだ。

4　貧血症の治療

貧血症はヒステリー患者の示す症状の一つだが、この貧血症の治療をめぐってもジャコービはミッチェルに真っ向から対立している。この場合にもミッチェルが「安静」を重視していることは言うまでもないが、ジャコービは一八八〇年に発表したヴィクトリア・ホワイトとの共著『貧血症の治療における マッサージを伴った冷湿布《コールド・パック》の使用について』（Mary Putnam Jacobi and Victoria A. White, *On the Use of the Cold Pack Followed by Massage in the Treatment of Anaemia*, 1880）で、ミッチェルが主張する「安静」ではなく、冷湿布とマッサージの併用が効果的であることを詳細なデータによって証明している。

たとえば二一歳の女性患者の場合、一八七八年五月八日の初診時には「極度の貧血状態で、体重は七八ポンド（三五・三八キログラム）だった。非常に衰弱していて、階段を上るのも、平坦な地面を歩くのさえやっとだった」が、六月一一日に最初に施された冷湿布療法について、「湿布は一日置きで、一時間の湿布の後でマッサージをすることになった。患者はまず濡れたシーツで全身を覆い、それを乾いたシーツで包み、それをさらに六枚の毛布で包んで、全体が患者の身体にしっかり巻きつけられた」と説明されている。

この患者は六月一一日から九月九日まで一日置きに冷湿布を受けながらベッドで安静にしていたので、「湿布」と「安静」のどちらが回復に役立ったかという点に関して、ジャコービは「ベッドでの長い安静が回復に多大の貢献をしたと考える人がいるかもしれない。ウィア・ミッチェルのエッセイが貧血症の治療における安静という考え方を一般に広めているからだ。しかしながら、この症例の場合、安静はほとんど何の働きもしていないと私自身は考えている」と述べて、ミッチェルのエッセイ、つまり三年前に出版された『脂肪と血液』を名指しで批判すると同時に、「安静」が何の効果もなかったと考える根拠として、この患者は過労ではなかったので「安静」が効果的な類いの貧血ではなかったという事実や、ジャコービの診察を受ける以前の二〜三ヵ月間、「ひどい衰弱のせいで、ほとんど完全な休息状態」だったのに、「それにもかかわらず、患者の状態は悪化の一途をたどっていた」という事実を挙げている。こうしたジャコービによる安静療法批判は『貧血症の治療におけるマッサージを伴った冷湿布の使用について』の別の箇所でも見出すことができるのだ。

ジャコービの冷湿布療法で施されるマッサージがミッチェルの安静療法でも重要なファクターであることは指摘するまでもないが、このマッサージの働きが冷湿布のそれよりも目立っていることに彼女は強い不満を示している。たとえば、マッサージがもたらす効果について語ったジャコービは「見た目だけで判断すると、観察者は冷湿布よりもマッサージのほうがこうしたいくつかの点でずっと大きな影響を及ぼしていると考えたくなるだろう。『脂肪と血液』に関するウィア・ミッチェルの人気の高い小さなエッセイ《ポピュラー・リトル》が最近、純粋なマッサージから得られる栄養面での利点についての見方を一般に広めることになったが、この利点は私たちの意見では、また私たちの経験によれば、かなり誇張されている。ミッチェル博士は筋肉のことを体の表面をこすったり、つまんだりするだけで収縮性を機械的に高めることができる『鼓動を打つ心臓の一種』と語っている」と二度までもミッチェルの名前に言及し、その著書を「人気の高い小さなエッセイ」とやや軽蔑的に呼ぶことで、安静療法を読者に必要以上に過小評価させることを狙っているのだろう。

さらにヒステリー治療における筋肉のさまざまな働きを説明する箇所でも、「（こうした筋肉の働きに関する）考察がすでに触れた人気の高いエッセイではミッチェルによって完全に見落とされているが、それはおそらく、そのエッセイにおいては、科学的な正確さではなく、いくつかの大雑把で、実際的な結果だけを狙っていたからだろう。だが、この具体的な事例においては、理論的な不正確さは実際的な結果を絶えず裏切る傾向がある」とジャコービは論じている。ミッチェルの仕事は「大雑把で、実際的な結果」を狙うばかりで、「科学的な正確さ」を欠いているという発言は、彼の「人気の高い小さなエッセイ」の致命的な欠陥を指摘すると同時に、彼女自身の冷湿布療法が科学的かつ理論的であることを宣言している、と受け取ることができる。それはまた〈アメリカ神経学の父〉の科学者としての適格性さえも疑わせるに足ると言えるのではあるまいか。

『貧血症の治療におけるマッサージを伴った冷湿布の使用について』の六年後に発表された論文「ヒステリーに関する若干の考察」で、ジャコービが「安静」よりも「運動」を重要視していることはすでに触れたが、この論文で「ヒステリーと肥満の結合は非常に頻繁である」という発言に続けて、「それは痩せた人のヒステリーの治療よりも遥かに困難である、とウィア・ミッチェルは述べている」と記している。これはミッチェルが『脂肪と血液』で「貧血の肥満は私が知っているもっとも扱い難い状態の一つである」とか、「肥満の貧血患者」は「稀ではあるが、私にとっては、すべての治療可能な貧血症のなかでもっとも扱いが困難なものである」とか述べているのを踏まえているのだが、「ヒステリーに関する若干の考察」でのジャコービは「二〇〇ポンドもある大柄で肥満体の女性」が冷湿布とマッサージによる貧血症の治療を受けた結果、「六ヵ月で四〇ポンドも痩せ、非常に快適している」症例を紹介し、「かなり小柄だが体重二四〇ポンド」だった貧血症の女性患者が冷湿布とマッサージの治療を受けた結果として、「即時の驚くべき改善」「週三ポンドの体重軽減」「即座の気分の高揚」「年末には体重一五八ポンド」といった経過をたどったことを記録している。『脂肪と血液』の著者ミッチェルが治療困難と語っていた肥満女性のヒステリーを冷湿布で簡単に治癒できたことをあえて明らかにすることによって、ジャコービは彼女の治療法がミッチェルのそれよりも「科学的」かつ「理論的」であることを誇示しようとしていると受け止めることができるだろう。

先に引用したミッチェル宛の抗議の手紙のなかで、『脂肪と血液』と『貧血症の治療におけるマッサージを伴った冷湿布の使用について』が受けた対照的な世評に触れたジャコービは、「あなたの小さな本の圧倒的な成功についてコメントする必要はありません。それにひきかえ、実験的かつ理論的な私の本のことなどは耳にしたことさえないほどです」（qtd. in Bittel 143）と書き送っている。彼女自身の仕事を「実験的」で「理論的」と呼んでいるのは『貧血症の治療におけるマッサージを伴った冷湿布の使用について』の場合と同様だろうが、この論文で「人気の高い小さなエッセイ」と形容していたミッチェルの『脂肪と血液』を「あなたの小さな本」と呼んで、「小さな」という修飾語を繰り返しているのは、実験的でも理論的でもない彼の大雑把な仕事ぶりに対して、彼女がきわめて低い評価を下していたことの何よりの証拠だろう。彼女は〈アメリカ神経学の父〉としてのミッチェルに噛みつくことによって、彼が君臨するアメリカ医学界やアメリカ社会に蔓延するミソジニー的イデオロギーに断固たる否！を叩きつけている、と考えたい。前章で論じたギルマンが「彼女の全生涯における最初で最大の反逆行為」において「ミソジニー的敵意」に満ちたミッチェル博士と夫ウォルターと決別したときと同じように。

こうしたジャコービによる批判にもかかわらず、ミッチェルの徹底したミソジニストぶりにいささかの翳りも見えなかったことは、女性の社会進出を阻む主人公の登場する『本領』のような長編小説やその続編を書き続けていたという事実からも明らかだが、そのことを示す新たな証拠として、ギルマンの短編「黄色い壁紙」の三年後の一八九五年一月一七日に彼がおこなった『ラトクリフ・カレッジの学生たちへの講演』（*Address to the Students of Radcliffe College*, 1896）を取り上げてみよう。

ミッチェルはまず彼の「信条」（my creed）を明らかにするためと称して、「高等教育や大学生活のせいで、肉体的であれ精神的であれ、何らかの形で女性が良き妻、良き母になるに相応しくなくなるなら、それは一切なくなってしまうほうがいい、と私は信じている。もし高等教育や大学生活に強く影響された女性が家庭生活よりももっと素晴らしく、もっと立派で、もっと趣味にかなっているものとして、いわゆるキャリアをだけを切望するなら、全国のすべての大学の門戸を閉ざしてしまうほうがいい」と主張し、家庭や子どもたちの世話をする生活が「女性の自然な生活」（強調原文）であることを強調している。「生活の外側の心配事」に立ち向かうのが男性の「本来の領域」であって、「家の仕事を女性に嫌わせるようなものは何であれ」排除されねばならない、とも彼は語っている。

この家の仕事や家庭の問題をさらに敷衍して、ミッチェルは別の箇所では「ほとんどの人々は家庭《ホーム》が結婚、夫、妻、子どもたちを意味していると漠然と考えているが、私にとって家庭のもっとも重要で、もっとも美しい不可欠な人間的存在は女性だ」と説明し、「他人に対して家庭《ホームフル》的である」ことや、「その性質の正直な優しさや思いやりや受容力のある意見によって、私たちの家庭の最良の理想の周りにベランダのバラの花のように群がっている名誉や真実や友情を伝えたりすること」を「女性のもっとも素晴らしい高貴さ」と名づけている。この記述からもまた彼が「家庭」を一九世紀アメリカの理想として崇拝された「真の女性」のための「本来の領域」と考えていたことは明らかだろう。

さらに「独立」を「人間の権利」と考えていると語るミッチェルは、「私は女性に自由でいてもらいたい、好きなことをしてもらいたい」と訴えながらも、「個人的には私は男性にお針子や子守り女になって欲しくないと同じように、女性たちに牧師や弁護士や雄弁家になって欲しくない」と言い切っている。「私は男女の性別の高貴な限界内での自由を欲している」と主張する彼は、女性が「私たちの仕事で男性の基準《スタンダード・オブ・マン》に従うことができるようになるまでは、私たちは真の女性らしさという理想に達したとは言えない」などと公言するのを耳にしたくない、とも論じている。

ここで言及されている「男性の基準」に関連して、ミッチェルは「頭脳労働という点であなたがた全員が男性の基準に到達できると結論してはならない」とラドクリフの学生に忠告し、男性の基準に達しようと努力するところに危険が潜んでいる、とも警告している。「あなたがたは女性であって、男性ではない。それを忘れる女性は愚か者だ。それを執拗かつ意図的に無視する女性はもっと悪質だ」と述べる彼は、別の箇所でも「女性であるのに男性になろうなどと努力するな。女性としての素直な自尊心を失ってはならない」などと諭している。こうした発言はいずれもミッチェルが家父長制社会の伝統的な女性観の持ち主であり、男性と女性のための厳格に区別された領域というコンセプトに固執するセクシストだったことを物語っている。

この「ラドクリフ・カレッジの学生たちへの講演」を読んだ読者は、一八八八年出版の『医者と患者』の忘れがたい一節において、ミッチェルが「男性と同じレベルで競争をしたい、男性と同じ義務を果たしたいという女性の欲望が問題を引き起こしている、と私は確信する。女性の教育や行動形態が何世代もの長きにわたって変化しても、女性の特性を本質的に変えることは絶対にできないというのが、私の信念（my belief）であるからだ。女性は生理学的に男性とは異なる存在なのだ」と主張していたことを思い出すのではないか。一八八八年の著書での彼の「信念」と一八九五年の講演での彼の「信条」を読み比べた読者は、一九世紀アメリカの男性優位社会のセクシスト的代弁者としてのミッチェルの姿勢にいささかのぶれも生じていないことに一驚を喫するに違いない。

一八九二年に発表された短編「黄色い壁紙」を書いたのは安静療法のミッチェルに反省を迫るためだった、とギルマンは語っていたが、その三年後の講演においてもなお彼は、家庭や子どもたちを中心とした「女性の自然な生活」の重要性を説く一方で、「自然の最初の警告」に耳を傾けよ、とか、疲れたときは「仕事の時間を短くしろ。食事の合間や就寝時に牛乳かスープを飲め」などと口走ったりするばかりなのだ。すでに触れたように、彼のサナトリウムを退院したギルマンに、ミッチェルは「できるだけ家庭的な生活を送れ。いつも子どもと一緒にいてやれ。毎食後、一時間は横になれ」とアドバイスしていたが、この言葉はラドクリフ・カレッジの学生たちに語りかけた彼の講演の適切この上ない要約になっている、と言っておこう。

このラドクリフにおけるミッチェルの講演が当時のアメリカ大衆に歓迎されるような内容であったことは、『レディーズ・ホーム・ジャーナル』が五年後の一九〇〇年の六月号に、その抜粋を「カレッジが女性に害を及ぼすとき」（"When the College is Hurtful to a Girl"）と題して掲載していることからも想像できるが、それに付けた編集部のコメントに「ミッチェル博士の思慮深くて切れ味鋭い言葉は今日存在している状況に驚くほどに当てはまる。ミッチェル博士は疑う余地のない権威をもって語っている。アメリカ女性の健康に関して博士以上に密接かつ長期にわたる経験から発言できる医師はアメリカにはいない。それゆえに博士の言葉はほかの何者の発言にも与えることができない説得力をもっている」と書かれているのを読むと、ミッチェルが「疑う余地のない権威」をもって語るセクシスト／ミソジニスト的主張がアメリカ社会に深く根を下ろしていたという事実に改めて気づかされるのだ。

5 女性同士の連帯

こうしたアメリカの現実を目の当たりにして、安静療法の開発者としてのミッチェルの非科学性、非論理性を攻撃し続けてきたジャコービが激しい苛立ちを覚えたであろうことは想像に難くない。やがて彼女は短編「黄色い壁紙」でミッチェルを批判していたシャーロット・パーキンズ・ギルマンの治療を引き受けるという意外な行動に駆り立てられて、共通の敵とも呼ぶべき〈アメリカ神経学の父〉を批判攻撃するために、ギルマンと共同戦線を張ることになる。こうして読者の目の前には、ミッチェルの治療を受けたギルマンをミッチェルのライバルとしてのジャコービが治療するという奇妙な光景が展開することになるのだ。

一九〇一年一二月七日にジャコービから「彼女が考案した治療法を試してみたいがどうだろうか」という手紙を受け取ったので、「長い体温表」を持参して、病状を説明すると、「数ヵ月続いた、非常に効果のある治療コース」が始まった、とギルマンは『自伝』第一八章に記している。一二月一七日の日記には一二時にジャコービの診察を受けると、「ドクターは電気板を太陽神経叢に当てた」と書かれ（同じ電気療法を受けたことは翌一九〇二年一月一四日の日記にも記録されている）、この一七日にはまたワインにホスホグリセリン酸を混ぜた飲み薬をジャコービは処方し、翌年の一月一六日にもギルマンは同じ飲み薬を服用しているが、伝記作者のビッテルによると、これは消化と吸収と栄養摂取を促進させるためだったらしい（Bittel 145）。

ジャコービの治療法の特徴を、ギルマンは「彼女の提言と監督の下でのささやかで無関係な作業で、動きの鈍い脳を働かせること」と要約し、その目的は「私から何の努力を要求することなく、行為能力を回復させること」と『自伝』で説明している。手始めにまず幼稚園児用の積み木で物を作る練習をする一方で、ギルマンはジャコービの指導を受けながらE・B・ウィルソンの『発生と遺伝における細胞』（Wilson, *The Cell in Development and Inheritance*, 1896）を読み始めている。やがてギルマンは一九〇二年一月二日の日記に「ジャコービ先生の治療を受けてどんどんよくなっている」と記し、三〇日には「独りになったとき先生の診察室の本をこっそり並べ替えた――大成功」、三一日には「先生は私が本棚を動かしたことに腹を立てなかった――優しい女性だ」などと茶目っ気たっぷりに書くまでに回復している。

『自伝』のなかでギルマンは「私は二月七日までに『現実に本の執筆に取り掛かる』」と誇らしげに書いた。元気だった少女時代に時折していたように一日の作業スケジュールをまた作成した」と述べているが、それは実際には二月一一日のことで、その日の日記には「七時起床、八時三〇分まで着替え、朝食、その他、九時三〇分まで家事、一一時一五分まで執筆、一時四五分まで散歩およびドクター。昼食、休憩、訪問、裁縫、その他」とスケジュールが書き込まれている。だが、その直後の二月一三日の記事「細胞の本が読めない――脳が受けつけようとしない」や一七日の記事「まだ落ち込んでいる。何もしない。先生は幼稚園児用の積み木に私を連れ戻す」が示しているように、治療は振り出しに戻っているが、翌一八日には早くも「ウィルソンの『細胞』に復帰」とあるように、病状が一進一退を繰り返している。結局、二月二六日に娘のキャサリンが肺炎にかかり、その後、胸膜炎、猩紅熱と立て続けに発症したため、ギルマンの治療の記録は自伝からも日記からも消えてしまう。

だが、辛うじて残っているジャコービの「治療コース」に関する記述から判断する限り、彼女の患者に対する姿勢は、かつてギルマンが治療を受けたミッチェルのように高圧的でも独断的でもなかったことは歴然としている。たとえば診察室の本をギルマンが並べ替えるといった悪戯のエピソードを読むと、医者ジャコービと患者ギルマンの関係は完全に対等であって、古くからの友人同士のそれのような印象を受けるのではないか。ジャコービの没後から一年経った一九〇七年、彼女の功績を讃える記念碑の除幕式でのスピーチで、ギルマンはジャコービの思い出をつぎのように語っている――

先生にお会いしたとき、私たちが程度の差こそあれ同じ事柄に関心があることを発見しました。先生は私が抱えているタイプの神経衰弱に対してとても親切に興味を示して、私に一つの提案をして下さいました。そのような病気に試したいと思っている治療方式を発案したけれども、

> それを試させてくれる患者が誰もいなかったというのです。私は心から喜んで試させていただきますと答えました。［中略］私は毎日、先生の診察室へ通って治療を受け、先生はまことに見事なパフォーマンスの治療を私に施して、こんな褒め言葉を――「あなたほどに辛抱強い患者に出会ったことがない」［強調原文］という褒め言葉を私にかけて下さいました。私も先生ほどに辛抱強くて、先生ほどに察しが速い医者にお目にかかったことはありませんでした。先生は患者の心のなかに入り込み、そこで何が起こっているかを知っているかのようでした。私は先生の寛大な心に深い愛情を抱きましたし、これからも抱き続けます。（qtd. in Morantz-Sanchez 213-14）

ここでの「辛抱強い患者」（*patient* patient）という表現も、ジャコービとギルマンがそのような駄洒落を言い合える関係だったことを物語っている、と考えたいのだが、このスピーチをたっぷり引用した『共感と科学』の著者レジーナ・モランツ＝サンチェスは、「ギルマンがジャコービの実際の治療コースに関するもっと詳細な説明を残してくれなかったことが悔やまれる」としながらも、「ギルマンを治療するに当たってジャコービが彼女を対等《イコール》のパートナーとして積極的に参加させようとしている点は、『黄色い壁紙』で軽蔑的に描かれていたS・ウィア・ミッチェルの権威主義的な態度とまったくの対照をなしていた」（Morantz-Sanchez 214）と語っている。

このギルマンのスピーチに関して、ジャコービの伝記作者カーラ・ビッテルもまた「ジャコービはギルマンの治療を指導していたが、両者の関係は仲間《ピア》同士の協力関係でもあった」と述べ、「結果に満足したギルマンはジャコービの患者でもあり、実験の被験者でもあり、友人でもあった。ジャコービはミッチェルが提供しなかったものを提供した。それはパートナーシップだった」(Bittel 146)と『共感と科学』の著者と同様の発言をしている。モランツ＝サンチェスもビッテルもともに「対等のパートナー」あるいは「パートナーシップ」に言及し、「仲間同士の協力関係」など眼中にない「権威主義的な」ミッチェルを名指しで批判している点に注目したい。この「パートナーシップ」は「女性同士の連帯」あるいは「シスターフッド」と読み換えることもできるだろう。

　さらに、このジャコービとギルマンの「連帯」の産物とも呼ぶべき作品として、ギルマンが一九一五年六月に個人誌『フォアランナー』に発表した短編「ドクター・クレアの療養所」(“Dr. Clair's Place,”1915)を挙げることができるのではないか。この短編では南カリフォルニアの山中に精神科の専門医ドクター・ウィリー・クレアが開設した「丘陵《ザ・ヒルズ》」と呼ばれる療養所が舞台になっているが、そこでは「サナトリウムの問題は患者がじっと座ったまま自分自身や自分の『病状』を考える以外に何もすることがないということだ」というクレアの主張に基づいて、「患者を何かに夢中にさせ——さらに楽しくさせるのを仕事にする常勤の職員が一人か二人」待機していて、患者たちは裁縫、編み物、刺繍、庭仕事などを自由に楽しむことができる。「患者たちは毎日、人生を楽しんだ。もちろん、これはどれも強制的ではなかったが、患者たちはほとんどが気に入っていた」と説明されている。ミッチェルのサナトリウムでは「安静療法」が入所者に強制されていたので、ドクター・クレアの療法はヒステリーの治療に乗馬や体操を推奨していたジャコービのそれを連想させずにはおかない。その意味でも短編「ドクター・クレアの療養所」はミッチェルを厳しく批判していた短編「黄色い壁紙」の延長線上に置くことができるのだ。

この南カリフォルニアのサナトリウムでは峡谷の奥深くに山登り、水浴、水泳などができる施設も整っている。それを実際に利用したことがある患者の女性は、かつては死線をさまよったこともあったのだが、「ただ単に山を登るという喜び」や「純粋な肉体的疲労と完全な休息の喜び」を味わうようになったと告白し、自然の懐に抱かれて暮らしているうちに、「肉体的な健康という健全な城壁」が自分の周りに築かれて、「わたしの不幸も苦痛も羞恥も遠い過去に消えるように思われた」とも語っている。ジェニファー・タトルは短編「ドクター・クレアの療養所」は「西部療法《ウェスト・キュア》の一種を処方する女性医師を描いている」(Tuttle 115)と指摘しているが、女性の患者に西部療法(キャンプ療法)を経験させるという設定によって、ギルマンは『難問』の場合と同じように、男性だけをターゲットにしていたミッチェルの西部療法を批判していると考えてよい。アメリカ西部の南カリフォルニアの大自然のなかにサナトリウムを開設したドクター・クレア(Dr. Clair)と、同じ西部のコロラド州でアメリカ東部の女性たちを再生させる『難問』のドクター・ベレア(Dr. Bellair)は、その名前の響きをも含めて双生児と言ってもいいほどに似かよっている。

ギルマンがミッチェルの安静療法と西部療法の両方を批判していることは前章で論じたが、『難問』から四年後に発表された短編「ドクター・クレアの療養所」について、「『弱き性』の弱さを想定した診断を下すウィア・ミッチェルのような男性の医師たちと違って、ウィリー・クレアは彼女の患者のために仕事と娯楽のプログラムを処方していた」と主張するゲアリー・シャーンホーストが、「この短編は、少なくとも部分的には、二〇世紀の初めにギルマンがドクター・メアリー・ジャコービから受けた治療によって触発されている」（Scharnhorst 97）と指摘しているのを見逃してはなるまい。その意味で、短編「ドクター・クレアの療養所」はそれぞれの立場から〈アメリカ神経学の父〉に対立していたギルマンとジャコービの「シスターフッド」の産物だった、と結論できるだろう。いや、この二人の新しい女性たちの「シスターフッド」はまったく別の意外な形で発揮されることになるのだが、この話題は本書の第七章で改めて取り上げることにしたい。

第六章　クラーク博士のベストセラー

——男女共学をめぐる論争

1　ベストセラー『教育における性別』

一九〇八年にハーパー・アンド・ブラザーズ社から出版された『家族ぐるみ』（*The Whole Family*, 1908）と題する作品は、本書でも何回か言及されているアメリカ文壇の大御所ウィリアム・ディーン・ハウエルズが雑誌『ハーパーズ・バザー』の編集者エリザベス・ジョーダンの協力を得て企画した合作小説で、ハウエルズとジョーダンのほかにヘンリー・ジェイムズ、メアリー・ウィルキンズ・フリーマン、エリザベス・スチュアート・フェルプスを含む一二人の執筆者がそれぞれ担当した一二の異なる章が一九〇七年一二月から翌年の一一月まで『ハーパーズ・バザー』に連載された。

この合作小説についてハウエルズは「婚約や結婚はアメリカ人が通常思っている以上に家族の問題である」ことを読者に伝えると同時に、「男女共学を擁護することによって、若い人たちは少なくとも男女の精神の働きをできるだけ完全に知るべきであるということを示したい」（qtd. in Bendixen xx）と編集者ゴードンに宛てた手紙で語っている。事実、彼が執筆した第一章「父親」は、男女共学のカレッジを卒業したタルバート家の娘ペギーがハリーという婚約者を伴って帰省するという設定で、このペギーの婚約に対する家族の者たちの反応を、ほかの執筆者たちがさまざまな角度から描くことになる。物語は紆余曲折の末にハリーとの婚約を解消したペギーが別の男性と結婚して、ヨーロッパでの新婚旅行

エドワード・H・クラーク博士

に旅立つところで終わっている。

『家族ぐるみ』はハズバンド・ハンティングをテーマとする家庭小説に違いないが、男女共学という話題を家庭小説に持ち込んだハウエルズの意図は何だったのか。ペギーの父親のタルバート氏はハウエルズ自身と同じように「男女共学制度の下で若い人たちが知り合い、喧嘩別れをしたくないと思うほど深く知り合うようになったとしても、この制度においては、それはそれほど非難されるべき点ではない、と私はずっと考えていた」と男女共学に好意的な発言をしている。他方、ペギーは「男女共学にもかかわらず（恐らくはそれゆえに）学力優秀ではない」と呟く叔母（第二章）、「ペギーを男女共学のカレッジへ入学させても良いことは何もないことは最初から分かっていた」と愚痴る祖母（第三章）、さらには「ペギーは『コエデュケーショナル・カレッジ』と呼ばれる、例の奇妙な学校に追いやられた」と語る一家の友人（第一二章）など、男女共学を話題にするほかの作中人物たちのコメントは必ずしも好意的とは言えない。

この男女共学に対する複雑な反応は、一体何を物語っているのだろうか。『家族ぐるみ』を企画したハウエルズが「男女共学を擁護する」と語っていたのは、男女共学が非難攻撃された過去があったことを示唆しているのではないか。誰かに何らかの形で植えつけられた男女共学に対する世間一般の誤解を解き、根深く残っている偏見を排することをハウエルズは意図していたのだろうか。その誤解や偏見は、共学制度によって女性が男性と同じ教育を受けることが可能になったという事実と関係があるのだろうか。合作小説『家族ぐるみ』が問いかけている男女共学問題を、一九世紀アメリカにおける家父長制社会とミソジニーという観点から捉え直してみたい。

この合作小説『家族ぐるみ』から三五年前の一八七三年に、『教育における性別あるいは女子のための公平な機会』と題する著作が出版されて、たちまちのうちにベストセラーとなった。ハーヴァード大学医学部教授だった著者のエドワード・クラークは、海外旅行から帰国するたびに「結核、瘰癧《るいれき》、貧血症、神経痛を思わせる、数多くの蒼ざめた、血の気のない女性の顔」を見出して驚かされることに触れて、「たいていの場合、我が国の現在の女子教育制度がその蒼白さと弱弱しさの原因である」と冒頭近くで指摘している。この点に関して、ある女性論者は「彼の描写する学生は［中略］大学のキャンパスにおける学生というよりも『ウォーキング・デッド』を連想させる」（Swaby 3）と評している。さらに彼は「白帯下《はくたいげ》、無月経、月経困難、慢性および急性卵巣炎、子宮下垂、ヒステリー、神経痛、その他の名前で知られる、この世での女性の人生を苦しめる重大な疾患」は「女性の身体構造の特異性を無視することから生じるさまざまな原因によって主に直接的に引き起こされる」と述べて、「女性の身体構造の特異性を無視する」男女共学制度を口をきわめて非難し、それは「神と人類に対する犯罪、生理学が異議を申し立て、経験が嘆き悲しむ犯罪」である、とまで言い切っている。

本書の第一章で「真の女性」に関する発言を引用した心理学者G・スタンレー・ホールは、『教育における性別』を「女性の月経はもっと尊重されねばならない、という経験ある開業医による非常に学問的ではないが、率直かつ賢明な訴え」（Hall 569）と呼ぶ一方で、「それは大学で学ぶ機会を女子に確保しようという運動の絶頂期に現われ、女子を受け入れることに乗り気でないハーヴァード・カレッジの内意を非公式に受けていたのではないかと疑われ、数年間で一七版にまで達した」(569-70)と説明し、「全体的に見ると、クラーク博士は女性の教育の歴史におけるもっとも重要な問題を提起していて、彼の書物はいまだに女性と女性の領域に関するほとんどの問題に対する女性の態度の指標《シボレス》である」(570)と一九〇四年の時点で述べていた。

だが、一八九四年から一九二二年までブリンマーカレッジの学長を務めたケアリー・トマス(Carey Thomas, 1857-1935)は、クラークの死から三〇年後の一九〇七年におこなった講演で、「その当時、エドワード・H・クラークの『教育における性別』というあの陰鬱な亡霊の鳴り響く鎖の音に憑りつかれていた。恐怖におののきながら、その本をわたしは母に読ませたが、彼女自身も彼女の知っている女性の誰もクラーク博士の本に描かれているような類いの少女や女性を見たことがないので、そのようなものは存在しないかのように振舞えばいい、という母の言葉を聞いて、すっかり安心した」(qtd. in Fiss 97-98)と語っている。

翌一九〇八年、つまり『家族ぐるみ』が出版された年にボストンで開催された大学女子卒業生協会(ACA=Association of Collegiate Alumnae)の創立二五周年記念大会の開会の辞で、会長フローレンス・クッシング(Florence Cushing, 1853-1927)は「四半世紀とちょっとばかり昔、この建物のすぐ近くでボストンの著名な医師の一人が『この土地に上陸したヨーロッパ人が最初に観察するのは、この国の女性たちが弱弱しい種族であるということだ』と書き記した」ときのことを回想し、「その『弱弱しい種族』の生き残りの何人かがここで今夜、あなたを歓迎いたします」(qtd. in Gould: n.p.)と皮肉たっぷりな口調でクラーク博士に挨拶を送っている。

こうしたエピソードはいずれも、「女性の教育の歴史におけるもっとも重要な問題」を扱っていたベストセラー『教育における性別』が思春期の若い女性たちの心に深い傷跡を残したことを物語っているが、一体いかなる理由で著者クラークは男女共学制度をこれほどまでに蛇蝎視したのだろうか。

女性に「公平な教育の機会」を与えるための条件として、クラークは①「適切な滋養物の十分な提供」②「生殖器官の形成を含めた、月経機能の標準的な管理」③「一定の基準で配分された精神的、身体的作業」④「十分な睡眠」の四つを挙げているが、女性に備わっている「生殖器官」について、彼は「この女性独自の驚くべき器官の完全な発達に人類は非常に強い関心を抱いているが、その発達は一人の女性の教育人生の数年間に発生する」と指摘し、「それほどに繊細で広がりのあるメカニズムを生体の内部に作り上げる、それほどに異常な作業」は男性に課せられることが一切ないとした上で、「その作業がその時期に完成されず、生殖機能がその時期に築かれ、正常に作動していない場合、その機能が後日、完全に達成されることは絶対にない」と断言している。

だが、男女共学制度の下では男子学生を基準とした教育がおこなわれ、女性の生殖機能という「繊細で広がりのあるメカニズム」に何の配慮もなされていないために、女子学生は成績優秀であるにもかかわらず（クラークは別の箇所で「［古代ローマの風刺詩人］ユウェナリスの複雑さを解明する点で男子学生を打ち負かす」という表現を用いている）、「われわれが語っている特殊なメカニズムが初期段階、つまり未発達のままの状態で」卒業することになる。この「未発達の卵巣」を抱えた女性たちは「やがて結婚するが、子どもを作ることができなかった」だけでなく、そのような女性の一人だった彼の患者ミスEを「私は結局、精神病院へ送ることを余儀なくされた」と『教育における性別』の著者は告白している。

この生殖器官という「特殊なメカニズム」が完成するのは一四歳から一八歳の時期で、この時期が女性にとってもっとも重要であると考えるクラークは、「一四歳と一八歳の間の女子は、男子のように回復と成長のためだけでなく、生殖システム――エンジンの内部のエンジン――を構築する、もっと正確に言えば、それを発達させて完成させるという付加的な作業のためにも睡眠をとらねばならない」と指摘している。さらに「生殖システムの発達停止」は女性に深刻な影響を与えると考えるクラークは、「女性が成人年齢に達したとき、乳房や卵巣の一部がなかったり、それらが全部なかったりすると、彼女の神経組織や頭脳、直観や性格は低レベルであって、調和のとれた最高の発達を遂げることができない」と述べ、そのような欠陥のある女性の場合、「一般に見られるよりも脂肪が少なくて筋肉が多い組織」や「それまでよりも荒れた肌や一般的にもっと硬く角ばった体形」が現われるようになるだけでなく、「母性本能の消失やアマゾン的な荒々しさと強さの出現」といった「それに対応する変化が知的で精神的な状態」にも発生

SEX IN EDUCATION;

OR,

A FAIR CHANCE FOR GIRLS.

BY

EDWARD H. CLARKE, M.D.,

MEMBER OF THE MASSACHUSETTS MEDICAL SOCIETY; FELLOW OF THE AMERICAN ACADEMY OF ARTS AND SCIENCES; LATE PROFESSOR OF MATERIA MEDICA IN HARVARD COLLEGE, ETC., ETC.

BOSTON:
HOUGHTON, MIFFLIN AND COMPANY.
The Riverside Press, Cambridge.
1884.

『教育における性別』扉

すると説明している。

こうしてアメリカ女性の置かれている状況をつぶさに検討した『教育における性別』の著者は、「われわれの近代的な教育方式は女性の身体に公平な機会を与えず、その発達を阻止し、弱体化を招いている」と断じているが、この発言を裏づける証拠は彼の患者だった七人の女性（ミスEもその一人だった）のケーススタディの形で示されている。たとえば一五歳のときから女優として全力を尽くしてきたミスBの場合、「多量の出血という緩やかな自殺行為」で苦しむことになったが、その原因を探ったクラークは「彼女の教育を受けると同時にパンを稼ぐことを余儀なくされた才能豊かで健康な少女は、この二つの課せられた仕事に熱心に、あまりにも熱心に取り組んだが、その時期は女性の身体が生殖器官の発達に忙しい時期だった」と説明している。

他方、ミスFは数ヵ国語をマスターした優秀な学生だったが、卒業後に全身衰弱、不眠症、神経痛などを患うようになったのはなぜかという問題を考えたクラークは、「学生時代に彼女は休みなく勉強した――月経中の一週間にもほかのときとまったく同じように」と指摘し、「彼女の神経を衰えさせたのはラテン語やフランス語やドイツ語や数学や哲学ではなかった。彼女の健康が衰えたのは男子学生に対する生来の劣等感のせいでもなかったし、女性が学ぶ権利のないものをマスターしたからでもなかった。彼女の勉強を女子のやり方ではなく、男子のやり方でやろうとしたというだけの理由で、彼女は健康を失った」と結論している。

こうした犠牲者を生み出す男女共学制度を「神と人類に対する犯罪、生理学が異議を申し立て、経験が嘆き悲しむ犯罪」とまで呼ぶクラークは、『教育における性別』のどこかで女性の高等教育が「怪物《モンスター》のような頭脳と貧弱な身体、異常なまでに活発な思考と異常なまでに弱い消化」をもたらすことを嘆き、「辞書に軛《くびき》のように繋がれ、月経で苦しむアメリカ女性は、怪物のような頭脳と発達が中断した卵巣の見本市《エキシビション》だ」と呟いているが、この女性たちの「怪物のような頭脳と貧弱な身体」を彼が問題視するのはなぜだろうか。

これまでにも言及してきたように、男女共学制度の下で教育を受けた女性は「過度で不釣り合いな頭脳の活動」のせいで、生殖器官と呼ばれる「このデリケートで複雑なメカニズムは、それの構築と維持に必要とされる力が欠如しているために、発育が不全になったり妨げられたりする可能性が高い」と信じて疑わないクラークは、「怪物のような頭脳と貧弱な身体」の持ち主たちは、家父長制社会アメリカにおける家庭という女性の領域で、理想的な母親になって育児に励むことができない、と考えた。そして、家父長制社会が求める「真の女性」に不可欠な「家庭性」という美徳が失われた彼女たちは、「家父長制の敵であり、脅威であると認識される女性たち」(Manne 34)にほかならない、とクラークは確信し、彼女たちに「ミソジニー的敵意」を向けることになったのだ。ケイト・マンに従えば、彼女たちは「家父長制的標準に応えていないと見なされる」女性たちであって、そのような「家父長制の敵」を世間に送り出す男女共学制度を「神と人類に対する犯罪」と断じたことは、クラークが家父長制社会の価値観を全面的に受け入れていたことを物語っている。『教育における性別』の著者は、すでに登場したサミュエル・ハウやウィア・ミッチェルに勝るとも劣らないミソジニストだった、と言わねばならない。

2 クラーク博士とミッチェル博士

では、こうした「怪物のような頭脳と貧弱な身体」の女性を社会に送り出し、「生理学と経験の双方から非難されている」男女共学制度の弊害を取り除くためには、どのような教育方式が望ましいのか。「周期性（periodicity）は女性の身体を特徴づけ、女性的な力を発展させる。持続性（persistence）は男性の身体を特徴づけ、男性的な力を発展させる。教育は、その方法を前者の周期性と後者の持続性に適合させることによって、それぞれから最善の部分を引き出す」と考えるクラークが提案したのは、「持続性」と「周期性」を尊重する「特別で適切な共学制度」（強調原文）だった。なお、「規則性」（regularity）を「すべてに浸透している規範」と考える心理学者スタンレー・ホールは「恐らく宇宙のもっとも深い法則である周期性は、女性の人生において最高の勝利を記念する。長年にわたってすべては周期性の絶対的な確率に譲歩しなければならない」（Hall 639）と述べて、「周期性」に関するクラークの主張を支持していることを付記しておこう。

そのクラークが提案する新しいプログラムによると、成長期の健康な男子学生が研究に一日六時間充てるのに対して、一四歳から一八歳の女子学生はその三分の二に相当する四時間を研究に費やし、「生殖器官を発達させるための充分な余裕」が保証されているが、「もし女子が頭脳の教育に男子と同じエネルギーをつぎ込むと、頭脳と特別な［生殖］器官のいずれかが損傷する」とクラークはコメントしている。同時にまた、彼は「［女子学生の月経が起こる］第四週毎に研究と運動の両方の軽減、ときには中止をしなければならない。その際、精神活動と身体活動の完全な中止を一日だけ必要とする者や、二日か三日必要とする者がいる」と述べて、月経時の女子学生には休養あるいは安静が必要不可欠であることを強調している。

『教育における性別』の翌年にクラークは『脳の作られ方』（*The Building of a Brain*, 1874）を出版しているが、そこでも彼は「すべての女子は器械体操、長時間のウォーキング、その他の体育の授業で長短さまざまな欠席期間を月経時には必要としている」（強調原文）と述べ、家庭科や技術科の授業についても「欠席期間は個々人にとってはきわめて重要であり、学校が必要な手段を講じていない場合には、生涯にわたる寝たきり状態、起こるかもしれない不妊や死亡に対して、直接的に責任を取らねばならない」と主張している。そして、その主張を補強するために、彼はニューヨークの著名な産婦人科医トマス・アディス・エメット（Thomas Addis Emmet, 1828-1919）の私信から「月経時には、次回の月経の時期と月経量が習慣として定着するまで、心身両面の絶対的な安静を強制するべきだ」という一文を肯定的に引用している。

この「心身両面の絶対的な安静」という表現は、本書の第四章と第五章に登場していた、安静療法の考案者ウィア・ミッチェルのことをほとんど自動的に思い出させるが、彼もまた『教育における性別』の二年前の一八七一年に出版されたばかりの『疲労と過労』で、「身体の健康に配慮がなされないようなら、一四歳から一八歳の女子の教育は一切しないほうがいい」と発言している。それに共感したのか、クラークは同書から前後二回、かなり長い引用をしている。最初は「もっとも高名なアメリカの生理学者の一人であるミッチェル博士は最近、われわれが指摘した害毒についてもっとも有力な証言をしている」という一文(「もっとも高名な」「もっとも有力な」と最上級を繰り返している点に注目)に続けて、「今日のアメリカ女性は、率直に言って、女性としての義務に対して身体的に不適切なことがあまりにもしばしばあって、もしかしたら文明世界の女性のなかで、人間の神経系に非常に大きな負担をかけるような重い仕事を手掛ける資格がもっとも低い。アメリカ女性は自然が妻としての女性、母としての女性に要求している事柄に十分に対処することができない。昨今の女性は、男性と共有することを熱望しているさらに過酷なもろもろの義務のプレッシャーの下で、どのように持ちこたえられるというのだろうか」というパラグラフを含む三つのパラグラフを長々と引用している。

二回目には「すでに引用した月経学の著名な権威」の発言として、「成長期の女子が一日に七時間から八時間も勉強に専念することが良いことだと信じたり、そのような女子が筋肉を使う職工と同じくらい長い時間をかけて頭脳を使うことが正しいことだと信じるような医師がいるだろうか」とか、「フィラデルフィアの普通学校に詰め込まれている一四歳から一八歳にかけての女子の場合でさえ、この種の緊張とこの種の勉強は多くの医師が悲しいまでに熟知している相当程度の健康障碍を引き起こしている」とかいった記述を含むパラグラフを『疲労と過労』から二頁にわたって引用している。

このように神経衰弱の女性患者のための安静療法を開発したミッチェル博士と、生殖器官の損傷を防ぐ目的で月経中の女子学生のための安静を提案したクラーク博士との間には意外な共通点が見いだされるのだが、ミッチェルが「安静」の名の下で女性を女性の領域としての家庭に閉じ込めることを画策する度し難いミソジニストだったことを知っている読者としては、『教育における性別』の著者もまたミッチェルと同じ医学的ミソジニストだったという事実を何の抵抗もなく受け入れることができるのだ。

さらに興味深いのは、ミッチェルもまたクラークと同じような男女共学反対論者だったという事実にほかならない。一八八九年一二月一四日の『メディカル・ニュース』の特集「共学と女性の高等教育」の記事で、ミッチェルが男女共学は「忌まわしい」「愚かで馬鹿げている」「不必要」と主張していたことは前章で触れたが、この発言に続けて彼は「女性を——若い女子を男性たち——若い男子たちのクラスに入れたとする。彼女は羞恥心のせいで彼女の要求や月経による身体障碍を隠したり、抑えたり、無視したりすることを余儀なくされる。女子大において暗黙の裡に受け入れられている健康と忍耐の基準が男性のそれであるとしても、男女両性のグループの場合にはそれはどうなるのだろうか。羞恥心は男性の微笑を恐れることで一層強められることになる」と語り、「男女共学に関して言えば、それはまったく間違っているように私には思われる」と付け加えている。「この記事におけるミッチェルは、月経を身体障碍とする考えに執拗にこだわり続け、彼自身の恐怖心と羞恥心を女性に投影している」（Cervetti 181）と彼の伝記を書いたナンシー・サーヴェッティは評している。

この『メディカル・ニュース』の記事の末尾に、ミッチェルは彼の結論に疑義を抱く読者には、ジョージ・ロマネス（George Romanes, 1848-94）とリン・リントン（Lynn Linton, 1822-98）とエドワード・クラーク博士の書いたものを読んでもらいたい、という言葉を書き加えている。ロマネスは「男性と女性の知的相違点」（"Mental Differences of Men and Women"）と題する論文を一八八七年に書いたイギリスの生理学者、リンは一八六八年に発表した評論「いまどきの娘」（"The Girl of the Period"）その他でフェミニズムを激しく攻撃した同じくイギリスの小説家でジャーナリストだが、この二人の著名人と同列にクラークを置いているのは、『教育における性別』の主張をミッチェルが全面的に支持していることを暗示している。「安静」の問題にこだわり続けるミッチェル博士と同じように、彼の考え方に限りなく近いクラーク博士もまた執拗な「ミソジニー的敵意」を「怪物のような頭脳と貧弱な身体」の女性たちに対して抱いていたがゆえに、男女共学を徹底的に否定する『教育における性別』という現代の読者からすればきわめて時代錯誤的な書物を執筆することになったのだ。

にもかかわらず、『教育における性別』が当時の読者層に熱烈に歓迎されたことは、刊行直後に書かれたいくつかの好意的な書評からも明らかだ。たとえば一八七三年一一月一三日付の『ザ・ネイション』に載った書評は、長年ハーヴァード大学医学部教授を務めた「クラーク博士が信頼に足る権威であることは間違いない」と述べ、「博士の権威を疑うことは博士の品性を疑うことと同じように無益だ。さらに世界の著名な生理学者のすべてが博士の意見に与している」とした上で、「この本の教えを通じて博士が療治することを願っている恐るべき害毒は、女性とほとんど同じように男性にも重くのし掛かっている。まず、すべての男性も女性も母親から生まれ、何らかの形で母親の短所を受け継がねばならないからだ。つぎに、ほとんどの男性の幸福と福利は、その妻や子どもたちの健康と幸福と密接に結びついているからだ。正しい生理学的な原理に基づいて理解され、精力的に挑戦されれば、この害毒は二世代か三世代で療治可能であるとクラーク博士やほかの多くの生理学者たちとともに信じることは、大いなる慰めでもあり励みでもある」と述べ、定価一ドル二五セントのこの本が一般に広く読まれるためには「廉価版が即刻出版されることが望ましい」という一文を最後に付け加えている。

『教育における性別』の前年の一八七二年五月に創刊された『ポピュラー・サイエンス・マンスリー』の書評家は「この小さな書物は女性の権利に関する議論の単調さを打ち破り、男女共学という目下広まっている誤謬の一つを暴いている」と書き始め、「男性とは違って、女性が母親になることを運命づけられているという事実は、女性の初期の教育において等閑視することができる些細な付随的事柄では絶対にない。〔中略〕女性は、その本性において、母親になるという目的のために組織化されているので、思春期において、そのような組織をもたない異性と同じ扱いを受けると、しばしば非常に多くの永続的で致命的な害毒が発生する傾向がある」と男女共学制度の問題点を指摘し、クラーク博士が「女子教育の誤った制度から生じた病的な結果」を論じる第三章には「我が国の無謀な改革主義者の何人かの注意を引いてしかるべき衝撃的な事実が詳細に示されている」と述べたついでに、「この本は広く流布すべき本なので、もっと廉価な形で出版されるべきだ」と『ザ・ネイション』と同じ趣旨の発言をしている。

『アメリカン・ジャーナル・オブ・メディカル・サイエンシズ』に載ったかなり長い書評の筆者は、「ここで主張されている生理学的前提は反論の余地がないと信じるし、導き出されている推論は論理的であり、提示されている症例はほとんどすべての医者の観察と一致しているけれども、到達している結論は今日のある種の運動の主張や願望と正反対なので、猛烈な逆襲を招くに違いない」と書き始め(「今日のある種の運動」というのは女権拡張運動やフェミニズムなどを指すのだろう)、『教育における性別』の内容を数ページにわたって丁寧に紹介した後で、「このような本が書かれたことに対する満足の気持ちを表明することなしに、目の前にある本から離れることができない。この本は長い間必要とされてきたが、もっと以前であれば注目を集めることは多分なかっただろう。現在ではそれは確かに時にかなった言葉〔箴言第一五章二三節〕であり、おりにかなって語る言葉〔同第二五章第一一節〕である。ここに示されている賢明な助言を一般読者の心が受け入れる準備ができていることをわれわれとしては希望せざるを得ない。女性の弱さが女性の魅力とされた時代は確かに過ぎ去った。ここで語られている金言を一つの世代の教育だけにでも実際に応用することができれば、いま未来のあたりに垂れこめている暗雲は希望と光の輝きによって追い払われるだろう」と聖書の言葉まで引用しながら興奮した口調で書き終えている。

どうやら『教育における性別』の書評家たちは、ヴィクトリアン・アメリカの家父長制的イデオロギーを著者のクラークと共有しているだけでなく、「恐るべき害毒」、「男女共学という目下広まっている誤謬の一つ」、「垂れこめている暗雲」などといった表現は、その家父長制的イデオロギーが揺らぎ始めているのではないか、という危機感をもクラークと共有していることを物語っている。同時にまた、こうした好意的な書評に後押しされる形で『教育における性別』は、スタンレー・ホールも指摘していたように、たちまちのうちにベストセラーになって版を重ね、たとえば一八七一年に共学制度を導入したばかりのミシガン大学では一日に二〇〇部も売れたと伝えられている。

なお、この時期にたまたま同大学の女子学生の一人だったオリーヴ・サン・ルーイ・アンダーソン（Olive San Louie Anderson, 1852-86）がＳＯＬＡ（名前の頭文字のアナグラム）の筆名で発表した小説『アメリカン・ガールと男子校での四年間』（*An American Girl and Her Four Years in a Boys' College*, 1878）には、出版直後に『教育における性別』を読んだ主人公ウィル・エリオットとその同級生たちのリアルタイムの反応が語られているが、二〇〇五年にミシガン大学出版会から復刻版が刊行されたこの小説は、クラークの男女共学批判がどのようにキャンパスで受け止められたかを知るための貴重な資料を提供している。

3　一八七四年のフェミニストたち

クラーク博士のベストセラーに対して同時代のフェミニストたちはどのような反応を示していたのだろうか。『教育における性別』の翌年の一八七四年に出版された、クラークの見解や提案に異議を唱える四冊の著作を取り上げてみよう。

まず、本書に登場していたジュリア・ウォード・ハウが編集した『性別と教育――Ｅ・Ｈ・クラーク博士著『教育における性別』への回答』(Julia Ward Howe, ed. *Sex and Education. A Reply to Dr. Clarke's "Sex in Education,"* 1874) には、ハウのほかにホーレス・マン夫人のメアリー・ピーボディ・マン (Mary Peabody Mann, 1805-87)、改革主義者で超絶主義者のキャロライン・H・ドール (Caroline H. Dall, 1822-1912)、既出の小説家のエリザベス・スチュアート・フェルプス、男性では作家で奴隷制廃止論者のトマス・ウェントワース・ヒギンソンなどの学識経験者が寄稿している。

編者のハウは「周期的な機能［月経を指す］が組織的に軽視されているという我が国の青少年の教育者たちによる非難は、クラーク博士がこれまでに私たちに示している以上の証拠がなければ認めることができない。アメリカの女性たちが自分の健康をとりわけ蔑ろにしているとか、男性たちはそうでないのに女性たちが自分の身体の法則を破っているとか、向学心が女性たちにそうさせているとかいった非難は、女性たちは男性たちと一緒に大学へ行ってはならないという教訓をクラーク博士が引き出すための作り話にすぎない」と論じているが、『教育における性別』を「一八七〇年代のもっとも悪名高いアンチフェミニズムの著作の一つ」(Showalter 2016: 197) と呼ぶエレイン・ショーウォーターは、この論集でのハウのエッセイについて「婉曲的で没個性的であるが、にもかかわらず、日記や手紙を含めたハウのすべての書き物のなかで月経に関するもっとも明確な議論である」(198) と指摘している。

他方、『教育における性別』ほどに「教育を受けた女性医師の必要」を痛感させる本はないと嘆くキャロライン・H・ドールは、クラークの七つのケーススタディに関して「彼の示す実例は統計的価値がない。正確に同じ状況の下での男子学生の総数に対する割合や、家庭で愛情をこめて教育された同じ数の女子における失敗に対する割合について何も聞かされていないからだ」と述べ、エリザベス・スチュアート・フェルプスも「何千人もの女性は『教育における性別』の著者が語り掛けることを信じようとしない。彼女たちがもっとよく知っているというだけの理由で。彼女たち自身の無学な経験が彼の学識ある発言に対する反論となっている。［中略］彼女たちは実例を山のように挙げることができる。彼女たちに統計は一つもないが、彼にも統計はない。彼女たちと博士は対等に勝負している」（強調原文）と語っている。

つぎに取り上げる『性別のない教育あるいは男子と女子の双方のための均等な機会――E・H・クラーク博士著『教育における性別』の書評として』（*No Sex in Education; or, An Equal Chance for Both Girls and Boys. Being a Review of Dr. E.H. Clarke's "Sex in Education,"* 1874）の著者イライザ・ビズビー・ダフィー（Eliza Bisbee Duffey, 1838-98）は、画家、詩人、新聞編集者、コラムニスト、スピリチュアリストとして活躍したフェミニストだったが、彼女はクラークの著書を「男女共学に反対する人たちの最後の闘い」、「やがて始まる新秩序に反対する旧弊思想の提唱者たちの最後の、絶体絶命の闘い」と呼んでいる。だが、同時にまた『教育における性別』が一見思われる以上の意味をもっていることを見抜いているダフィーは、「それは厳密に家庭の方向以外のすべての方向を目指す女性の欲求と野心に対する秘かな攻撃となっている。博士はそのすべての方向の代表例として男女共学を攻撃目標に選んだのだ。博士の計画は狡猾を極め、その戦術は非の打ち所がない。女性は『月経周期』に左右され、支配されている『性的な』生き物にすぎないという事実を世間の人々に確信させるという所期の目標を、博士が達成することができれば、女性の進出に反対する人々のための闘いは勝利を収めるということを――女性のための教育の門戸だけでなく、労働やあらゆる種類の身体的、知的な進出の門戸もまた閉じられるということを博士は知っている」と指摘している。

『教育における性別』において男女共学に反対していたクラークの真意は、「厳密に家庭の方向」に向かう女性の伝統的、家父長制社会的な生き方だけを認め、それ以外の領域に進出しようとする女性の「欲求と野心」を一切否定することだった、と論じるダフィーが、もし現代に生きていたならば、クラーク博士は安静療法を考案して女性を家庭に閉じ込めようとしたミッチェル博士に勝るとも劣らぬとミソジニストだった、と断言したのではないだろうか。このような仮定の問題をここで持ち出すのは、彼女が鋭い現代感覚の持ち主だったからで、そのことはたとえば『性別のない教育』の二年後に出版された『男女両性の関係』(*The Relations of the Sexes*, 1876)で、「夫婦間レイプ」と呼べる問題に触れた彼女が、「女性は結婚前と同様、結婚後も、積極的な気分と愛情が最高潮に達した状態でそうすることができると感じるまで、夫にからだを許してはならない」と一八七六年の時点で言い切っている事実からも明らかだろう。男女共学を批判している『教育における性別』のなかに、ダフィーは現代の哲学者ケイト・マンのいわゆる「ミソジニー的敵意」を読み取ったに違いないのだ。

『性別のない教育』におけるダフィーはまた、女性は月経時の一週間は休養あるいは安静を絶対に必要としているると主張するクラークのベストセラーのせいで、女性の社会的進出の門戸が閉ざされることになれば、「一ヵ月に三週間しか教えることができない教師は役に立たない。教会も医者の診察室も弁護士の事務所も女性に対して等しく閉ざされる」と述べ、「日曜日の説教を一ヵ月に三回することしか約束できない牧師をどこの信徒が雇うのか。四回に一回は往診してもらえない医者をどこの患者が呼びにやるのか。出廷することができないかもしれないどこの弁護士に人は安心して訴訟を任せることができるのか」と問いかけている。

この『性別のない教育』と同じ趣旨の発言は、シラキュース大学教授のジョージ・カムフォートと妻で医師のアナ・カムフォートの共著『女性の教育と女性の健康——主に『教育における性別』への回答として』(George F. Comfort and Anna Manning Comfort, *Woman's Education and Woman's Health: Chiefly in Reply to "Sex in Education,"* 1874) でもなされていて、若い女性が同じ週に生理日を迎えるということはあり得ないので、「すべての生徒が毎月四日間から七日間連続して、研究やクラス実習を欠席するような学校を維持することは不可能だろう。組織、秩序、規則性は、軍隊、銀行、農場、婦人帽子店、台所の存在にとってと同じように、学校の存在にとっても不可欠である。それはもはや男女共学の問題などではない。それは一四歳か一五歳になった大多数のアメリカの若い女性に正規の学校教育を受けさせるべきかどうか、という問題とほとんど同然だ」という記述があることを紹介しておこう。カムフォート夫妻もまた、月経時の女性は安静を必要としていると主張するクラークは、進学や就職の機会を奪われた女性を「厳密に家庭的な方向」に追いやろうとしていることに気づいているのだ。

最後に取り上げる著作は哲学者のアナ・C・ブラケット（Anna C. Brackett, 1835-1911）が編集した『アメリカの女子たちの教育』（*The Education of American Girls*, 1874）で、編者による一〇〇頁に及ぶ巻頭論文や学識者によるエッセイのほか、マウント・ホリヨークやヴァッサーなどの女子大学の現状に関する報告など一三の章から成っている。そこには『教育における性別』を「女性のプライバシーという聖域への侵入」あるいは「女性に対する侮辱」と見なす論者や、女性は生理学を研究すべきだと主張する論者などがいて、「非常に多彩な意見」（Hall 570）が聞かれると、心理学者のスタンレー・ホールは指摘しているが、そこに収録されているメアリー・パットナム・ジャコービの論文「精神の活動と身体の健康」（"Mental Action and Physical Health"）について、ハウとダフィーとブラケットによる三冊の編著書を概評した一八七四年六月二五日付の『ザ・ネイション』の記事（"The Replies to Dr. Clarke"）は、「ジャコービ夫人は有能な書き手で、彼女の論文は論旨に劣らず論調そのものが女性に対する徹底した教育の価値の強力な証明になっている」と激賞している。

この論文におけるジャコービは、キャロライン・ドールが待ち望んでいた「教育を受けた女性医師」として、クラーク博士を名指しで厳しく批判し、「科学的真実」（"scientific truth"）もなければ「実験による証明」（"experimental proof"）もない『教育における性別』は、思考のための材料ならぬ「想像のための材料」（"food for the imagination"）を読者に提供するばかりの「事実の誇張」（"exaggeration of fact"）にすぎない、と断言している。こうした彼女の歯に衣着せぬ発言から、本書の第五章に本格的に登場していたジャコービがみずからの仕事を「実験的」かつ「理論的」と呼ぶ一方で、ヒステリーや貧血症の治療における〈アメリカ神経学の父〉ミッチェルの「理論的な不正確さ」や「科学的な正確さ」の欠如を大胆に暴露していたことを思い出す読者もいるに違いない。

月経時の女性にとって一週間の安静は不可欠であるというのが『教育における性別』の基本的な主張だが、この主張をジャコービはどのように受け止めているのか。一八歳から三〇歳までの二〇人の女性（男女共学の大学や医学系の専門学校の出身者を含む）を対象に調べた結果、「月経が何らかの体調不良の原因になった」ケースが六例で、全体の三分の一に達したが、「知的な訓練」を受けた者だけに対象を限定すると五分の一か六分の一程度だったことを論文「精神の活動と身体の健康」で彼女は報告している。しかも、その体調不良が続くのはせいぜいで六時間から二四時間なので、「クラーク博士が要求する一週間の安静は度を越えている」と指摘すると同時に、月経時の不快な症状は「座ったままの窮屈な姿勢」と「筋肉の運動の不足」によって引き起こされると論じるジャコービは、その症状が勉強や研究のような「メンタルな努力」に起因するとするクラークの主張を退けている。このように女性特有のトラブルが座ったままの姿勢や運動不足から生じるとすれば、女性の「メンタルな努力」が必要とされる男女共学制度を批判する理由は自然に消滅せざるを得ないだろう。

さらに、ジャコービは月経を消化と関連づけて論じていて、読者は意表を突かれた思いをするのだが、それは「リズミカルな運動はすべての生理学的活動——心臓の鼓動、胃液の分泌、脾臓の充血、頭脳の血流などの特性であって、卵巣における細胞の成熟についてもまったく同様である」という彼女独自の見解に基づいている。彼女の意見では、月経も消化もともにリズミカルな運動という点で共通しているのであって、男性も女性もともにリズミカルな「生理学的運動」を経験しているとすれば、「周期性は女性の最大の（つまり独占的な）特性であるという主張を理解することは難しい」と彼女は結論している。これは「周期性は女性の身体を特徴づけ、女性的な力を発展させる」というクラークの偏見を斥けるためだったが、同時にまた彼女は「周期性」を「恐らく宇宙のもっとも深い法則」と考えて、クラークの主張を支持していた著名な心理学者ホールを間接的に批判しているのだ。

この議論の延長線上で、月経時の安静の問題にこだわり続けるジャコービは「消化のプロセスは三時間から五時間を要するが、身体的不快感を避けるには一般的に食後一時間の休息で充分だ。同様にして、排卵のプロセスは一五日間以上続く——月経は三日間から六日間続くが、安静を必要とするケースでさえも、通常は六時間から一二時間で充分、いや、充分すぎるくらいだ」と付け加えているが、これもまた一週間の安静が必要というクラークの持論を意識しての発言であることは言うまでもない。こうした安静をめぐる論文「精神の活動と身体の健康」での見解を新しい資料とデータに基づいて発展させた結果、ジャコービは代表的な著作『月経時の女性のための安静に関する問題』を二年後に書き上げることになる。

4 〈一編ノ詩ヨリモ真実ナル真実〉

「月経時の女性は精神的かつ身体的な安静を必要としているか。それはどの程度まで必要か」（"Do

women require mental and bodily rest during menstruation; and to what extent?"）というのが、一八七六年にハーヴァード大学のボイルストン賞委員会（Boylston Prize Committee）が発表した毎年恒例のエッセイコンテストのためのテーマだった。委員会を構成していたのはハーヴァードの著名な医学者たちで、外科医のヘンリー・ジェイコブ・ビゲロー、同じく外科医のモリル・ワイマン、産科医のデイヴィッド・ハンフリーズ・ストアラーらが含まれていたが、ハーヴァード大学元教授が書いた『教育における性別』が扱っていたのと同じテーマをあえて掲げた点に触れて、ジャコービの伝記作者カーラ・ビッテルは「医学書としてのクラークの著作の正当性を委員会は疑問視していた」と語り、彼の研究は「弱くて、一方的で、事実によって充分に裏づけられていない」（Bittel 126）と委員の一人だったモリル・ワイマンは考えていた、と指摘している。

このコンテストに『月経時の女性のための安静に関する問題』（以下『安静に関する問題』と略記する）と題するエッセイを提出したジャコービは、女性として初めてボイルストン医学賞を授与されることになる。だが、提出先が女子学生を受け入れようとしないハーヴァード大学医学部であることを意識して、提出者が女性であることを隠すためだったのか、彼女の原稿は男性的な筆跡で書かれ、"Veritas poemate verior"（="A truth truer than a poem"「一編ノ詩ヨリモ真実ナル真実」）というラテン語のフレーズが署名代わりに記されているだけだった、とカーラ・ビッテルは伝えている（Bittel 127）。なお、本書第五章で触れたように、ジャコービはラテン語に習熟していて、ペンシルヴェニア女子医大の卒論を全文ラテン語で書き上げていた。

翌一八七七年に父親の出版社から刊行されたジャコービの受賞論文が、『教育における性別』の著者クラークの主張を真っ向から否定する内容だったことは、『安静に関する問題』の「結論」と題する最終章の「月経の性質上、栄養状態が実際に正常な女性にとって、安静の必要性あるいはその望ましささえも示唆するものは何もない」(強調原文)という一文からだけでも明らかだろう。論文「精神の活動と身体の健康」で「クラーク博士が要求する一週間の安静は度を越えている」と語っていたジャコービとしては、きわめて自然な結論だったに違いないが、『安静に関する問題』における彼女の調査内容は高度に専門的で、微に入り細を穿っているので、この結論に彼女が達するにいたった経緯を詳細に論じることは、当方のような門外漢には限りなく不可能に近い。それに、ほぼ一五〇年も前に得られた古いデータを開示してもあまり参考になるとは思われないので、興味のある読者には直接原書を紐解いていただくことをお願いするとして、ここではデータの収集や分析にあたるジャコービの手法がいかに理論的で科学的だったかを説明することにしたい。

応募論文の作成に取り掛かったジャコービがまず準備したのはアンケートの項目だった。調査対象者の年齢、職業、教育を受けた期間、健康状態、初潮の時期などのほかに月経時に苦痛があったか、安静の必要を感じたか、月経時にどれだけの距離を歩くことができるか、子宮の病気の治療を受けたことがあるか、といった一六項目の設問からなるアンケートを千通作成して、彼女が関係していたニューヨーク診療所の患者などに配布した結果、二六八名から回答があった。「そのうちの九四名は月経時に苦痛や不快感や脱力感のいずれも経験したことがないと記録している。これは全体の三五パーセント――半数以下だが、ブリエール・ド・ボアモンが示している割合を上回っている」とジャコービは説明している。

さらに『安静に関する問題』の第二章「統計」の冒頭でもボアモンの名前に言及したジャコービは「ブリエール・ド・ボアモンによって得られ、しばしば引用される統計データは三六〇名の女性に基づいている。そのうちの二七八名（七七パーセント）は月経時にさまざまな程度の腹痛（一部の者は非常に軽い腹痛）を経験しているが、八二名はまったく何の支障もなかった。これは二三パーセントを下回る」と述べている。先ほどの説明にあった「ブリエール・ド・ボアモンが示している割合」は、この二三パーセントを指している。

論文「精神の活動と身体の健康」でジャコービは「統計は大規模にまとめられたときにのみ信頼できる」と語っていたが、『安静に関する問題』における彼女は、それを実際に証明するためでもあるかのように、彼女のアンケートの回答者（二六八名）とボアモンの回答者（三六〇名）を合計した六二八名の女性について、「一七六名（九四名＋八二名）は完全に苦痛を免れていた（二八パーセント）のに対し、六八パーセントの四三二名（一五四名＋二七八名）は多かれ少なかれ苦痛を経験していた」と述べているが、このようなデータ処理は彼女がボアモンの統計を重要視していたことを物語っているだろう。だが、彼女はボアモンという人物が示している数字を無批判に受け入れていたのではなかった。その証拠に「しかしながら、ブリエール・ド・ボアモンは、ほとんど何の注意も払っていない軽度の腹痛と、不運な犠牲者を一時的に極度に衰弱させる月経困難とを区別していないので、彼のデータは事実上私たちのデータよりもずっと価値が低い」と付け加えることをジャコービは忘れていないのだ。

ここで何回か言及されているブリエール・ド・ボアモン（Brierre de Boismont, 1797-1881）とは、一体何者なのか。彼は『幻覚』（*Les Hallucinations*, 1845）その他の著作で知られるフランスの精神医学者だが、月経に関する彼の統計データをジャコービはどこで手に入れたのだろうか。その出典は『安静に関する問題』のどこにも示されていないし、信頼できる伝記作家カーラ・ビッテルも一切言及していないが、ジャコービが利用している統計の数字を手掛かりにして調べた結果、彼女が援用していたのは、彼女が生まれた一八四二年に出版された本文五五二頁に及ぶボアモンの大著『月経論』（*De la menstruation*, 1842）のデータだったことが判明した。なお、まったくの蛇足ながら、かつて東京都立大学大学院で教えを受けた矢野峰人教授の論文「日本に於けるボードレール」（『比較文学』一九巻・一九七六年）にボアモンとその著『幻覚』への言及があることを付記しておこう。

『安静に関する問題』におけるジャコービは「実験的」（Experimental）と題する第四章で（『教育における性別』の第二章が "Chiefly Physiological"、第三章が "Chiefly Clinical" と題されているのを意識していたのだろうか）、被験者たちの月経時における健康状態を検査するためにおこなったいくつかの「実験」について説明している。まず、「六名の女性の尿に含まれる尿素を一ヵ月間から二ヵ月間、毎日測定した結果」を示す図表を作成するにあたっては、「尿素をリービッヒの容量測定法によって測定した。二四時間に排泄された尿の総量を集め、その総量から分析のための試料は選ばれた」とジャコービは説明している。リービッヒは有機化学の父と呼ばれるドイツの著名な化学者エストゥス・フォン・リービッヒ（Justus von Liebig, 1803-73）を指している。

また、「月経との関連で筋力に生じるかもしれない変化を測定する試みがなされた」ことに触れて、握力計によって得られた結果が不完全だったので、「背部と腰部の筋力を測定するためのレニエ式検力器で得られた結果」で補った、とジャコービは記しているが、このレニエ式検力器（Regnier's dynamometer）は一七九八年にフランスの技師エドメ・レニエ（Edme Regnier, 1751-1825）によって公表された機器だった。さらにジャコービは被験者たちの脈拍数をマホメッド式脈波計（Mahomed's sphygmograph）で測ったことを報告しているが、彼女が使用した脈波計はドイツの生理学者カール・フォン・ヴィロルト（Karl von Vierordt, 1818-84）が一八五四年に発明して、フランスの生理学者で医師のエティエンヌ＝ジュール・マレー（Etienne-Jules Marey, 1830-1904）が一八六三年に改良を加え、さらにイギリスの物理学者フレデリック・マホメッド（Frederick Mahomed, 1849-84）が一八七一年にポータブル化すると同時に、精度を高めることにも成功した器具で、彼女が論文を用意した一八七六年の時点では最新式の脈波計だった。

このように『安静に関する問題』におけるジャコービは、フランス人研究者ボアモンの統計データを参考にしたり、ヨーロッパの新旧の測定装置を最大限に活用したりして、月経時の女性のための安静は不必要であるという結論を導き出している。その論文の章題が示しているように、「統計」（第二章）を重視する、きわめて「実験的」（第四章）なジャコービの医学研究者ぶりは、本書の第五章で登場していた彼女がヒステリーや貧血症の治療にヴァルデンブルク・マシーン、バトラー式ヘルスリフト、スウェーデン式医療体操など、内外の最新の研究成果を積極的に取り入れていたことを思い出させずにはおかない。

こう見てくると、ヒステリーや貧血症に関するジャコービの研究がそうであったように、『安静に関する問題』もまた「実験的」かつ「理論的」であると判断できるように思われるのだが、この論文を『教育における性別』と読み比べることによって、医学研究者としての彼女の姿勢はさらに明確になってくるだけでなく、彼女がクラークのベストセラーには「科学的真実」もなければ「実験による証明」もないと非難した理由も理解することができるに違いない。

すでに紹介した『性別のない教育』の著者E・B・ダフィーは、女性を支える男性を“oaks”、男性に依存する女性を“vines”に譬えるクラーク博士のコンヴェンショナルな比喩表現に触れて「この一九世紀も後半に入っているのに、男性をカシの木に、女性をツタに譬える人を見出すのは奇妙なことに思われる」と述べたり、クラークが少年を“roses”に、少女を“lilies”に譬えている点に関しても、「寛大なる読者よ、笑わないで下さい。科学的なクラーク博士が彼ら、彼女らをそう呼んでいるのですから」とコメントしたりして、クラークのクリシェ的な比喩表現を揶揄していたが、『教育における性別』にはほかにもさまざまなメタファーが多用されているのに気づかざるを得ない。

たとえば「筋肉と頭脳は同時に最良の形で機能することはできない」（強調原文）ことを説明するために、クラークは「人はその力を分割することなく、詩作にふけることと鋸を引くことを同時におこなうことはできない」(“One cannot meditate a poem and drive a saw simultaneously, without dividing his force.”)というメタファーを持ち込む一方で、身体の組織に栄養分を運び、老廃物を取り除く血液を「すべての家の玄関に健康と富を運び、すべての家の戸口から汚物や病気を運び去る、ヴェネツィアの運河を流れる水」(“the water flowing through the cannals of Venice, that carries health and wealth to the portals of every house, and filth and disease from every doorway.”)に譬えている。

ある研究論文(David Douglass, “The Use of Metaphor in Scientific Argument: The Case Of Edward Clarke's *Sex in Education*,” 1998)によると、本文一八一頁の『教育における性別』には、この種のメタファー表現が七七例も使われているだけでなく、序章には一頁当たり〇・五三の頻度で一〇例、第二章には一頁当たり一・〇三の頻度で三〇例、第三章には一頁当たり〇・三六の頻度で二〇例、第四章には一頁当たり〇・二三の頻度で一四例、第五章/最終章には一頁当たり〇・一六の頻度で三例のメタファーがそれぞれ見出されるというのだから驚かざるを得ない。統計好きのジャコービに言わせれば、『教育における性別』全体では一頁当たり〇・四三の頻度で七七例のメタファーが使われているということになるだろう。

この論文の筆者デイヴィッド・ダグラスは、『教育における性別』の序章に出てくる「本書は、公立学校と私立学校におけるわれわれの女子教育の方針に忍び込み、それに絡みついている体育に関する誤解に注意を促すことを意図している」(“[The book's] intent is to call attention to the errors of physical training that have crept into, and twined themselves about, our ways of educating girls, both in public and private schools."）という一文におけるメタファーについて、「ここに使われている言葉は野性的な悪、さらにはヘビによる締めつけの含意を引き出し、エデンの園での堕落をかすかながら反映している」と解説している。科学的な議論であるはずの『教育における性別』を文学作品として読むことが可能であるかのような印象を抱く読者がいるとしても不思議はないだろう。

さらにまた、女性の衣服がもたらす弊害について語る箇所で、クラークが使っている「恋人の腕よりも強い力でしっかりとウエストを締めつけるコルセットや、母になるという責任よりももっと重い重荷をヒップに負わせるスカートは、しばしば深刻な病気を引き起こし、不必要な病弱状態を押しつけてきた」（"Corsets that embrace the waist with a tighter and steadier grip than any lover's arm, and skirts that weight the hips with heavier than maternal burdens, have often caused grievous maladies, and imposed a needless invalidism."）というメタファーは、「女性の決まりきった衣服は、彼女たちの規則正しい人生における普通の行動よりも大きな負担を女性たちに強いる」と読み替えることができるが、そうした読み替えからは「恋人の腕の力や妊娠のずっしりとした重みといった発想によって引き出される生き生きとした詩的含蓄」が抜け落ちてしまう、とダグラスは述べている。ここで彼が使っている"vivid, poetic connotations"という評言は、そのまま七七例ものメタファーが見いだされる『教育における性別』全体に当てはまるのではあるまいか。

『安静に関する問題』について語るジャコービの伝記作者カーラ・ビッテルは「彼女の著作において、ジャコービは科学的証拠《エヴィデンス》を強化し、大量の統計的、実験的データで武装していた。彼女はまた構成と論調におけるクラークのセンチメンタルで文学的なスタイルから距離を置いていた」(Bittel 128)と論じている。すでに述べたように、ハーヴァード大学ボイルストン賞委員会に提出した原稿にジャコービは "Veritas poemate verior"(一編ノ詩ヨリモ真実ナル真実)というラテン語を署名代わりに書き記していたが、この事実は彼女がすでに論文提出の時点で、クラーク博士の『教育における性別』を「センチメンタル」で「文学的」な著作にすぎないと考えていたことを示唆しているのではないだろうか。本格的な医学研究者ジャコービにとって、ハーヴァード大学元教授クラークのベストセラーは「科学的真実」からはほど遠い「一編ノ詩」以外の何物でもなかったのだ。『教育における性別』は「想像のための材料」を読者に提供するばかりの「事実の誇張」にすぎない、と一八七四年の論文「精神の活動と身体の健康」で彼女が喝破していたことが改めて思い出されるのだ。

なお、『安静に関する問題』から九年後の一八八五年、前出の大学女子卒業生協会(ACA)の特別委員会は大学教育を受けた女性の健康状態を調査するために四〇の質問から成るアンケートを一二九〇名の会員に配布して、七〇五名から得た回答を分析したレポート『大学出身女性の健康統計』(*Health Statistics of Female College Graduates*, 1885)を一八八五年に出版している。それによると健康状態が "excellent" と答えた会員二七二名と "good" と答えた二七七名の合計は五四九名で、全体のほぼ七八パーセントだったが、この数字はジャコービの『安静に関する問題』における "good health" の状態の女性を示す数字を二二ポイント上回っていることを指摘している。大学教育が女性の「健康の損失や生命力の深刻な減退」をもたらすことはないというレポートの結論が、クラークのベストセラーに対する反証となっていることは言うまでもないが、ジャコービ的な統計データがここでも有力な武器になっていることを見落としてはならない。

たしかに、カーラ・ビッテルが指摘しているように、「科学的証拠」に基づき、「大量の統計的、実験的データ」を駆使した『安静に関する問題』によって、ジャコービがクラーク博士のベストセラー『教育における性別』の非科学性を暴露していることは否定できない。しかし、男女共学制度は「怪物のような頭脳と貧弱な身体」の女性を世間に送り出すという博士の持論に断固たる否！　を突きつけていたのは、ほかならぬジャコービ自身の生きざまそのものだったのではあるまいか。

ジャコービは長年女人禁制だったパリ大学医学部で博士号を取得した科学者で、クラーク流にいえば「怪物のような頭脳」の持ち主に違いないのだが、『教育における性別』が出版されたのと同じ一八七三年に彼女が結婚して、子どもにも恵まれていたという事実は、「貧弱な身体」の持ち主ではなかったことを物語っている。同時にまた、医学研究者として男性の領域と良妻賢母として女性の領域の両方に属していた「精神的両性具有者」としてのジャコービは、この二つの領域が別個に確立していたヴィクトリアン・アメリカの家父長制イデオロギーに真っ向から挑戦していたのだった。『教育における性別』の著者によって代表されるミソジニストたちから「家父長制的標準に応えていないと見なされる」女性という生き方をあえて選び取ることによって、一九世紀アメリカを支配する「家父長制的標準」そのものに非常に早い段階で異議を申し立てていたがゆえに、彼女は〈アメリカ医学界のゴッドマザー〉と呼ばれるような存在になったのだ。

医学研究者としてのジャコービは、ヴィクトリアン・アメリカの家父長制社会が期待する女性像としての「真の女性」では決してなかった。だが、彼女と同じような生き方を貫いた詩人ハウや社会思想家ギルマンとともに、ジャコービもまたヴィクトリアン・タブーに挑んだ「新しいタイプの『真の女性』」だった、というこれまでの主張をここでもう一度繰り返しておきたい。

第七章　アンチたちとの闘い
——女性参政権をめぐる論争

1 〈アンチ〉と呼ばれた人々

一九二〇年に女性の参政権を保証する憲法修正第一九条が採択されるまで、ヴィクトリアン・アメリカの重要な「女性問題」の一つは女性参政権をめぐる問題で、長年にわたって甲論乙駁の状態が続いたが、女性参政権に反対する"Antis"と呼ばれた人々はどのような理由で異を唱えていたのだろうか。

マサチューセッツ工科大学の生物学教授だったウィリアム・T・セジウィック（William T. Sedgwick, 1855-1921）は、公衆衛生学の権威として知られた科学者だったが、一九一四年一月一八日付の『ニューヨーク・タイムズ』に載った長い記事（George MacAdam, "Feminist Revolutionary Principle is Biological Bosh"）のなかで、女性に参政権が認められるようなことがあれば「それは時計の針を一千年逆戻りさせるような人間精神の退化と劣化を意味する。したがってそれは実現することはない。人類は、一握りの狂信者たちの呼び掛けで、長い歳月をかけてやっと手にした成果を簡単に手放したりはしないからだ」と予言し、「われわれは妊娠や授乳を忘れてはならない。それはどちらも母親の体力に大きな負担となるからだ。参政権の責任のような更なる負担は、母子双方にとって有害であるに違いない」とも語っている。それからわずか六年後の一九二〇年に、憲法修正第一九条が採択されているので、公衆衛生学の権威の予言は見事に外れたのだが、彼が女性を家庭という領域に閉じ込めて、その政治活動を禁じようとするミソジニストだったことを示す証拠だけは歴然と残る結果となった。

もちろん、女性参政権に反対したのは男性だけではなかった。ジャネット・ギルダー（Jeannette

Gilder, 1849-1916）は、現在ではほとんど忘れられているとはいえ、一九世紀後半のニューヨーク文壇で活躍した編集者、ジャーナリスト、文芸評論家で、小説や戯曲などの創作活動とは別に、弟のジョゼフと創刊した有力な文芸誌『批評家』（*The Critic*, 1881-1906）に詩人ホイットマンの作品を掲載したことでも知られている。一八九四年五月、『ハーパーズ・バザー』に寄稿した短いエッセイ「私が女性参政権に反対する理由」（"Why I Am Opposed to Woman's Suffrage"）で、早くから「完全に男性の職業と見なされている」職業に携わってきたけれども、「政治には女性の居場所はないと思う」とギルダーは告白し、「政治生活はあまりにも公的で、あまりにも消耗的で、女性の性質にはあまりにも相応しくない」と述べている。

BALLOT
"WOMAN IS NOT FIT FOR THE BALLOT"

投票権は男性に限るという風刺画

さらに「家庭生活」を愛してやまない「時代遅れ《オールドファッション》な」彼女は、「子どもたちを育てるという非常に重要な仕事のなかに、女性は充分に魅力的な『領域』を見つけることができないのか」と問いかけ、「国会議員になるよりもジョージ・ワシントンのような人物の母親になるほうが、女性の帽子の大きな羽飾り、宝冠の輝かしい宝石のように私には思われる」とも語っている。「参政権という大目的に熱中している女性たち」は一票を投じることで「地上の楽園という機械装置を作動させることができると信じているだろう」が、「投票用紙は女性を助けることができないが、傷つけることはできる。女性はそれをただの紙切れだと思っているが、それは爆弾――女性自身の手のなかで爆発し、思いもかけぬ災いをもたらす爆弾だ」とギルダーは結論している。家庭を女性のための「魅力的な『領域』」と考える彼女は、男社会で精力的に働いていたにもかかわらず、ヴィクトリアン・アメリカの家父長制的イデオロギーを何の抵抗もなく受け入れた女性参政権反対論者だったのだ。

この最終章では、積極的な女性参政権論者としてのハウとジャコービとギルマンの三人が女性参政権を認めようとしないアンチたちの主張をどのように受け止め、どのように論破しようとしたかを紹介することにしたい。

2　一八七九年・ハウと女性参政権運動

ジョージ・バンクロフト、ウィリアム・プレスコット、ジョン・モトリーとともに一九世紀アメリカを代表する歴史家だったフランシス・パークマン（Francis Parkman, 1823-93）は、長年病魔と闘いながら書き上げた七巻本の主著『北アメリカにおけるフランスとイギリス』や西部を旅した体験に基づく『オレゴン・トレイル』、さらには自伝小説『ヴァサル・モートン』などの著者として知られている。一九五五年刊行の『アメリカのアダム』の著者R・W・B・ルイスは、パークマンについて

「メルヴィルが一九世紀小説家のうちで最大であったように、一九世紀の歴史家のうちで最大であった」と述べ、「彼は歴史家のなかでのメルヴィルであって、群を抜いて最上の文筆家であった」(Lewis 165, 166 引用は斎藤光訳による)と激賞していた。

フランシス・パークマン

だが、その後、アメリカ歴史学界におけるパラダイムシフトの結果、パークマンの歴史書はほとんど読まれなくなった。「パークマンに対する絶対的な賛辞はほとんどが一九六〇年代以前であって、六〇年代になると、若い世代の歴史家たちは歴史学界の体制に挑戦して、女性や社会的少数者の視点を導入し始めた。彼らの目にはパークマンは［中略］富裕な白人たちが支配する古い世界を代表していた」(Garrity 9) とティム・ギャリティは指摘している。ルイスが苦言を呈していたパークマンの「ほとんど圧倒的に男性的な男性的なスタイル」(Lewis 166) に関しても、彼に批判的なフェミニストの歴史家キム・タウンゼンドは「彼は男性であることの望ましさ、必要性を単純かつ素朴に信じている男性だった」と指摘し、病弱だった彼は娘を含む何人もの女性の献身的な介護を受けたにもかかわらず、「男性としての彼自身のイメージを保ち続けるために、彼女たちの力強さの証拠を隠し、彼が正反対であることを示すために、彼女たちが無力であると想定しなければならなかった」(Townsend 98, 104) と論じている。このような女性コンプレックスを抱く歴史家にとって、女性参政権運動は一体どのような意味をもっていたのだろうか。

一八七九年一〇月にパークマンが『ノース・アメリカン・レヴュー』に寄稿した「女性問題」(“The Woman Question”)と題するエッセイには、女性参政権に反対する彼の意見が露骨に表明されている(なお、エレイン・ショーウォーターは“woman question”を「“feminism”のお上品な婉曲的表現」と呼んでいる[Showalter 2016: 188])。彼はまず男性と女性は本質的に異なることを明らかにするために、「前者は闘争のために作られている。〔中略〕彼の女性より高い身長や強い筋肉は、より強固な精神、それほど柔軟でない感受性と感じやすくない神経、より粗野な大胆さと釣り合っている」のに対して、女性の場合には「典型的な女性を粗暴な闘争に不向きにしている感受性は、それがないと人生が呪いになってしまう高潔で貴重な資質と結びついている」と指摘している。

さらに「男性と女性における同じ美徳に対して付与される異なった価値はどこから生じるのか?」と問いかけた彼は、「その相違は、政治的な側面と社会的な側面の両方で家族に基づいている文明社会の構造に起因している。男性ではなくて、女性が必然的に家族の本来の姿や相続の正しさの守り人《ガーディアン》であり、愛情や管理や財産といった事柄すべてに関わっている。それゆえに問題の美徳は男性よりも女性において遥かに重要である」と説明している。家事や育児など家庭の事柄をすべて担当し、男性に欠けている「美徳」を備えた女性は、一九世紀アメリカが理想としていた女性にほかならず、たとえばサミュエル・グリドリー・ハウがそうであったように、パークマンもまた「真の女性らしさの崇拝」の支持者であったと言えるのではないか。同時にまた彼が「古代や近代の高度の文明は家族に支えられてきた。個人ではなくて、家族が政治的な単位であり、一家の長は実在的（in esse）であれ潜在的（in posse）であれ家族のほかの者たちの政治的な代表である。女性に参政権を与えることは、これまで文明化された政府の基礎を形作ってきた原則を否定することになるだろう」と述べているのは、彼が家父長制的イデオロギーの信奉者として、ヴィクトリアン・アメリカの家父長制を守るために女性参政権に積極的に反対する筋金入りのセクシスト／ミソジニストであったことを物語っている。

こうしたパークマンのセクシスト／ミソジニストぶりは「人類のもっとも衝動的で興奮しやすい半分」に「立法のための平等の声」を与えることは「危険」であるという主張を皮切りに、「全体として女性は男性と比べて政治的責任感が弱い」とか、「全体として女性はこの［自治の］訓練を欠いた人々の状態にいると言えるかもしれない」とか、「フランス革命において女性の群衆は男性の群衆よりも攻撃的で破壊的だった。女性に参政権を与えることは、人類のもっとも興奮しやすい部分を、起こるかもしれない結果に対する防御手段のないまま、政治的な情熱の影響にさらすことである。女性の群衆に力づくで支配された国会議員の集団は滑稽で憐れむべき状態に置かれることになるだろう」とかいった、女性参政権論者ならずとも耳を疑うような発言を繰り返していることからも窺い知ることができる。彼のエッセイを批判する声が沸き上がったとしても驚くに当たるまい。

なお、その後もパークマンは「女性問題ふたたび」（"The Woman Question Again," 1880）と「女性参政権に反対する若干の理由」（"Some of the Reasons against Woman Suffrage," 1883）を発表しているが、内容的には最初のエッセイの繰り返しにすぎないので、ここでは取り上げないことにする。

一八七九年一一月、パークマンの「女性問題」が発表された『ノース・アメリカン・レヴュー』の次号に「女性問題の別の見方」("The Other Side of the Woman Question")と題して、女性参政権運動を支持する五人の論客による反論が掲載されている。執筆者はジュリア・ウォード・ハウのほかには、彼女が編集した『性別と教育』にも寄稿していた奴隷制度廃止論者のトマス・ウェントワース・ヒギンソン、アメリカ女性参政権協会（ＡＷＳＡ）の指導者の一人で機関紙『ウーマンズ・ジャーナル』を創刊したルーシー・ストーン、一八四八年のセネカ・フォールズ会議の主催者の一人で女性参政権運動の熱烈な活動家だったエリザベス・ケイディ・スタントン、それに奴隷制度廃止論者でストーンの協力者でもあったウェンデル・フィリップス（Wendell Phillips, 1811-84）だったが、ここでは本書の主役の一人であるハウの主張に耳を傾けてみよう。

ハウはまず「一家の長」は「家族のほかの者たちの政治的な代表」であるから、女性に参政権を与えることは社会の秩序を乱すことになる、といったパークマンの見解に対して異議を唱え、「白人は黒人に参政権を付与することに反対するときにも同じ論じ方をした」と述べ、「奴隷所有者は、以前は法的虚構によって、奴隷たちを代表していると考えられていた。同じような法的虚構によって、男性は投票所で女性を代表しているとされている。奴隷所有者たちは彼ら自身の利益を代表していたのであり、男性も投票に際して同じことをしている」と主張している。「一家の長」は「家族のほかの者たちの政治的な代表」であるというのは「一家の長」たる男性に利益をもたらすだけの「法的虚構」にすぎないことを指摘することによって、ハウはヴィクトリアン・アメリカの家父長制そのものが「法的虚構」にほかならないことを暗示しようとしているのだろう。

さらにハウは「なぜ一つの性が両性のための法律を制定する役割を担うべきなのか?」という根本的な質問を投げかけ、この質問に対する回答を疑問形でいくつか用意しては、それを片っ端から否定している。「つねにそうしてきたからなのか? それは理由にならない。もしそうなら人類に恵みをもたらした革新のすべてが同じ理由で排除されることになっていただろう。法律を制定する権利があると主張する男性がより強い筋肉をもっているからなのか? 男性は投票という行為でその筋肉を使ってはいない。〔中略〕一方の性が軍事的で好戦的、もう一方の性が平和的で非好戦的だからなのか? 社会の戦う男性が社会を支配しているからなのか? もしそうなら何と嘆かわしい! 軍事力による支配は武力による独裁政治だ。現代人はこぞってそれに反対している。女性がすでに政治力を手に入れていて、それを悪用したからなのか? この議論は三倍返しで男性批判に用いることができる。男性による政治力の悪用は、男性による政治力の使用に大きく比例しているのだから」といった調子だが、その直後に彼女は「以上、パークマン氏が女性参政権に反対する理由の大部分を息もつかずに列挙してみた」と説明している。こうしてハウは男性にだけ参政権を認め、それを女性に拒否する理由はどこにもないことを主張しようとしているのだ。

ハウはまた「未来は、過去と同様に、適切な視点からでも不適切な視点からでも読むことができる。現在の感覚をつかむことができない者は、すでに起こったことやこれから起こることの正しい説明をすることができない。真の予言者は時代の徴候を見定める」(420)と語っているが、この発言についてティム・ギャリティは「ジュリア・ウォード・ハウはパークマンの歴史家としての認識に関して彼に直接挑戦し、彼自身がアナクロニズムになっていることを示唆している」(Garrity 15) とコメントしている。「人間社会の未来は人的資源の平和的な開発にますます専念することになるということ、正義の支配は漸進的かつ永続的に暴力の支配に取って代わるということ――これらは『悪い時代がやってきている』というパークマン氏の予言よりもずっと古くて重みがある予言だ。平和と正義の支配は、そこから多くを得ることになる女性の影響力と行動力によって大いに促進されるだろう」というハウの言葉も、「時代の徴候」を読むことのできない歴史家パークマンの時代錯誤性を指摘しているのだ。

本書の第二章で触れたように、このエッセイの終わりに、ハウは「男も女もない」(“there is neither male or female”) という『ガラテヤ人への手紙』第四章第二八節における聖パウロの言葉に言及しながら、「キリスト教のハーモニーにおいては男も女もなく、最善の知恵と最高の決意に従って、重荷を背負い、義務を遂行する男女両性の平等な自由がある、という聖パウロによって発された真理」について語っている。参政権を得た女性が男性と平等な自由を享受することのできる未来に対するハウの夢と期待を読者はそこに読み取ることができるのだが、同時にまた、やはり第二章で取り上げた論文「子宮無形成の症例」の最後で、次節に登場する女性参政権論者としてのメアリー・パットナム・ジャコービが、この「男も女もない」という聖パウロの言葉を引用していたことを注意深い読者は思い出すに違いない。

3　一八九四年・ジャコービと女性参政権運動

一八九三年一二月に『ウーマンズ・ジャーナル』に発表した「二人の代表的な女性」（"Two Representative Women"）と題するエッセイで、「男性と同じ知的訓練を女子に与えておきながら、参政権を拒否するのは不条理だ。参政権は男性の訓練を完全にするのに不可欠であり、現代においては男性の不可譲の責任であるのに」とメアリー・パットナム・ジャコービは主張し、来るべき州議会の憲法会議は「教育のある女性たちにとって、彼女たちの受けた教育が何千人もの男性有権者たちの無知に少なくとも匹敵しているという事実が認められるべきだということを要求する絶好の機会である」と考えていた。

その憲法会議が翌一八九四年に開催されたとき、ジャコービは五月三一日の聴聞会にニューヨーク市民を代表して、ほかの三名の委員たちとともに出席して「演説」（"Address on Behalf of the Women of the City of New York Before the Committee on Suffrage of the State Constitutional Convention, May 31, 1894"）をすることになる。そこでの彼女は「複雑な現代社会」の発展とともに「新しい状況が女性の地位にも出現した」結果、アメリカ女性は社会的進出を果たし、彼女自身が属する医学の分野はもちろん、法律、教育、企業その他の分野で男性に伍して活躍するようになっていることをまず主張する。にもかかわらず、女性には参政権が与えられず、女性が依然として「異質な階級」のままに留め置かれているのは不公平の極みではないか、と考えるジャコービは、「史上初めて、どんなに生まれが良くて、いい教育を受けていて、頭が良くて、裕福で、国家のために奉仕していても、女性たちはすべて男性たちの政治的劣等者にさせられている、その男性たちがどのように卑しい生まれで、貧困に打ちひしがれ、愚かで、無知で、粗暴で、残忍であっても」と嘆いている。

さらにジャコービは言葉を継いで「救貧院の貧困者」や「台所で残飯をねだる浮浪者」や「我が国に流れ込んでくる半開の移民の群れ」や「単独所有地に定住しているインディアン」や「二〇〇年に及ぶ奴隷制度の腐敗から解放されたばかりの黒人《ニグロ》」が選挙権を与えられているにもかかわらず、「白人女性——アメリカ女性——我が国を築いたあの英雄的な植民地人たちの血がその血管を流れている女性、独立戦争で夫たちの勇気を支えるのに力を貸した女性、南北戦争のために青春と健康の花をささげた女性——この女性は排除されている。現在では女性は参政権から遠ざけられた唯一の正気の人々の階級、政治的代表権を奪われた唯一の階級を構成している」と述べて、それを「途方もない異常事態」("monstrous anomaly") と呼んでいる。ここでジャコービは差別語を連発しているように思われるが、カーラ・ビッテルの説明によると、彼女が口にしているのは「この時代の参政権運動には一般的だった人種と階級に関するレトリック」(Bittel 213) だった。

こうした「途方もない異常事態」を引き起こしたのは誰か。女性参政権の「真に頑迷な反対者たち」は誰か、と問いかけたジャコービは、「政治問題への女性の参加を極端に嫌う者たちの反対」が根深いことに触れて、こう語っている——

世界は二つの大きな階級——世界に出ていく男性たちと家の中で家庭を守る女性たちに永久に分裂したままであるべく運命づけられている、という人間の記憶を絶した伝統を何千もの人々が未だに維持している。この人たちは状況の歴史的な起源を状況の永続的な法則と混同している。この人たちは男性と異なっている女性に満足しているので、女性を男性に近づけるように思われるいかなる変化も恐れている。この人たちが男性のために受け入れているのと同じ権利に関する考え、同じ自由に関する基準、同じ活動に関する規則を女性たちに適用することは、このような人々にとってはほとんど神に対する冒涜に思われるのだ。

この発言は男性の領域と女性の領域の分離にこだわり続けるヴィクトリアン・アメリカのミソジニストたちの主張を見事に要約しているが、このような「真に頑迷な反対者たち」を説き伏せて、女性参政権を勝ち取るというのは至難の業だったに違いない。

もちろん、科学者としてのジャコービは、女性が男性と異なっているという主張を受け入れることはできない。「女性はいくら肉体的に男性と異なっているとしても、知能的及び精神的には男性と本質的には異なってい**ない**ということをはっきり主張しておく」（強調原文）と彼女は述べ、「存在する機能の差異は、程度や量においてであって、本質においてではない」とか、「知能的な条件を排除して肉体的な条件に対して示した圧倒的な関心」によって導き出された「女性に関する固定観念」は

「誤っている」とかいった主張を繰り返してはいるが、そうしたラディカルな主張が「真に頑迷な反対者たち」に受け入れられるはずもなかった。したがって、恐らくは「女性を男性に近づけるように思われるいかなる変化」にも抵抗するミソジニストたちとの対立を避けるために、ジャコービはきわめて穏健で、現実的で、ある意味では妥協的な手段に訴える道を選んでいる。

ジャコービがもっと戦闘的で、もっと攻撃的な姿勢を取ることを期待していた読者にはまことに意外に思われるのだが、突然、「結局のところ、私たちは現存する女性の領域を変えることを提案しているのではない」と語り始めた彼女は、「私たちがここにいるのは少数の人々のための特権を求めるためではなく、すべての人々のための平等な機会を求めるためである」と言い切り、「女性は投票権の取得によって新しい場所に送り込まれるのではない。男性と同じように、女性は女性がすでに立っている場所において投票する――市場や工場や仕事の場所だけでなく、教室や図書館や病院において――そのすべてよりも遥かに頻繁に、家庭において。能力と趣味と機会において、この半世紀に女性が男性のさまざまな能力に近づいたとしても、女性がいま投票することを望むのは男性になるためではない。それは女性が女性であるからであり、女性であることに心から満足しているからである」と論じている。

この五月三一日の聴聞会には、ニューヨーク市女性参政権協会の会長(一八八六―一九〇〇年)だった小説家のリリー・デヴェルー・ブレイクもジャコービと一緒に出席しているが(ブレイクの名前はこれまでに本書で何回か言及されている)、彼女は「『人民』という単語が現われるところでは、『男性』

という単語が限定的な形容詞として挿入されねばならない。この国では男性の人民の、男性の人民による、男性の人民のための政治がおこなわれていて、女性の人民はいかなる権利ももっていない、ということが明確に理解されるために」と発言し、女性投票権の問題に関しても、ジャコービと同じような論調で、「男性の場所がオフィスや書斎や仕事場であるのと同じ意味で、女性の場所は家庭であるが、この事実はいずれも投票の権利とは何の関わりもない。私たちが投票することを要求するのは、私たちが男性に似ているからでも、男性に似ることを願っているからでもなく、私たちが女性であるからで、仕事の世界をもっている父親と同じように、母親や家庭も政治に対する発言権をもつべきであるからである」(“Address of L. Devereux Blake”)と述べていることを指摘しておきたい。

結局、一八九四年の憲法会議ではニューヨーク州における女性参政権は認められなかったが、この問題の重要性を一般市民に訴えるために、ジャコービは「演説」を大幅に書き改めた論説を『「コモン・センス」を女性参政権に当てはめて考える』(*“Common Sense” Applied to Woman's Suffrage*, 1894)と題して、父親の死後、弟たちが経営しているG・P・パットナムズ・サンズから出版している。ここでの彼女の戦略は、クラーク博士のベストセラーを批判したときに、まず「精神の活動と身体の健康」という短い論文を発表し、それを基にしてボイルストン医学賞を受けることになる精密な論考『月経時の女性のための安静に関する問題』を書き上げていたことを思い出させる。ジャコービの評伝作家カーラ・ビッテルが指摘しているように、彼女の『「コモン・センス」を女性参政権に当てはめて考える』が「[女性参政権運動の]キャンペーンの生み出した、最終的に永続的な意味のあるもっとも重要なテクスト」(Bittel 212)になったとすれば、この二段構えの戦略に負うところが大きいのではあるまいか。

このジャコービの「もっとも重要なテクスト」の題名に使われている「コモン・センス」がトマス・ペインの記念碑的なパンフレット『コモン・センス』(Thomas Paine, *Common Sense*, 1776)を指していることは言うまでもない。彼女の論説の冒頭で、ペインの「はしがき」の追記から「このパンフレットの筆者がだれであるかは、読者には知る必要がまったくない」(引用は小松春雄訳による)で始まる最後の一節を丸ごと引用したジャコービは、彼のパンフレットが「六ヵ月後に独立戦争に命を懸けることを決定する世論の形成における重要な要因だった」と指摘すると同時に、「現代でもまた世論の形成のための時点——それにまさるとも劣らず重大な問題、我々の先祖と本国との有名な争いに関わった事柄よりも遥かに広範囲に及ぶ事柄に関する世論の形成のための時点である」と主張している。ここで彼女はペインのパンフレットについて「その影響力に匹敵する作品が文学史に現われたことはない」という『トマス・ペイン著作集』(*The Writings of Thomas Paine, collected and edited by Moncure Daniel Conway*, 1894)の編者モンキュア・コンウェイのコメントを注記している。

ジャコービはさらに「かつて太陽は、こんなに偉大な価値ある大義を照らしたことはなかった。それは一都市、一州、一地方、一王国の事件ではなく、一大陸——少なくとも人間の住みうる地表の八分の一で生じた事件なのだ。それは一日、一年、いや一時代の問題ではない。子孫は事実上この争いに巻き込まれている。そして現在のやり方いかんによっては未来の果てまで、なんらかの影響を受けることだろう」という一節と、「現代に似た情勢はノアの時代以来なかったことだ」という一文を『コモン・センス』から引用してから、「現代でもまた、真に耐え難い圧政や身体的虐待に対してではなく、かなり程度の独立をすでに手に入れている者たちだけが理解できる苦痛に対する絶望的な反抗としての変化が提案されている。現代でもまた、国家主権への関与に対する要求は、それを要求する者たちの側における、これまでに達成された以上に高度の発達と、さらなる拡大と権力と自治を求める緊急の衝動の表明である」と述べている。

その後にもまたジャコービは、アメリカの独立を強く訴えるペインからの引用を続けながら、「現代でもまた、抗議は、独立の宣言は、その恩恵にあずかる階級の全面的な支持を受けることはない。［中略］『地上各国の間にあって、自然の法や自然の神の法によって本来当然与えられるべき独立平等の地位を主張』することを許されたいという要求に反対するもっともらしい理由が女性によってさえ提示されている」とアメリカ独立宣言の言葉（引用は斎藤真訳による）を持ち出したり、「一七七六年と同様に現代でも、政治的非存在の状態を脱して政治的個性として出現するという要求――国家の政治生活において認識された要因になるという要求は、それを要求する人々の社会的地位の変化を意味し、その変化の予兆となっている」（以上強調はすべて引用者）と論じたりしているが、冒頭のわずか三頁に五回も「現代」（to-day）を繰り返しているのは、「現代」における彼女のパンフレット『「コモン・センス」を女性参政権に当てはめて考える』と一七七六年におけるペインのパンフレット『コモン・センス』がともに「世論の形成における重要な要因」であることを強く意識していたからにほかなるまい。

改めて書き立てるまでもなく、そのような意識をジャコービが抱いた背景には、アメリカ女性が社会的進出を果たし、「女性たちの能力《キャパシティ》が向上しているのと対照的に、男性たちの政治的品位《ディグニティ》は年々低下している」にもかかわらず、女性には参政権が与えられていないという状況があった。こうした「異質な階級」としてのアメリカ女性の置かれた状況を、パンフレット『「コモン・センス」を女性参政権に当てはめて考える』で彼女は長々と記述しているが、五月三一日の聴聞会での「演説」でも、この「途方もない異常事態」をほとんど同じ表現を使って説明し、その事実を彼女自身も認めているので、この記述そのものには何の新味もない。パンフレット『「コモン・センス」を女性参政権に当てはめて考える』に特筆すべき点があるとすれば、それは女性参政権問題についてジャコービが何を語ったかではなくて、その問題について彼女がどのように語ったかということではないだろうか。

本書の第六章で彼女の『月経時の女性のための安静に関する問題』を論じたとき、クラーク博士の『教育における性別』の語り口が意外に情緒的で文学的であるのと対照的に、彼女の論文が著しく科学的で論理的であることを指摘したが、聴聞会での「演説」についてカーラ・ビッテルは「科学者で合理的な思考家として語ることで、彼女は女性が投票することができるし、投票しなければならないということを聞き手に説得するために、論理と理性を発揮した」(Bittel 210) と語っている。では、その「演説」が付録として印刷されているパンフレット『「コモン・センス」を女性参政権に当てはめて考える』もまた「論理」と「理性」が最大の特徴になっていると言えるのだろうか。

すでに述べたとおり、このパンフレットの冒頭にはペインの『コモン・センス』からの引用が置かれていて、その後も数回引用されているが、これは彼女のパンフレットの性質上至極当然なことだった。だが、それ以外の文学作品への言及／引用が随所に頻繁になされている点は注目に値する。たとえばラルフ・ウォルドー・エマソンの「アメリカの学者」（Ralph Waldo Emerson, "The American Scholar"）から三回引用され、「コンコード讃歌」（"Concord Hymn"）から「彼らの旗は四月のそよ風に広がった」（引用は小田敦子ほかの訳による）という一行が引かれたかと思うと、別の箇所ではアルフレッド・テニスンの「君は僕になぜと問う」（Alfred Tennyson, "You Ask Me Why"）から一行、「アーサー王の死」（"Le Morte d'Arthur"）から二行がそれぞれ出典を明らかにしないまま示されている。「マシュー・アーノルドがアメリカ精神に帰している "straightness and lucidity"（率直さと透明さ）」というのはアーノルドの『合衆国における文明』（Matthew Arnold, *Civilization in the United States*, 1888）への言及だろう。ジャコービはまたジョージ・エリオット『ロモーラ』（George Eliot, *Romola*, 1863）の女主人公とティートとの関係やウィリアム・ベックフォードの奇書『ヴァセック』（William Beckford, *Vathek*, 1786）の悪魔エブリスの地下の殿堂のそれぞれに若干のコメントを付けて言及したりもしている。

アメリカ合衆国という国家の意味を人体のメタファーを使って説明する箇所で、「それはきわめて複雑な機能と、きわめて微妙だが強力で重大なプロセスと、きわめて輝かしい活力を伴った、巨大で、現実的で、生きた有機体である」と書き記したジャコービは、ここで突然、「私は心の中に見る思いです。

高貴にして強力な国民が眠りから醒めて強大な人となり、無数の髪の毛をふっているのを。私はまた見る思いです。イギリス国民が鷲のよう羽根換えをして力強く若返り、真昼の光に向かってまじろぎもせず両目を燃やし〔中略〕ているとき、臆病な雀や黄昏を好む蝙蝠などが群がり集まって騒ぎたて、鷲が何を意図するのかと驚きうろたえ〔中略〕る様を」（引用は原田純訳による）というミルトンの『アレオパジティカ』（John Milton, *Areopagitica*, 1644）の一節を長々と引用して、イギリスという国家を「強大な人」や「鷲」、ほかの弱小国家を「雀」や「蝙蝠」に譬える実例を示してから、何事もなかったかのように、「この有機体はカーストや階級の区切る煉瓦の壁のように組み立てることはできない」云々と自分の言葉で書き継いでいる。

さらに、女性の地位が向上したことに触れた個所で、女性が家庭の外で自由に行動していることに憤慨した学者先生がたは、"O tempora! O mores!"（「何という時代！　何という風俗！」を意味する古代ローマの政治家キケロの言葉）と叫ぶだろう、と述べたジャコービは、ここでも突然、ギリシャとローマの家庭における女性の生活様式の変化について語った古代ローマの伝記作家コルネリウス・ネポス（Cornelius Nepos, 99?-?24 B.C.）の短い文章を、彼女が得意にしていたラテン語の原文のまま引用してから、「スミス先生が先生の鼻の先で起こったこの家庭内革命に気づいていないということはあり得るだろうか」と問いかけている。なお、ここで揶揄されているのは、論文「女性参政権」（"Woman Suffrage"）で女性の権利に反対する意見を開陳しているイギリスの歴史家でジャーナリストのゴールドウィン・スミス（Goldwin Smith, 1823-1910）だった。

このパンフレット『「コモン・センス」を女性参政権に当てはめて考える』の結末で、ジャコービは「ここまでのページがそれの有名な元祖《プロトタイプ》［ペインの『コモン・センス』を指す］の情熱的かつパルチザン的な臭気が芬々と鼻をつくと思われるといけないので、その調子を和らげるために、ある有名な現代哲学者の穏やかで、味も素っ気も生気もない、それゆえにまったく異論の余地のない結論で締め括ることにしたい」と述べて、ハーバート・スペンサーの『社会静学』（Herbert Spencer, *Social Statics*, 1871）から「女性の諸権利」（"The Rights of Women"）と題する章の最後のパラグラフをそっくり引用しているが、そこには「女性に政治的な力を与えることに対して一般に唱えられる異議は、検討に値しない意見や偏見に基づいていることを明らかにした」といったことが書かれている。しかも、その長い引用の後に、ジャコービはイギリス・ヴィクトリア時代を代表する文学者の一人であるウォルター・ペイターの『プラトンとプラトン哲学』（Walter Pater, *Plato and Platonism*, 1893）から採った「コモン・センス」について語る文章を付け加えるといった念の入れようなのだ。

このように文学作品はもちろん、ラテン語の原典まで随所に散りばめたジャコービのパンフレットを読み終えた読者は、かつてスーザン・ウォーナーによって激賞された文学少女ミニーの面目躍如という印象を抱くに違いない。だが、同時にまた、このパンフレットがニューヨーク州議会の聴聞会でおこなった無味乾燥な演説と全然違った印象を与えるのはなぜか、という疑問も湧いてくるのではないだろうか。

五月三一日の聴聞会での「演説」は法律家たちを相手にしていたので、そこでのジャコービは、カーラ・ビッテルが指摘していたように、「論理」と「理性」を遺憾なく発揮していた。だが、『「コモン・センス」を女性参政権に当てはめて考える』において彼女が「演説」とはまったく異なる戦術を取ったのは、「無知」な男性有権者たちが読んだこともないような文学作品その他をふんだんに持ち込むことによって、彼女がターゲットとしていた「教育を受けた女性たち」の感性と想像力に訴えることを狙ったからだった。こうした戦法で女性読者を参政権運動に取り込むことによってしか、ジャコービはヴィクトリアン・アメリカを支配するミソジニストの男性たちに対抗することができなかったのだ。その結果、まことに皮肉なことに、彼女の意欲的な政治パンフレットは、かつて彼女が激しく批判していたクラーク博士の『教育における性別』と同じように情緒的で文学的という印象を現代の読者に与えることになってしまったが、にもかかわらず、それに対して女性参政権運動における「最終的に永続的な意味のあるもっとも重要なテクスト」という高い評価が下されているのは、単なる歴史の小さなアイロニーという以上の意味をもっていると考えたい。

4　一九一二年・ギルマンと女性参政権運動

本章の冒頭で紹介したジャネット・ギルダーの発言が示しているように、ヴィクトリアン・アメリカではすべての女性が女性参政権運動を支持していたわけではなかった。この“Antis”と呼ばれる女性たちに悩まされた、女性参政権運動の指導者としてのメアリー・パットナム・ジャコービは、一八九四年六月に『ウーマンズ・ジャーナル』に書いた一文（"Dr. Putnam Jacobi on the 'Antis'"）で、「何世紀もの間、人類に押しつけられたもっとも深刻で、もっとも大規模で、もっとも屈辱的な数々のハンディキャップを背負わされてきた者たち――つまり女性たち」の間に「協調」や「同盟」が期待できないのはなぜだろうか、と嘆き、参政権運動に異を唱える女性たちを南北戦争に反対した北部民主党員になぞらえて「北部のコパーヘッド」（Northern copperhead）と呼んでいた。その意味では、同じ一八九四年の五月に女性参政権に反対する文章を発表していたジャネット・ギルダーも、ジャコービにとっては「北部のコパーヘッド」の典型にほかならなかったのだ。

熱烈な女性参政権論者として知られるシャーロット・パーキンズ・ギルマンもまた、この反対論者たちには手を焼いていた。彼女の個人雑誌『フォアランナー』に発表した一文（"Answers to 'Anti's'"）で、世間には Anti-Cigarette League（禁煙連盟）、Anti-Saloon League（禁酒連盟）など "anti" を冠した組織がいくらもあるが、この組織のアンチたちはすべて "anti-vice"（アンチ悪行）を目指す改革者たちであって、「広く知られた悪に立ち向かっている。人々が悪をなすのを妨げることを願っている」のに対して、女性参政権反対論者たちは "anti-virtue"（アンチ善行）を目論むアンチたちであって、「広く知られた善に立ち向かっている。人々が善をなすのを妨げることを願っている」とギルマンは指摘し、「たとえば『反禁酒』運動とか、『反教育連盟』とか、『反平和協会』が登場したらどうだろうか。そうなれば反女性参政権論者もそれほど孤立した存在ではなくなるだろう」と皮肉っている。ギルマンはまた、「反女性参政権論者たち」（"The Anti-Suffragists"）と題する詩のなかで、彼女たちを「贅沢な家に住

アイダ・ターベル

む上流階級の女性たち」「独力で自分の道を切り拓いて成功した女性たち」「無知な女性たち――大学出もときどき」などと規定し、最後には「利己的な女性たち――ペチコートをはいた豚ども」と切り捨てている。

　このアンチたちを毛嫌いするギルマンの前に、女性参政権反対論者をもって自任する著名なジャーナリストのアイダ・ターベル（Ida Tarbell, 1857-1944）が現われたとき、彼女はどのような反応を示しただろうか。周知のように、ターベルは『マクルーアーズ・マガジン』の編集者時代に探査ジャーナリストとして活躍し、巨大トラストの内幕を暴露した『スタンダード石油会社の歴史』（*The History of the Standard Oil Company*, 1904）の著者として知られているが、「著名で、大学教育を受け、独身で、子どもがいなくて、自立していて、自足できる作家で編集者」だったターベルは、まことに意外なことに、「声高に主張するアンチフェミニストでアンチ女性参政権論者」（Cane 126）だった。フェミニストの母親に育てられ、長じては政財界の不正を暴くマックレイカーズと呼ばれる作家たちの一人として、ジャーナリズムという男性だけのための公的領域で頭角を現わしていた彼女が、女性参政権に反対していただけでなく、その理由について「一種の直感――論理でも理屈でもなく、私はそれを信用していない――私はそれを欲していない」（qtd. in Camhi 178）と主観的で感情的な説明しかしていないのだから驚かざるを得ない。

一九一二年の一月からターベルは彼女が編集に当たっていた雑誌『アメリカン・マガジン』に「恐らく革新主義時代に発表されて、もっとも強い影響力を及ぼした女性参政権に反対する意見」(Cane 123)と評されるエッセイを書き始め(連載されたエッセイは後日『女性という仕事』[*The Business of Being a Woman*, 1921]と題して出版される)、そのエッセイの最初の四編に反論する文章をギルマンが彼女自身の編集する個人雑誌『フォアランナー』に同年二月から掲載することになった。「この文章によって生み出された対話《ダイアローグ》は、革新主義時代に見られたアンチフェミニズムとアンチ女性参政権の動向を調べるための窓を開いている」(Cane 123)とアレータ・ケインは説明しているが、「対話」とは名ばかりで、実際にはターベルの主張をギルマンが一方的に批判攻撃するという形を取っている。

ターベルの連載第一回のエッセイ「不安定な女性」("The Uneasy Woman")に開陳されている彼女の意見と、それに対するギルマンの反論「ミス・アイダ・ターベルの『不安定な女性』」("Miss Ida Tarbell's 'Uneasy Woman'")を読んでみよう。

ターベルのいう〈不安定な女性〉とは「自分自身に馴染めていない精神、何か特定の方向に向かっているとか、何か特定の価値ある仕事にコミットしているという確信がもてない精神」を指しているが、ジェイン・キャムヒはそれを「以前よりも自由になったが、以前以上に自分の運命に決して満足できていない現代の解放された女性」(Camhi 169)と説明している。「家庭と呼ぶのが一番適切なものを作ること」が「女性にとっての自然の計画」であるので、「社会、とりわけ男性が作った社会は、〈不安定な女性〉に腹を立てる」と考えるターベルは、男性にとって「頭が危険にさらされず、心が悩まされることのないどこか安心できる場所［つまり家庭］をもつことは絶対に必要だ」と述べて、家庭の重要性を強調している。そこには家庭を女性の領域と規定するヴィクトリアン・アメリカの家父長制イデオロギーが色濃く影を落としている。

これに対して、フェミニスト・ギルマンは「なぜそれは『絶対に必要』なのか？」と問い返し、「女性が好むと好まざるとにかかわらず、男性を快適にするために世界は整えられなければならないというこの楽天的な考え方は、控えめに言っても時代遅れだ。女性は人類の母にして作り手なのだから、女性を満足させるように人生を整えることがどうして同じ程度に絶対に必要ではないのか？」と問いかけている。さらに「参政権論者たちは必要に応じて昔ながらの媚態の一種を演じている。男性を無視したり非難したりするのは、いつもながら女性のもっとも効果のある挑発的な態度の一つなのだ」というターベルの発言を引用したギルマンは、そこに「戦闘的な女性参政権論者の活動は、実際には男性の注意を引くことを意図している」という論者の隠れた主張を読み取り、それを「この弱い論文のもっとも弱い箇所」と批判している。さらに、この「弱い論文」全般について、ギルマンは「理解力の欠如、科学的知識の欠如、さらには歴史的真実の欠如は、この著者に全然似つかわしくない」と断じ、「アイダ・ターベルは何千人もの読者に尊敬され称賛されている。その何千人もの読者のなかで、この論文の弱さを恥ずかしく思わない者はほんの少ししかいないだろう」と皮肉交じりの賛辞を彼女に呈している。

ターベルの連載第二回の「女性自身の男性化」（"Making a Man of Herself"）と題するエッセイ（単行本化に際して「男性の模倣について」［"On the Imitation of Man"］と改題）では、家事や育児といった女性の仕事から解放されるために、男性の領域で男性の仕事を手掛けようとする〈不安定な女性〉が登場している。「より大きな自由を求める渇望に追い立てられた〈不安定な女性〉は、男性の暮らし方がそれを癒してくれると信じて、男性の王国を包囲攻撃する」が、それは男性の世界へ越境することで「女性は本物《リアル・シング》を理解して、毎日を重要な仕事で満たすことができ、人間として重視される」からだ、とターベルは主張している。しかし、その目的を達成するために、女性は「不自然な甲冑を身に着ける」ことを要求される。「正常で健康な女性にとって、それは彼女の性質のもっとも強い部分、彼女を男性と区別するあの力、彼女の情緒性、科学者のいわゆる『刺激反応性』を押し殺すことを意味する」。だが、「この何物にも勝る刺激反応性が押し潰されると、女性は委縮してしまう。感じない女性は見ることができない。この委縮した女性に共通する特性は、彼女は『冷たい』」ということだ」（強調原文）ともターベルは述べている。

だが、「不自然な甲冑」に身を包んで「男性の王国」に攻め込んだ〈不安定な女性〉は、敏腕なマックレーカーとして活躍した女性ジャーナリストのアイダ・ターベル自身ではなかったか。彼女もまたヴィクトリアン・アメリカにおいて男性の領域に進出したという理由で、ミソジニー的敵意を向けられることになった女性の一人だったのだ。「〈不安定な女性〉は『女性自身の男性化』が彼女の問題を解決しないということを明らかにしているのも同然だが、それでも彼女は女性という仕事が窮屈で物足りないという考えを完全に捨てきってはいない。彼女はまた男性の仕事が女性のそれよりも望ましいと考えることもやめていない」という一文は、仕事を重視する男性の領域と家庭を重視する女性の領域との間で揺れ動くヴィクトリアン・アメリカの〈不安定な女性〉の心情を映し出している。

その直後に、ターベルは「あるヨーロッパ中世のフェミニスト」が口にしたとされる「独身は未来の貴族である」(“*Celibacy is the aristocracy of the future.*” 強調原文）という言葉を引用し、「四〇〇年前の女性は罪からの逃避として独身を求めた。正しい行為が彼女の目的だった。今日の女性は劣等感と隷従から逃れるためにそれを選ぶ。優越感と自由が彼女の目的だ」と記している。ターベルが終生、独身を貫いたことが改めて思い出されるのだが、彼女が女性参政権を否定する理由を「一種の直感」としか説明できなかった背後には、〈不安定な女性〉としての生き方を選び取った彼女の複雑な想いが隠されていたことを、彼女の「女性自身の男性化」と題するエッセイは物語っていると考えたい。このエッセイにおける〈不安定な女性〉を一人称単数の〈私〉に置き換えれば、「劣等感と隷従」から逃れるために「女性自身の男性化」を体験したターベルの私語り、〈不安定な女性〉をペルソナとして語るターベルの仮面の告白として読むことができるのではあるまいか。

だが、そのような読みをギルマンが受けつけるはずもなかった。このアンチ女性参政権論者ターベルのエッセイを一九一二年三月発行の『フォアランナー』第三巻第三号掲載の「持続する幻想の実例」(“A Case of Continued Delusion”）で取り上げた彼女の扱いはまことに素っ気なく、僅か二〇行足らずのスペースを与えているにすぎない。「女性自身の男性化」は「二つの誤った前提、（1）人間の仕事は男性の機能であるという前提、（２）家庭以外の分野で何事かを成し遂げる女性は家庭と結婚の希望をすべて放棄しなければならないという前提に基づいている」とギルマンは指摘し、「誰かが満ちてくる潮を箒で撃退しようとしているのを見るのは、悲しいか滑稽かのいずれかだが、ミス・ターベルの仕事は滑稽というにはレベルが高すぎる。だが、そのような女性が、現代の知見を無視する形で、古くからのありふれた妄説をこれ見よがしに開陳しているのはまことに嘆かわしい」としかコメントしていない。

この後もギルマンはターベルの連載エッセイを第四回まで取り上げているが、平行線をたどるばかりの彼女との「対話」を一九一二年五月発行の『フォアランナー』第三巻第五号で切り上げて、翌六月発行の同誌第三巻第六号に「女性参政権と平均的な人間」（"Woman Suffrage and the Average Mind"）と題する記事を載せ、その前半で同年三月二七日にイギリスの細菌学者で腸チフスワクチンの開発者として知られるアルムロス・ライト（Almroth Wright, 1861-1947）が『ロンドン・タイムズ』に宛てた女性参政権運動に反対する内容の投書を問題視している。

アルムロス・ライトは「戦闘的ヒステリーに関する投書」（"Letter on Militant Hysteria"）を「男性にとって、女性の生理心理学は厄介極まりない。女性の周期的に繰り返される過敏症と非論理性とバランス感覚の欠如に出会うと、男性は少なからず困惑する」と書き始め、女性は生理のゆえに政治に参加できないという議論を展開している。これには「ライトの不愉快なまでにミソジニスト的な女性参政権に反対する投書」（Bush 444）という評言が加えられているが、その投書を大幅に改稿した形で翌一九一三年に発表した著作『女性参政権に反対する無削除の申し立て』（*The Unexpurgated Case Against Woman Suffrage*）でも（問題の投書は付録として収載されている）、ライトは「女性としての生理学的障碍と女性であることから生じる限界は、男性と競合しなければならないときの女性を著しく不利な立場に置くことになる」と述べて、ここでも女性蔑視の姿勢を露骨に示している。

このような「不愉快なまでにミソジニスト的な」主張をライトが繰り返した背景には、イギリスにおける女性参政権運動の激化という異常事態があった。女性参政権を認めようとしない政府にプレッシャーをかけるために、カリスマ的なエメリン・パンクハースト（Emmeline Pankhurst, 1858-1928）の指導の下で、女性参政権活動家《サフラジェット》たちは過激な実力行使を繰り返し、商店や事務所の窓ガラスを割ったり、電話線を切断したり、政治家や著名人の住宅に放火したり、大英博物館の展示物を破壊したり、セント・ポール大聖堂やウェストミンスター寺院などに爆弾を仕掛けたりする一方で、逮捕された活動家たちはハンガーストライキを実行して、強制摂食の措置を受けたのだった。一九一三年六月四日には、九回もの逮捕歴のあるエミリー・デイヴィソン（Emily Davison, 1872-1913）が、エプソンダービーで国王ジョージ五世の持ち馬の前に飛び出して重傷を負い、四日後に死亡するという出来事もあった（興味のある読者は苦闘するイギリス女性の姿を描いた二〇一五年制作のイギリス映画『サフラジェット』［*Suffragette* 邦題『未来を花束にして』］を参照されたい）。

この活動家たちの「戦闘的ヒステリー」を目の当たりにしたライトが書いたのが『タイムズ』への投書だったのだが、医学研究者としての彼は「女性の精神は彼女の生理的緊急事態［月経を意味している」の影響から生じる危険につねに脅かされているという事実を医者は絶対に見失うことができない」と述べ、「女性の参政権運動には精神異常が深くかかわっているという事実に医者は目を閉ざすことができないし、その背後にある生理的緊急事態を彼自身から隠すこともできない」と付け加えている。そして彼が「精神異常」と診断する「戦闘的サフラジェット」を（a）「自分に有利なときは身体的暴力に訴えることができると考える女性」、（b）「性的に辛い経験をして、すべてが遺恨と苦い心と男性に対する憎悪に変わってしまった女性」、（c）「性格の一面が衰退した結果、生身の男女との接触を失った不完全な」女性、（d）「見当はずれな自尊心に毒されて、みずからの知性に敬意を払わない男性には誰彼の区別なく食ってかかる女性」などに分類している。

さらに文明世界には「腕力という武器を男性は女性に、女性は男性に行使してはならないという協定」が存在するにもかかわらず、「男性によって忠実に守られてきたこの神聖な協定が、病的で、愚かで、醜くて、不正なもくろみのために、戦闘的サフラジストによって破られた」とライトは主張し、「女性参政権の害毒」は「第一に、投票権を女性に与えることは政治問題に判断を下すことがまったくできない有権者の集団にそれを与えることであるという事実、第二に、女性はみずからの投票を力によって効果的にバックアップすることができない集団であるという事実、第三に、それは男性と女性を危険なまでに反目させる可能性があるという事実に存している」（強調原文）と指摘している。

最後に、イギリス議会が女性に参政権を認めれば、「それは戦闘的サフラジストによって仲裁提案としてではなく、男性による暴虐と権利の侵害に対する徹底的な戦いをさらに有利に戦い抜くためというだけの理由で高く評価する勝利として受け入れられることになるだろう」と考えるライトは、「ヒステリックな暴動との和解は平和の行為ではない。それは平和をもたらすこともない」と述べて、この投書をつぎのような言葉で結んでいる——

平和はまた訪れるだろう。あらゆる種類の男性の悪を女性が執念深く信じたり教えたりすることをやめたときに平和は訪れるだろう。女性が女性自身の生来の無能力の責任を男性に取らせることをやめたときに、男性が女性と協力し合って働くことができず、それを願ってもいないという事実を女性が腹立たしく思うことをやめたときに、平和は訪れるだろう。そして、イギリスに居場所のないすべての女性が海の向こうで「安静」を、「夫の家で、それぞれの身の落ち着き所」〔旧約聖書ルツ記第一章第九節〕を求めたときに、そしてイギリスに留まった女性が尊厳を犠牲にすることなく、自分から進んで、結局のところ自分のために金を稼いで蓄えてくれている夫や父に服従できることを認めるようになったときに、平和は甦るだろう。

「戦闘的ヒステリー」を患う「精神異常」の女性は海の向こうで、つまりヒステリー治療の権威であるミッチェル博士のアメリカで「安静」を求めるのが望ましいというライト博士のご託宣を、かつてヒステリーと診断されて、ミッチェル博士の安静療法を受けたことのあるギルマンが聞き流すはずもなかった。ライト博士の言説を批判するエッセイ「女性参政権と平均的な人間」を彼女が書き上げたとしても驚くには当たらないのだ。

このエッセイの冒頭にライトの「投書」から「女性の精神は彼女の生理的緊急事態の影響から生じる危険につねに脅かされているという事実を医者は絶対に見失うことができない」という言葉を引用したギルマンは、「女性の前進の注意深い研究者にとって、イギリスにおける戦闘的サフラジストたちの活動がその進歩全体を活性化し強化したことは疑問の余地がない」と書き始め、この戦闘的サフラジストたちの行動によって惰眠をむさぼっていた〈平均的な人間〉は揺さぶりをかけられることになった、と指摘している。そうした〈平均的な人間〉の代表格として彼女が挙げるのが、『ロンドン・タイムズ』に「長くて絶望的なまでに熱烈な投書」をしたサー・アルムロス・ライトの名前であって、「彼の見解は病理学者、婦人科医、超男性《ウルトラ・メイル》のそれだ。男性としての資格で、彼は女性のなかに女性的《フィーメイル》な資格だけを見いだし、女性のなかの女性的《フィーメイル》な特質だけを賛美している」と主張している。

「女性は女性《フィーメイル》であり、それ以外の何物でもない」と信じていたライト博士にとって、無力なはずの女性が「全世界を両性具有的な制度（epicene institution）——男女があらゆる場所で同一労働に同一賃金で協力して取り組むような両性具有的な制度に変える」ことを計画しているというのは、まさに青天の霹靂だった（この「両性具有的な制度」がハウやジャコービが希求する理想的な制度だったことを博士は知る由もなかった）。彼が『ロンドン・タイムズ』に送った長い投書には「女性たちの人間的な成長に対する『平均的な人間』の葛藤が痛いほど強烈に表われている」と考えるギルマンは、「女性の仕事はあの『生理的緊急事態』のせいで男性のそれとは同等でないし、同等になることもできないという理由で、同一労働同一賃金の主張を否定しながらも、彼は大きく揺れ動いている」と説明している。結局のところ、「過去の時代の『騎士道精神』や『慇懃な行為《ギャラントリー》』に取って代わる人間としての『公平さ』を要求する今日の女性たちに現われている奇妙な新しい精神は、この［ライトのような］類いの男たちにとっては憎んでも余りある反逆なのだ」（強調引用者）とギルマンは断じている。

エッセイ「女性参政権と平均的な人間」が終わったページの余白をギルマンは「サー・アルムロス・ライトの診断」（“Sir Almroth Wright’s Diagnosis”）と「超男性」（“The Ultra-Male”）と題する二編の詩で埋めているが、前者は女性の月経を生理的緊急事態と呼び、それが女性に及ぼす危険について大真面目に語るライトを茶化し、後者は「牡馬が牝馬に言った／彼女が彼に競争で勝ったときに／『これは正しくない！　これは公平でない！／お前は馬ではない！／お前は牝馬《メア》だ——スピードのために作られたのではない／お前には頭も脚も尻尾もない／お前は産むことになっているだけだ——産むだけだぞ／馬になれるのは雄馬《メイル》だ！／自分を馬にしようとしたりするな！』」（Said the Stallion to the Mare/When she beat him on the course,/“It isn’t right! It isn’t fair!/You’re not a Horse!/ You are a Mare—not made for speed;/You’ve no head, legs nor tail;/You’re only meant to breed—to breed!/To be a horse is Male!/Don’t try to make a Horse of yourself!” の九行から成っている。最後の “Don’t try to make a Horse of yourself!” という一行は、すでに触れたターベルの連載二回目のエッセイが “Making a Man of Herself”（「女性自身の男性化」）と題されていたことを読者に思い出させるに違いない。また、この詩の題名「超男性」は「もし女性が人間としての能力や野心を外に表わすと、それらは男性の能力や野心に違いないと確信して、思いつく限りの罵詈雑言を浴びせかける」（強調引用者）ミソジニストとしてのライト自身を指しているが、ここでもまたギルマンが「人間として」の女性に読者の注目を促していることを見落としてはならない。

話をエッセイ本体に戻すと、前半でイギリスの〈平均的な人間〉アルムロス・ライトの『ロンドン・タイムズ』への投書を話題にしたギルマンは、後半では一九一二年五月四日にニューヨークで一万人の女性参政権活動家たちが参加した大規模なパレードにショックを受けた、アメリカの〈平均的な人間〉の反応の典型例として、翌五月五日付の『ニューヨーク・タイムズ』の社説「女たちの反乱」（"The Uprising of the Women"）を取り上げている。アメリカではすでにワイオミング、コロラド、アイダホ、ユタ、ワシントン、カリフォルニアの六州でおよそ百万人の女性が投票権を得ていたにもかかわらず、社説を書いた論説委員にとっては「それは単なる精神印象（mental impression）にすぎなかった。この「パレードに参加した」一万人の女性たちは視覚印象（visual impression）を与えた――そして、この〈平均的な人間〉を動揺させた」とギルマンは指摘している。

その動揺した論説委員が書いた社説は、一体どのような内容だったのだろうか。そこでの〈平均的な人間〉は、参政権を認められた女性は「男性の社会的、市民的機能を侵害する」と論じては、「社会的関係は精神的かつ機械的であって、性別的ではない」とギルマンにたしなめられ、女性が選挙権を手に入れれば「自分自身や社会に大混乱を引き起こす」と口走っては、この「慌てふためいた〈平均的な人間〉」はニュージーランドやオーストラリアやフィンランドやスウェーデンやノルウェー、さらにはアメリカの六州のことを考えたこともなく、ただただ「恐怖を覚えて、最近の歴史とは無関係に『大混乱』を想像している」にすぎない、と彼女に罵倒され、「陸海軍の軍人や警官や消防士としての女性を考えることは不可能だ」と髪をかきむしりながら呟いては、「投票権の行使は男性の仕事を変えはしない。なぜ女性のそれを変えねばならないのか」と彼女に問い返されている。

このように女性参政権に反対する『ニューヨーク・タイムズ』の社説には「男性的な優越感に満ちた態度」、ケイト・マンのいわゆる「ミソジニー的敵意」が一貫して示されている、と主張するギルマンは、「興味深いのは影響力の強いニューヨークの日刊紙がこのような形で自分自身を記録に残しているのを目にすることだ。幸いなことに世間一般の人々は物忘れが早いけれども、この一九一二年五月五日日曜日の社説は〈平均的な人間〉の無知と限界を示す顕著な実例として多くの人に記憶され続けるだろう」と結論している。なお、ギルマンはアルムロス・ライト博士の「男性的な優越感に満ちた態度」をも忘れることができなかったらしく、彼女の中編小説『ハーランド』(*Herland*, 1915)は博士を二度も名指しで批判していることを付け加えておこう。

一九一二年五月二五日に、ギルマンは『ハーパーズ・ウィークリー』に「女性は人間なのか? 女性参政権に関する議論における大きな間違いについての考察」(“Are Women Human Beings? A Consideration of the Major Error in the Discussion of Woman Suffrage”)と題する一文を寄せている。それはエッセイ「女性参政権と平均的な人間」と並行して書かれたらしく、ターベルのエッセイ「女性自身の男性化」、ライトの『ロンドン・タイムズ』への投書、『ニューヨーク・タイムズ』の社説などへの言及がなされているが、「女性参政権に関する議論における大きな間違い」は「女性たちのなかに女性的な特徴しか見ず、逆に文明のすべての複雑な機能のなかに男性的な特徴しか見ていないことにある」とこれまでの主張をギルマンは繰り返し、それを「男性だけが世界の仕事を果たす能力と資格のある人間という生き物（*human creatures*）であり、女性は非常に長い間女性だけに限定されてきた同じ決まり仕事を続ける以外に何の能力もない女という生き物（*female creatures*）にすぎない」（強調はいずれも引用者）という「ナイーブな前提」と言い換えている。そこにはなぜ女性は男性と同じ「人間という生き物」として扱われないのかという彼女の悲痛な叫びを聞きつけることができるのだ。

　この一九一二年のエッセイにおける女性参政権論者ギルマンの“Are Women Human Beings?”という問いかけは、ターベルを批判する文章で彼女が語っていた“Her main business is being human”という言葉と響き合っているだけではない。それはイギリスの女性参政権運動の現状を訴えるために、一時的に釈放されて渡米したエメリン・パンクハーストが翌一九一三年一〇月二一日にニューヨークでおこなった「なぜ私たちは戦闘的か？」（“Why We Are Militant”）と題する講演で「私たちは人間以上《スーパーヒューマン》でも人間以下《サブヒューマン》でもありません。私たちはあなたがたと同じ“human beings”にほかなりません」と語った言葉と見事に連動している。

　イギリスでは五年後の一九一八年の選挙法改正によって条件付きながら女性の参政権が実現するまで、アメリカでもその二年後の一九二〇年に女性に参政権を保証する憲法修正第一九条が発効するまで、ギルマンやパンクハーストが願っていたように、女性が「人間という生き物」として認められることはなかった。それはほんの一〇〇年前まで大西洋の両岸に厳存していた歴史的事実だったのだ。だが、女性参政権問題の解決は女性の社会進出を阻むヴィクトリアン・ミソジニーが霧散消滅したことを意味しているのではない。本書の冒頭で触れたギンズバーグやクリントンの例が示しているように、現代アメリカにおいてもなお「ミソジニー的敵意」は強固なガラスの天井という形をとって存在し続けている。そして、それは決して現代アメリカだけに見られる社会的現象でないということは改めて書き立てるまでもないのだ。

エピローグ——太平洋の両岸で

この本の目的は、プロローグで述べたように、ミソジニーとは何かという問題に正面から取り組むのではなく、世代も職業も異なる三人のアメリカ女性の生きざまをとおして、ミソジニー・アメリカ型の構造を分析することだった。

そのためのケーススタディの対象として選ばれたのが、ヴィクトリアン・アメリカで活躍した詩人のジュリア・ウォード・ハウ、医学研究者のメアリー・パットナム・ジャコービ、社会思想家のシャーロット・パーキンズ・ギルマンだった。ジェンダー平等を求めるこの三人の女性たちは、ヴィクトリアン・アメリカの家父長制的タブーにそれぞれの立場で挑戦していたが、最終的には男性と対等の権利を要求する女性参政権運動で共闘することになる。この運動がようやく実を結んで、女性参政権を保証する憲法修正第一九条が一九二〇年に発効したことは、聖パウロの言葉を引用しながらジェンダーギャップが解消した未来を思い描いていたハウとジャコービの夢、さらには女性が「人間という生き物」として認められることを切望していたギルマンの夢の実現に向けて、アメリカ女性が大きな一歩を踏み出したことを意味していた、と言っても過言ではあるまい。

だが、それから一〇〇年の歳月が流れたにもかかわらず、アメリカ女性が置かれている状況にはいささかの変化も生じていない。ハウやジャコービやギルマンが挑んだヴィクトリアン・アメリカのミソジニーや性差別主義や家父長制が二一世紀のアメリカにおいてもなお命脈を保っていることは、二〇一六年の大統領選挙でヒラリー・クリントンがドナルド・トランプに敗北したという事実によって何よりも雄弁に証明されている。プロローグでも紹介した『ひれふせ、女たち』の著者ケイト・マンは、ドナルド・トランプが大統領に選ばれた事実に触れて、「このほとんど思いがけない、悲惨な結果をもたらした要因の中で、ミソジニーがその最も重要な一つであるのはまず疑えない」(Manne 282)と断じている。しかも、クリントンの敗因の一つは、この選挙において白人女性の半数以上が女性候補のクリントンではなく悪評紛々たるトランプに投票したことにあるとされているが、この現象とミソジニーとの関係をマンはどのように説明しているだろうか。

「ミソジニーは、家父長制的規範と価値の遵守という観点から、しばしば『良い』女と『悪い』女を区別する」という持論を踏まえて、『ひれふせ、女たち』の著者は「『良い』女でありたいと望む女性には、ヒラリーがそうであったような『悪い』と見なされる女性から距離を取り、また、道徳的違反行為と目される事柄にかんして『悪い女』が罰を受け、排斥されるときは公に参加するという社会的動機が存在する」(263)と主張し、「男性にコード化された権力を伴う地位」を目指すことで「家父長制的システムの規則」を破っていたクリントンのような女性の場合、「男性のみが最高職責を切望しうるような社会階層にとって、彼女は秩序から外れていたのである。女性は競合ではなく、かしずき、援助することを期待されていた。それゆえ、この役割に背を向けることは反逆か背信行為と映るかもしれない」(271)と論じている。ヴィクトリアン・アメリカにおいてジェンダー平等を求めて闘ったという理由で、「悪い女」と見なされた詩人ハウや医学研究者ジャコービや社会思想家ギルマンを悩ました「ミソジニスト的敵意」が、現代アメリカにおいては「男性にコード化された権力を伴う地位」を目指したという理由で、「悪い女」と見なされたヒラリー・クリントンに向けられたのだ。

だが、クリントンが大統領選に敗れた要因はミソジニーだったというマンの発言を受け入れるとしても、所詮、彼女の敗北は忘れられてしまった過去の事件であり、勝者だったトランプ前大統領が退陣した現時点で、今さららしく論じることにいかほどの意味があるのか、と反論する読者がいるに違いない。だが、果たしてそうだろうか。果たしてクリントンの悲劇はクリントン個人の悲劇にすぎなかったのだろうか。

こうした疑問に答えるために、ここでパーソナルな体験を紹介させていただきたい。つい最近、ぼつぼつ書き溜めていたこの本の原稿がほぼ完成したのを見計らったかのように、東京オリンピック・パラリンピック競技大会組織委員会の会長という重責を担っていた人物が性差別発言で辞任するというニュースが飛び込んできたのだ。アメリカのミソジニーや性差別主義がテーマの本をほとんど書き終えていた者としては、何たる偶然の一致、何たる運命の悪戯、と思わず呟いただけでなく、二〇一六年の大統領選挙でヒラリー・クリントンを敗北に追いやった要因の一つはミソジニーだった、という先ほど引用したばかりのケイト・マンの発言を反射的に思い浮かべるしかなかった。

たしかに、クリントンの敗北は、アメリカにおけるミソジニーの広がりとその根深さを物語っていて、合衆国の社会や文化を研究しているアメリカニストたちの興味をかき立てずにはおかない。だが、それはただ単に遠く離れたアメリカ社会で起こった出来事というだけではない。いろいろな意味で我が日本はアメリカという鏡に映ったような国であって、太平洋の向こう側で起こったと同じような事件がこちら側でも絶えず繰り返されていることを考えたとき、誰かのミソジニスト的あるいは性差別主義者的な失言や暴言で思いもかけぬ混乱や騒動、ときには笑えぬ茶番劇が本書の読者の周辺で引き起こされるかもしれないことは容易に想像できる。そのような事態を未然に回避することが必要不可欠な現在の状況では、アメリカ文学に親しんできただけで、フェミニストでも社会学者でもない人間が書いた『ヴィクトリアン・アメリカのミソジニー』のような本でも、ミソジニーとは一体何なのか、ミソジニストとは一体何者なのか、という重要かつ喫緊の課題に取り組むための材料を提供することができるのではないか、と考えたいのだ。

【引用文献】

Adams, Henry. *The Education of Henry Adams*. 1907. Ed. Ernest Samuels. Boston: Houghton Mifflin, 1946.

Alcott, Louisa May. *A Long Fatal Love Chase*. New York: Dell, 1995.

Beard, George. *American Nervousness: Its Causes and Consequences*. New York: Putnam's, 1881.

——— ."Neurasthenia, or Nervous Exhaustion," *The Boston Medical and Surgical Journal* Vol III, No 13 (April 29, 1869): 217-221.

Beecher, Catharine. *Miss Beecher's Domestic Receipt Book*. New York: Harper, 1846.

Bendixen, Alfred. "Introduction: The Whole Story Behind *The Whole Family*." William Dean Howells et al. *The Whole Family: a Novel by Twelve Authors*. 1908. Durham: Duke UP, 2001: xi-li.

Bergland, Renee, and Gary Williams, eds. *Philosophies of Sex: Critical Essays on The Hermaphrodite.* Columbus: Ohio State UP, 2012.

Bittel, Carla. *Mary Putnam Jacobi and the Politics of Medicine in Nineteenth-Century America*. Chapel Hill: U of North Carolina P, 2009.

Blake, Lillie Devereux. "Address of L. Devereux Blake." *Woman's Journal* 23 June 1894:194.

——— . *Southwold: A Novel*. 1859. Charleston: Nabu Press, 2010.

Boismont, Brierre de. *De la menstruation, considérée dans ses rapports physiologiques et pathlogiques*. Paris: Germer Baillie, 1842.

Brackett, Anna C. ,ed. *The Education of American Girls*. New York: Putnam's, 1874.

Bronski, Michael. *A Queer History of the United States*. Boston: Beacon, 2011.
Burr, Anna Robeson. *Weir Mitchell: His Life and Letters*. New York: Duffield, 1929.
Burr, Hattie A. ed. *Woman Suffrage Cookbook.* 1886. New York: Dover, 2020.
Bush, Julia. "British Women's Anti-suffragism and the Forward Policy, 1908-14." *Women's History Review*, 11:3 (2002): 431-54.
Camhi, Jane Jerome. *Women Against Women: American Anti-Suffragism, 1880-1920.* New York: Carlson, 1994.
Cane, Aleta Reinsod. "'The Same Revulsion against Them All'." *Charlotte Perkins Gilman: New Texts and New Contexts*. Ed. Jennifer S. Tuttle and Carol Farley Kessler. Columbus: Ohio UP, 2011: 122-39.
Cervetti, Nancy. *S. Weir Mitchell, 1829-1914: Philadelphia's Literary Physician*. University Park: Pennsylvania State UP, 2012.
Clarke, Edward H. *The Building of a Brain*. Boston: Osgood, 1874.
——. *Sex in Education; or, A Fair Chance for Girls*. Boston: Osgood, 1873.
"Clarke's Sex in Education." *The Nation* 17, November 13, 1873: 324-25.
Comfort, George F., and Anna Manning Comfort. *Woman's Education and Woman's Health: Chiefly in Reply to "Sex in Education"*. Syracuse: Durston, 1874.
Dickens, Charles. *American Notes for General Circulation*. 1842. Baltimore: Penguin Books. 1972. 伊藤弘之、下笠徳次、隈元貞広訳『アメリカ紀行』（上）岩波文庫、二〇〇五年。
Douglass, David. "The Use of Metaphor in Scientific Argument: The Case Of Edward Clarke's *Sex in Education," ISSA Proceedings 1998:* no page number.
Drabelle, Dennis. "The Case of S. Weir Mitchell." *The Pennsylvania Gazette*, Vol III No. 2 (Nov/Dec 2012): 40-43.
Duffey, Eliza Bisbee. *No Sex in Education; or, An Equal Chance for Both Girls and Boys. Being a Review of Dr. E.H.*

Clarke's "Sex in Education." Philadelphia: Stoddard, 1874.

——. *The Relations of the Sexes*. New York: Holbrook, 1876.

Ehrenreich, Barbara, and Deirdre English. *For Her Own Good: Two Centuries of the Experts' Advice to Women*. New York: Anchor Books, 2005.

Elliot, Maud Howe, and Florence Howe Hall, *Laura Bridgman: Dr. Howe's Famous Pupil and What He Taught Her*. Boston: Little, Brown, 1903.

Fern, Fanny. *Ruth Hall.* 1854. *Ruth Hall and Other Writings*. Ed. Joyce W. Warren. New Brunswick: Rutgers UP, 1986: 1-211.

"50 Greatest Sons Picked at Harvard." *New York Times* 13 September 1936.

Fiss, Andrew. "Structures of antifeminism: Drugs and Women's Education in the Texts of Dr. Clarke." *Peitho*, 21:1 (Fall/Winter 2018): 81-103.

Garrity, Tim. "The Woman Question: Francis Parkman's Arguments against Women's Suffrage." *Chebacco* XIII 2012: 7-18.

Gide, Andre. *La Symphonie Pastorale*. 1919. 中村真一郎訳『田園交響楽』講談社版世界文学全集34、一九六九年。

Gilbert, Sandra M., and Susan Gubar, *The Madwoman in the Attic: The Woman Writer and the Nineteenth-century Literary Imagination*. New Haven: Yale UP, 1979.

Gilder. Jeannette. "Why I Am Opposed to Woman's Suffrage." *Harper's Bazaar* May 19, 1894: 399.

Gilman, Charlotte Perkins. "Answers to 'Anti's'." *The Forerunner* 2:3 (March 1911): 73-74.

——. "The Anti-Suffragists." *Suffrage Songs and Verses*. New York: Charlton, 1911: 17-18.

——. "Are Women Human Beings? A Consideration of the Major Error in the Discussion of Woman Suffrage." *Harper's Weekly* May 25, 1912: 11

———. "A Case of Continued Delusion." *The Forerunner* 3: 3 (March 1912): 84.

———. *The Crux: a Novel*. 1911. Ed. Jennifer Tuttle. Newark: U of Delaware P, 2002.

———. *The Diaries of Charlotte Perkins Gilman*. Vol.1: 1879-87 and Vol 2: 1890-1935. Ed. Denise D. Knight. Charlottesville: UP of Virginia, 1994.

———. "Dr. Clair's Place" (1915). *Herland and Selected Stories of Charlotte Perkins Gilman*. New York: Signet Classic, 1992: 318-26.

———. *Herland* (1915). *Herland and Selected Stories of Charlotte Perkins Gilman*. New York: Signet Classic, 1992: 3-146.

———. "In Duty Bound." *In This Our World and Uncollected Poems*. Ed. Gary Scharnhorst and Denise D. Knight. Syracuse: Syracuse UP, 2012: 21-22.

———. "If I were a Man"(1914). *Herland and Selected Stories of Charlotte Perkins Gilman*. New York: Signet Classic, 1992: 302-308.

———. *The Living of Charlotte Perkins Gilman: An Autobiography*. 1935. Madison: U of Wisconsin P, 1990.

———. "Miss Ida Tarbell's 'Uneasy Woman'." *The Forerunner* 3:2 (February 1912): 37-39.

———. "Miss Tarbell's Third Paper." *The Forerunner* 3: 4 (April 1912): 95.

———. "Why I Wrote The Yellow Wallpaper." *The Forerunner* 4:10 (October 1913): 271.

———. "Woman Suffrage and the Average Mind." *The Forerunner* 3: 6 (June 1912): 148-53.

———. "The Yellow Wallpaper"(1892). *Herland and Selected Stories of Charlotte Perkins Gilman*. New York: Signet Classic, 1992: 165-180.

Gitter, Elisabeth. *The Imprisoned Guest: Samuel Howe and Laura Bridgman, the Original Deaf-Blind Girl*. New York: Farrar, Straus and Giroux, 2001.

Godwin, Parke. *Out of the Past: Critical and Literary Papers*. New York: Putnam, 1870.

Goodman, Susan, and Carl Dawson. *William Dean Howells: A Writer's Life*. Berkeley: U of California P, 2005.

Gould, Suszanne. "College Doesn't Make You Infertile: AAUW's 1885 Research." May 13, 2013: no page number.

Griswold, Rufus W., ed. *The Female Poets of America*. New York: James Miller, 1848.

——. ed. *The Prose Writers of America*. Philadelphia: Porter & Coates,1847.

——. ed. *Works of the Late Edgar A. Poe*. 4 vols. New York: Redfield, 1850-56.

Hall, G. Stanley. *Adolescence: Its Psychology and its Relations to Physiology, Anthropology, Sociology, Sex, Crime, Religion, and Education*. 2 vols. New York: Appleton, 1904.

Hamlin, Kimberly Ann. "Beyond Adam's Rib: How Darwinian Evolutionary Theory Refined Gender and Influenced American Feminist Thought 1870-1920," PhD diss., University of Texas at Austin, 2009.

Hatvary, George Egon. "Horace Binney Wallace: A Study in Self-Destruction." *Princeton University Library Chronicle* 25 (Winter 1964):137-49.

——. *Horace Binney Wallace*. Boston: Twayne, 1977.

Hawthorne, Nathaniel. *Centenary Edition of the Works of Nathaniel Hawthorne*. Vols. XVII and XVIII. Columbus: Ohio State UP, 1986-1987.

Health Statistics of Female College Graduates. Boston: Wright & Potter, 1885.

Horowitz, Helen Lefkowitz. *Wild Unrest: Charlotte Perkins Gilman and the Making of "The Yellow Wall-Paper."* New York: Oxford UP, 2010.

Howe, Julia Ward. "Battle Hymn of the Republic." *The Atlantic Monthly* Vol. IX No.LII (February 1862): 10.

——. "The Bee's Song." *Gifts of Genius: A Miscellany of Prose and Poetry of American Authors*. Ed. William Cullen Bryant. New York: Davenport, 1859: 160-62.

———. *From the Oak to the Olive: A Plain Record of a Pleasant Journey*. Boston: Lee and Shepard, 1868.

———. *The Hermaphrodite*. Ed. Gary Williams. Lincoln: U of Nebraska P, 2004.

———. *Hippolytus*. 1911. *Monte Cristo and Other Plays*. Ed. J. B. Russak. *America's Lost Plays*. Vol. 16. Princeton: Princeton UP, 1941: 77-128.

———. *Leonora or The World's Own*. 1857. *Representative American Plays*. Ed. Arthur Hobson Quinn. New York: Century, 1917: 391-427.

———. *Memoir of Dr. Samuel Gridley Howe*. Boston: Wright, 1876.

———. *Passion-Flowers*. Boston: Ticknor, Reed and Fields, 1854.

———. *Reminiscences, 1819-1899*. Boston: Houghton Mifflin, 1899.

———. *The Walk with God*. Ed. Laura E. Richards. New York: Dutton, 1919.

———. "Woman." Rufus Wilmot Griswold, ed. *The Female Poets of America*. New York: James Miller, 1848: 322.

———. *Words for the Hour*. Boston: Ticknor and Fields, 1857.

Howe, Julia Ward, ed. *Sex and Education. A Reply to Dr. Clarke's "Sex in Education."* Boston: Roberts Brothers, 1874.

Howe, Julia Ward, et al., "The Other Side of the Woman Question." *North American Review* 129, no. 276 (November 1879): 414-46.

Howe, Samuel Gridley. *A Historical Sketch of the Greek Revolution*. New York: Gallaher & White, 1828.

Howells, William Dean. "A Reminiscent Introduction." *The Great Modern American Stories,* New York: Boni and Liveright, 1920: vii-xiv.

Howells, William Dean, et al. *The Whole Family: a Novel by Twelve Authors.* 1908. Durham: Duke UP, 2001.

Howitt, Mary. "Laura Bridgman." *Howitt's Journal* 2 (October 9, 1847): 226-28.

Hughes, C.H. "Notes on Neurasthenia." *The Alienist and Neurologist* Vol III, No 3 (July 1882): 437-449.

Jacobi, Mary Putnam. "Address on Behalf of the Women of the City of New York Before the Committee on Suffrage of the State Constitutional Convention, May 31, 1894." Printed as an appendix to *"Common Sense" Applied to Woman's Suffrage*. New York: Putnam's, 1894: 199-236.

——. "Case of Absent Uterus: With Considerations on the Significance of Hermaphroditism." *American Journal of Obstetrics and Diseases of Women and Children* 32. 4, 1895: 510-44.

——. *"Common Sense" Applied to Woman's Suffrage*. New York: Putnam's, 1894.

——. "De La Graisse Neutre et Des Acides Gras [Of Neutral Fat and Fatty Acids]." Paris thesis, 1871.

——. "Descriptions of the Early Symptoms of the Meningeal Tumor Compressing the Cerebellum. From Which the Writer Died. Written by Herself." *Mary Putnam Jacobi, M.D.: A Pathfinder in Medicine*. New York: Putnam's, 1925: 501-504.

——. "Dr. Putnam Jacobi on the 'Antis'." *Woman's Journal* 23 June 1894:198-99.

——. *Life and Letters of Mary Putnam Jacobi.* Ed. Ruth Putnam. New York: Putnam's, 1925.

——. *Mary Putnam Jacobi, M.D.: A Pathfinder in Medicine*. New York: Putnam's, 1925.

——. "Mental Action and Physical Health." *The Education of American Girls.* Ed. Anna C. Bracket. New York: Putnam's, 1874: 257-306.

——. "Open Letter." "On the Opening of the Johns Hopkins Medical School to Women." *The Century* 41 (February 1891): 633-34.

——. *The Question of Rest for Women during Menstruation*. New York: Putnam's,1877.

——. "Some Considerations on Hysteria." *Essays on Hysteria, Brain-tumor, and Some Other Cases of Nervous Disease.* New York: Putnam's, 1888: 1-80.

——. "Shall Women Practice Medicine?" *Mary Putnam Jacobi, M.D.: A Pathfinder in Medicine.* New York: Putnam's,

1925: 367-390.
——. "Two Representative Women." *Woman's Journal*, 23 December and 30 December 1893: 406-7, 410.
——. "Woman in Medicine." *Women's Work in America*. Ed. Annie Nathan Meyer. New York: Henry Holt, 1891: 139-205.
Jacobi, Mary Putnam, and Victoria A. White. *On the Use of the Cold Pack Followed by Massage in the Treatment of Anaemia*. New York: Putnam's, 1880.
James, William. "Laura Bridgman." *Atlantic Monthly*. Vol. 93 (January 1904): 95-98.
Kendrick, Asahel Clark. *The Life and Letters of Mrs. Emily C. Judson*. New York: Sheldon, 1860.
Knight, Denise D. "'All the Facts of the Case': Gilman's Last Letter to Dr. S. Weir Mitchell." *American Literary Realism*, Vol. 37, No. 3 (Spring 2005): 259-271.
Kohn, Denise M. Introduction. *Christine: Or, Woman's Trials & Triumphs*. 1856. By Laura Curtis Bullard. Lincoln: U of Nebraska P, 2010: ix-xiv.
Lane, Ann J. *To Herland and Beyond: The Life and Work of Charlotte Perkins Gilman*. Charlottesville: UP of Virginia, 1997.
Le Gendre, Paul. "L'Hérédité et la Pathologie Géneralé." In Charles Bouchard, *Traité de Pathologie Générale*, Tome I, 1895: 265-386.
Lewis, R.W.B. *The American Adam: Innocence, Tragedy, and Tradition in the Nineteenth Century*. Chicago: U of Chicago P, 1955. 斎藤光訳『アメリカのアダム——19世紀における無垢と悲劇と伝統』研究社、一九七三年。
Linton, Lynn. "The Girl of the Period." *The Girl of the Period and Other Social Essays*. Vol. 1. London: Richard Bentley, 1883: 1-9.
Mabbott, Thomas Olive. *Collected Works of Edgar Allan Poe*. Vol. 3. Cambridge: Belknap P of Harvard UP, 1978.

MacAdam, George. "Feminist Revolutionary Principle is Biological Bosh." *New York Times* January 18, 1914.
Mann, Horace. "Laura Bridgman." *The Common School Journal* 3.3 (February 1, 1841): 33-48.
Manne, Kate. *Down Girl: The Logic of Misogyny.* London: Penguin Books, 2019. 小川芳範訳『ひれふせ、女たち――ミソジニーの論理』慶応義塾大学出版会、二〇一九年。
Mannix, John Bernard. "Laura Bridgman and Her Teachers." *Heroes of Darkness*. London: Partridge, 1911: 168-207.
Mitchell, Silas Weir. *Address to the Students of Radcliffe College. Delivered January 17, 1895.* Cambridge, Mass: [publisher not identified], 1896.
——. "Camp Cure." *Nurse and Patient, and Camp Cure*. Philadelphia: Lippincott, 1877: 39-73.
——. "The Case of George Dedlow." *The Autobiography of a Quack and The Case of George Dedlow*, New York: Century, 1900: 115-49.
——. *Characteristics*. New York: Century, 1900.
——. "Clinical Lectures on Nervousness in the Male." *Medical News*, Vol. XXXV, No. 420 (December 1877): 177-184.
——. "Co-education and the Higher Education of Women: A Symposium by Professors William Goodell, T. Gaillard Thomas, James R. Chadwick, S. Weir Mitchell, M. Allen Starr, and J.J. Putnam." *The Medical News* 55 (December 14, 1889): 667-73.
——. *Doctor and Patient.* Philadelphia: Arno, 1887.
——. *Doctor North and his Friends*. New York: Century, 1900.
——. *Fat and Blood: And How to Make Them*. Philadelphia: Lippincott, 1877.
——. *Lectures on Diseases of the Nervous System, Especially in Women*. Philadelphia: Lea's Son, 1881.
——. "Out-door and Camp-life for Women." *Doctor and Patient.* Philadelphia: Lippincott, 1888: 155-177.
——. *Researches upon the Venom of the Rattle Snake*. Washington, D.C.: Smithsonian Institution, 1860.

——. "Rest in the Treatment of Nervous Diseases." In *A Series of American Clinical Lectures*. Vol.1, no. 4. New York: Putnam's, 1875: 83-102.

——. *Wear and Tear; or, Hints for the Overworked*. Philadelphia: Lippincott, 1871.

——. "When the College is Hurtful to a Girl." *The Ladies' Home Journal* 17:7 (June 1900): 14.

Morantz-Sanchez, Regina. *Sympathy and Science: Women Physicians in American Medicine*. Chapel Hill: U of North Carolina P, 2000.

Nightingale, Florence, *Cassandra: an Essay*. 1852. Old Westbury, N.Y.: Feminist Press, 1979.

Ninth Annual Report of the Trustees of the Perkins Institution And Massachusetts Asylum for the Blind. Boston: Eastburn, 1841.

Noble, Marianne. "From Self-Erasure to Self-Possession: The Development of Julia Ward Howe's Feminist Consciousness." *Philosophies of Sex: Critical Essays on The Hermaphrodite*. Ed. Penee Bergland and Gary Williams. Columbus: Ohio State UP, 2012: 47-71.

Noguchi, Hideyo. *Snake Venoms: An Investigation of Venomous Snakes with Special Reference to the Phenomena of their Venom: An Investigation of Venomous Snakes*. Washington, D.C.: Carnegie Institution of Washington, 1909.

——. "Snake Venoms." William Osler and Thomas McCrae, eds. *A System of Medicine by Eminent Authorities in Great Britain, the United States and the Continent.* Vol. 1. London: Henry Frowde, 1907: 247- 65.

Ostrom, John Ward, ed. *The Letters of Edgar Allan Poe*. Vol. I. New York: Gordian Press, 1966.

Paine, Thomas. *Common Sense*. 1776. *The Writings of Thomas Paine*, collected and edited by Moncure Daniel Conway. Vol. I. New York: Putnam's, 1894: 67-121. 小松春雄訳『コモン・センス他三篇』岩波文庫、二〇一八年。

Pankhurst, Emmeline. "Why We Are Militant." *The Suffragette* November 14 and 21,1913: 99 and 127.

Parkman, Francis. *Some of the Reasons against Woman Suffrage*. Printed at the request of an association of women.

Boston: 1883: 1-16.

———. "The Woman Question." *North American Review* 129, no. 275 (October 1879): 303-21.

———. "The Woman Question Again." *North American Review* 130, no. 278 (January 1880): 16-30.

Phelps, Elizabeth Stuart. "The True Woman." 1871.*The Story of Avis*. Ed. Carol Farley Kessler. New Brunswick: Rutgers UP, 1985: 269-72.

Poirier, Suzanne. "The Weir Mitchell Rest Cure: Doctor and Patients." *Women's Studies*, Vol. 10, 1983: 15-40.

Poe, Edgar Allan. "A Chapter on Autography [part 1]." *Graham's Magazine*. November1841, 19: 224-234.

Pollin, Burton R., ed. *Collected Writings of Edgar Allan Poe*. Vol. 5. New York: Gordian, 1997.

Quinn, Arthur Hobson. Introduction. *Leonora or The World's Own*. 1857. *Representative American Plays*. New York: Century, 1917: 387-88.

"The Replies to Dr. Clarke." *The Nation* 18, June 25, 1874: 408-9.

Richards, Laura E. *Samuel Gridley Howe*. New York: Appleton, 1935.

———. *Two Noble Lives: Samuel Gridley Howe and Julia Ward Howe*. Boston: Dana Estes, 1911.

Richards, Laura E., and Maud Howe Elliott. *Julia Ward Howe, 1819-1910*. 2 vols. Boston: Houghton Mifflin, 1916.

Romanes, George. "Mental Differences of Men and Women." *Popular Science Monthly* Vol. 31 (July 1887): 383-401.

Scharnhorst, Gary. *Charlotte Perkins Gilman*. Boston: Twayne, 1985.

Schuster, David G. "Personalizing Illness and Modernity: S. Weir Mitchell, Literary Women, and Neurasthenia, 1870-1914." *Bulletin of the History of Medicine* 79, no. 4 (2005): 695-722.

[*Sex in Education; or a Fair Chance for the Girls*. By Edward H. Clarke.] *Popular Science Monthly* Vol. 4 (January 1874): 377-78.

[*Sex in Education, or A Fair Chance for the Girls*. By Edward H. Clarke] *American Journal of Medical Sciences* No. 133,

New Series (January 1874): 145-53.

Showalter, Elaine. *The Civil Wars of Julia Ward Howe: A Biography.* New York: Simon & Schuster, 2016.

——. "Florence Nightingale's Feminist Complaint: Women, Religion, and *Suggestions for thought.*" *Signs: Journal of Women in Culture and Society* 6 (1981): 395-412.

——. "Hysteria, Feminism, and Gender." Sander L. Gilman and others, *Hysteria Beyond Freud.* Berkeley: U of California P, 1993: 286-344.

——. "Our Age of Anxiety," *The Chronicle Review*, April 8, 2013: no page number.

Smith, Goldwin. "Woman Suffrage." *Essays on Questions of the Day: Political and Social*. New York: Macmillan, 1893: 183-218.

Smith-Rosenberg, Carroll. *Disorderly Conduct: Visions of Gender in Victorian America*. New York: Oxford UP, 1985.

SOLA [Olive San Louie Anderson]. *An American Girl and Her Four Years in a Boys' College*. 1878. Ann Arbor: U of Michigan P, 2005.

Southworth, E.D.E.N. *The Deserted Wife*. 1850. London: Charles H. Clarke, 1856.

Stetson, Charles Walter. *Endure: The Diaries of Charles Walter Stetson*. Ed. Mary Armfield Hill. Philadelphia: Temple UP, 1985.

Stetson, Charlotte Perkins. "In Duty Bound," In *This Our World and Other Poems*. San Francisco: Barry and Marble, 1895: 30.

Stiles, Anne. "Go Rest, Young Man," *Monitor on Psychology* 43.1 (January 2012): 32.

——. "The Rest Cure, 1873-1925." *BRANCH: Britain, Representation and Nineteenth-Century History*. Ed. Dino Franco Felluga. Extension of Romanticism and Victorianism on the Net (October 2012): 1-11.

Swaby, Rachel. "Mary Putnam Jacobi (1842-1906)." *Headstrong: 52 Women Who Changed Science—and the World.*

New York: Broadway Books, 2015: 3-6.

"Swedish movement cure." *Segen's Medical Dictionary*. 2011.

Tarbell, Ida. *The Business of Being a Woman*. New York: Macmillan, 1912.

———. "Making a Man of Herself." *American Magazine* 73:4 (February 1912): 427-30.

———. "The Uneasy Woman," *American Magazine* 73:3(January 1912): 259-262.

Townsend, Kim. "Francis Parkman and the Male Tradition." *American Quarterly* 38.1 (Spring 1986): 97-113.

Trent. James W., Jr. *The Manliest Man: Samuel G. Howe and the Contours of Nineteenth-Century American Reform*. Amherst: U of Massachusetts P, 2012.

Tuttle, Jennifer. "Gilman's *The Crux*" and Owen Wister's *The Virginian*: Intertextuality and 'Woman's Manifest Destiny.'" *Charlotte Perkins Gilman and her Contemporaries: Literary and Intellectual Contexts*. Ed. Cynthia J. Davis and Denise D. Knight. Tuscaloosa: U of Alabama P, 2004: 127-38.

———. Introduction to Charlotte Perkins Gilman, *The Crux*. Newark: U of Delaware P, 2002: 11-76.

———. "Rewriting the West Cure: Charlotte Perkins Gilman, Owen Wister, and the Sexual Politics of Neurasthenia," *Mixed Legacy of Charlotte Perkins Gilman*. Ed. Catherine J. Golden and Joanna Schneider Zangrando. Newark: U of Delaware P, 2000: 103-121.

"The Uprising of the Women." *New York Times* May 5, 1912.

Van Deusen, E.H. "Observations on a Form of Nervous Prostration, (Neurasthenia,) Culminating in Insanity." *American Journal of Insanity* Vol 25, No 4 (April 1869): 445-461.

Waldenburg, L. "On a Portable Pneumatic Apparatus for the Mechanical Treatment of Diseases of the Lungs and Heart," *The British Medical Journal* 11 April 1874: 477-78.

Wallace, Horace Binney. *Art, Scenery and Philosophy in Europe*. Philadelphia: Herman Hooker, 1855.

——. “The Cathedrals of the Continent.” *Art, Scenery and Philosophy in Europe.* Philadelphia: Herman Hooker, 1855: 87-154.

——.“Comte’s Philosophy,” *Art, Scenery and Philosophy in Europe*. Philadelphia: Herman Hooker, 1855: 331-45.

——. “Literary Criticisms.” *Literary Criticisms and Other Papers.* Philadelphia: Parry & Macmillan, 1850: 3-205.

——. *Stanley, or the Recollections of a Man of the World*. 2 vols. Philadelphia: Lea & Blanchard, 1838.

Wallace, James D. “Hawthorne and the Scribbling Women Reconsidered.” *American Literature* 62 (1990): 201-22.

Warner, Anna. *Robinson Crusoe’s Farmyard: Or Stories And Anecdotes of Animals, Illustrating Their Habits*. New York: Putnam’s, 1846.

——.*Susan Warner (“Elizabeth Wetherell”)*. New York: Putnam’s, 1909.

Warner, Susan. *The Wide, Wide World.* 1850. New York: Feminist, 1987.

Warren, Joyce. “Howe’s *Hermaphrodite* and Alcott’s ‘Mephistopheles’: Unpublished Cross-Gender Thinking.” *Philosophies of Sex: Critical Essays on The Hermaphrodite*. Ed. Renee Bergland and Gary Williams. Columbus: Ohio State UP, 2012: 108-19.

Welter, Barbara. “The Cult of True Womanhood: 1820-1860.” *American Quarterly* 18 (Summer 1966): 151-74.

Whittier, John Greenleaf. “The Hero.” Laura E. Richards, *Samuel Gridley Howe*. New York: Appleton-Century, 1935: 269-72.

Williams, Gary. *Hungry Heart: The Emergence of Julia Ward Howe*. Amherst: U of Massachusetts P, 1999.

——. “Speaking with the Voices of Others.” *The Hermaphrodite*. Ed. Gary Williams. Lincoln: U of Nebraska P, 2004: ix-xlvi.

Wright, Almroth E. “Letter on Militant Hysteria” (1912). *The Unexpurgated Case Against Woman Suffrage*. New York: Paul B. Hoeber, 1913: 167-88.

Ziegler, Valarie H. *Diva Julia: The Public Romance and Private Agony of Julia Ward Howe*. Harrisburg: Trinity Press International, 2003.

『アメリカを知る事典』「独立宣言」斎藤真訳。平凡社、一九八六年：五七六―八一頁。

ラルフ・ウォルドー・エマソン『エマソン詩選』小田敦子、武田雅子、野田明、藤田佳子訳。未来社、二〇一六年。

メーガン・マーシャル『ピーボディ姉妹――アメリカ・ロマン主義に火をつけた三人の女性たち』大杉博昭、城戸光世、倉橋洋子、辻祥子訳　南雲堂、二〇一四年。

ジョン・ミルトン『言論・出版の自由――アレオパジティア　他一篇』原田純訳。岩波文庫、二〇〇八年。

森岡裕一・片渕悦久共編『新世紀アメリカ文学史――マップ・キーワード・データ』英宝社、二〇〇七年。

西山智則『ゾンビの帝国――アナトミー・オブ・ザ・デッド』小鳥遊書房、二〇一九年。

大井浩二『内と外からのアメリカ――共和国の現実と女性作家たち』英宝社、二〇一六年。

渡辺利雄『講義アメリカ文学史・補遺版』研究社、二〇一〇年。

矢野峰人「日本に於けるボードレール」『比較文学』一九巻、一九七六年：一―一〇頁。

あとがき

この本が出来あがるまでにはさまざまな紆余曲折があった。まず、原稿を書き進めている最中に、新型コロナウイルスによるパンデミックの発生という思いもかけぬ事態が持ち上がって、高齢者が巣ごもり生活を強いられたり、かつて勤めていた関西学院大学の図書館を利用することができない時期が続いたりしたため、ミソジニーの本を書いたりすることに意味があるだろうか、と意欲を喪失したこともあった。

それに、浅学の身をかえりみず、三人のアメリカ女性知識人をケーススタディの対象に選んだばかりに、ジュリア・ウォード・ハウの詩作品、メアリー・パットナム・ジャコービの専門性が高い医学論文、さらにはシャーロット・パーキンズ・ギルマンの広く知られた短編「黄色い壁紙」に手古摺っているあいだに、いたずらに時は過ぎ去って、アメリカ女性に参政権を認める憲法修正第一九条の成立から一〇〇年後の二〇二〇年までに書き上げるという所期の目論見は見事にはずれてしまった。

だが、まことに幸運なことに、小鳥遊書房の高梨治さんが文学とも歴史とも社会学ともつかぬ正体不明な原稿の意義を即座に認めてくださっただけでなく、早速編集作業に取り掛かって、四年前の

『米比戦争と共和主義の運命』（彩流社）のときと同じように、書名や全体の構成などについてさまざまな助言をしてくださった。女性蔑視や女性差別をめぐる話題がメディアを賑わせることが多い現在、このミソジニー・アメリカ型を論じた小著がミソジニー・日本型への理解と関心を深めるための一助となってくれることを祈りながら、高梨さんに心からお礼申し上げたい。

二〇二一年三月中旬、春の気配ただよう快晴の朝

大井浩二

索引

◉おもな人名と書名等を五十音順に示した。
書名は著者ごとにまとめてある。

【ア行】

【カ行】

【サ行】

【タ行】

【ナ行】

【ハ行】

【マ行】

【ラ行】

【著者】

大井浩二
（おおい　こうじ）

1933年高知県生まれ。

大阪外国語大学卒業、東京都立大学大学院修士課程修了。

関西学院大学名誉教授。

主要著訳書に『アメリカ自然主義文学論』（研究社出版、1973年）、

『美徳の共和国——自伝と伝記のなかのアメリカ』（開文社出版、1991年）、

『アメリカ伝記論』（英潮社、1998年）、

『日記のなかのアメリカ女性』（2002年、英宝社）、

『旅人たちのアメリカ——コベット、クーパー、ディケンズ』（英宝社、2005年）、

『エロティック・アメリカ——ヴィクトリアニズムの神話と現実』（英宝社、2013年）、

『内と外からのアメリカ——共和国の現実と女性作家たち』（英宝社、2016年）、

『米比戦争と共和主義の運命——トウェインとローズヴェルトと《シーザーの亡霊》』

（彩流社、2017年）、
アラン・トラクテンバーグ『ブルックリン橋』（研究社出版、1977年）、
ソール・ベロー『フンボルトの贈り物』（講談社、1977年）、
アプトン・シンクレア『ジャングル』（松柏社、2009年）など。

ヴィクトリアン・アメリカのミソジニー

タブーに挑《いど》んだ新《あたら》しい女性《じょせい》たち

2021年5月10日　第1刷発行

【著者】
大井浩二

発行者：高梨 治
発行所：株式会社**小鳥遊《たかなし》書房**
〒102-0071　東京都千代田区富士見1-7-6-5F
電話 03（6265）4910（代表）／FAX　03（6265）4902
http://www.tkns-shobou.co.jp

装幀　中城デザイン事務所
印刷　モリモト印刷株式会社
製本　株式会社村上製本所

ISBN978-4-909812-58-2　C0098